TRAITÉ THÉORIQUE & PRATIQUE

DE LA

CONCURRENCE DÉLOYALE

PAR

Henri ALLART

DOCTEUR EN DROIT
AVOCAT A LA COUR D'APPEL DE PARIS

PARIS

LIBRAIRIE NOUVELLE DE DROIT ET DE JURISPRUDENCE

ARTHUR ROUSSEAU

ÉDITEUR

14, RUE SOUFFLOT ET RUE TOULLIER, **13**

1892

TRAITÉ THÉORIQUE & PRATIQUE

DE LA

CONCURRENCE DÉLOYALE

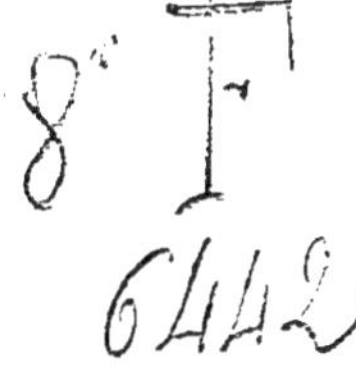

TRAITÉ THÉORIQUE & PRATIQUE

DE LA

CONCURRENCE DÉLOYALE

PAR

Henri ALLART

DOCTEUR EN DROIT
AVOCAT A LA COUR D'APPEL DE PARIS

PARIS

LIBRAIRIE NOUVELLE DE DROIT ET DE JURISPRUDENCE
ARTHUR ROUSSEAU
ÉDITEUR
14, RUE SOUFFLOT ET RUE TOULLIER, 13

—

1892

TRAITÉ THÉORIQUE & PRATIQUE

DE LA

CONCURRENCE DÉLOYALE

INTRODUCTION

Il n'existe pas de loi sur la concurrence déloyale : le législateur en effet ne peut codifier une matière dont les éléments présentent une extrême diversité sans qu'un lien suffisant les réunisse. Cette absence de législation particulière rend difficile un travail d'ensemble sur la concurrence déloyale ; mais aussi, pour la même raison, une étude de cette nature offre un intérêt pratique sur l'importance duquel il est inutile d'insister.

Ayant entrepris le travail que nous présentons au public, nous avons cherché tout d'abord à coordonner d'une façon aussi logique que possible les éléments épars d'une matière dont le cadre est vaste et indécis, car la concurrence déloyale est fertile en ressources, et elle sait chaque jour inventer de nouvelles ruses. Toutefois si les moyens dont elle dispose sont d'une variété infinie, son but est toujours le même : elle cherche à détourner la clientèle. Et d'ailleurs, quelque variés que soient ses agissements, il n'est pas impossible d'en faire une classification méthodique.

Tantôt la concurrence déloyale a pour but de produire une confusion entre deux établissements rivaux, par exemple, au moyen d'une similitude de nom ou d'enseigne. Tantôt elle cherche à créer une confusion entre les produits, par exemple, au moyen d'une ressemblance de dénomination, de forme ou de couleur. D'autres fois, elle consiste dans des manœuvres qui ont toujours pour but de détourner la clientèle, mais qui ne créent aucune confusion entre les produits ou les maisons rivales : telle est l'usurpation de médailles et récompenses industrielles, le dénigrement des produits d'un concurrent, etc., etc. Enfin la concurrence déloyale peut résulter de la violation d'un contrat qui limite la liberté de l'industrie : tel est, par exemple, le cas d'un vendeur de fonds de commerce qui se rétablit au détriment de son cessionnaire.

Chacune de ces formes de la concurrence déloyale est examinée dans notre ouvrage où naturellement une place importante est réservée à la jurisprudence qui, à défaut de la loi, a posé des principes en cette matière.

Nous n'avons pas la prétention d'avoir prévu tous les agissements, tous les stratagèmes de la concurrence déloyale ; mais nous en avons signalé les principales manœuvres qui tournent dans le même cercle en se répétant sans cesse avec de légères variantes ; et s'il s'en présente de nouvelles, il sera toujours facile de trouver dans notre ouvrage le principe permettant d'en assurer la répression.

OUVRAGES ET PUBLICATIONS PÉRIODIQUES

CITÉS LE PLUS FRÉQUEMMENT DANS CE TRAITÉ

I. — Ouvrages.

Agnel. Code des propriétaires et locataires.

Bédarride. Commentaire des lois sur les brevets d'invention, sur les noms des fabricants et des lieux de fabrication.

Bert. De la concurrence déloyale.

Blanc. Traité de la contrefaçon.

Calmels. De la contrefaçon.

Dalloz. Jurisprudence générale.

Gastambide. Traité de la contrefaçon.

Huard et Mack. Répertoire de législation, de doctrine et de jurisprudence en matière de propriété littéraire et artistique.

Meyer. De la concurrence déloyale et de la contrefaçon en matière de noms et de marques.

Pardessus. Traité de droit commercial.

Pouillet. Traité des marques de fabrique et de la concurrence déloyale.

Renault et Lyon-Caen. Précis de droit commercial.

Rendu. Droit industriel.

Renouard. Droit industriel.

Ruben de Couder. Dictionnaire de droit commercial.

II. — Publications périodiques.

Annales de la propriété industrielle, littéraire et artistique. de Pataille (1).

Annales du droit commercial français, étranger et international publiées par M. Thaller.

Dalloz.

(1) Cette publication citée le plus fréquemment est désignée sous le nom de *Annales*.

Journal du Palais.
Journal des arrêts de la Cour de Bordeaux.
Journal des audiences de la Cour d'Amiens.
Journal Le Droit.
— La Gazette des Tribunaux.
— La Gazette du Palais.
— La Loi.
Jurisprudence de la Cour de Lyon.
Jurisprudence de Rouen et de Caen.
Jurisprudence commerciale de Nantes.
Le Hir (Revue de droit commercial).
Moniteur des Tribunaux.
Propriété industrielle (Journal fondé par M. Blanc, paru de 1857 à 1866).
Recueil de jurisprudence d'Aix et de Marseille.
Teulet (Journal des Tribunaux de commerce).
Sirey.

PRÉLIMINAIRES

1. Définition de la concurrence déloyale. — La concurrence déloyale est tout agissement, toute manœuvre ayant pour but, de détourner la clientèle, d'un établissement industriel ou d'une maison de commerce. Elle se manifeste sous les formes les plus diverses ; cependant, quelqu'ingénieuse qu'elle puisse être, quelque multiples que soient les moyens dont elle dispose, elle évolue dans un cercle qui est presque toujours le même. Les fraudes, les ruses, les audaces qui la constituent présentent une certaine variété suivant le genre d'industrie et de commerce où elles se produisent, suivant l'imagination, le tempérament de celui qui les pratique, mais elles offrent des caractères communs permettant de les grouper et de les diviser en catégories. A défaut de la loi, la jurisprudence nous fournit des documents précieux pour établir cette classification.

2. Liberté de l'industrie. — Les règles et les limites imposées à la concurrence ne sont nullement en contradiction avec le principe de la liberté de l'industrie. En effet, si chacun est libre d'exercer toute industrie ou tout commerce, il doit respecter les lois et règlements édictés dans l'intérêt public ; il doit aussi s'abstenir de porter atteinte à la liberté de ses concurrents. Dans le domaine de l'industrie, comme dans celui de la politique, la liberté de chacun finit là où le droit des autres commence. Précisément parce qu'il a la faculté d'exercer librement son industrie, tout citoyen a le droit de faire réprimer les manœuvres qui apportent une entrave à sa liberté.

3. Lois sur la propriété industrielle. — Les différentes lois sur la propriété industrielle assignent certaines limites à la liberté de la concurrence. Ainsi la loi du 28 juillet 1824 interdit l'apposition sur les produits d'un nom de fabricant autre que celui qui en est l'auteur, ou bien d'un nom de lieu autre que celui de la fabrication. La loi du 23 juin 1857 punit la contrefaçon ou l'imitation frauduleuse de marques de fabrique ou de commerce appartenant à autrui. A côté de ces lois, qui sont destinées à garantir l'origine et la provenance des produits de l'industrie ou du commerce, d'autres dispositions législatives confèrent un privilège exclusif, temporaire ou perpétuel, sur les produits eux-mêmes et sur leurs procédés de fabrication. Ainsi la loi du 18 mars 1806 assure au créateur d'un dessin de fabrique un droit de propriété qui peut être perpétuel. La loi du 5 juillet 1844 accorde une protection de quinze ans à celui qui invente un produit industriel ou un moyen nouveau, ou une application nouvelle de moyens connus.

Usurper un nom commercial, un nom de localité, une marque de fabrique ou de commerce ; contrefaire un dessin de fabrique ou un brevet, c'est se rendre coupable d'un délit puni de peines correctionnelles ; c'est en même temps commettre un acte de concurrence déloyale, car

toute contrefaçon, toute atteinte portée à un droit privatif
a pour but et pour résultat un détournement de clientèle.

4. Article 1382 du Code civil. — Si les lois que nous
venons de rappeler répriment certains faits de concurrence déloyale particulièrement graves, elles laissent dé-
pourvus de sanction d'autres actes, d'autres manœuvres
qui, pour offrir moins de gravité, peuvent cependant être
fort préjudiciables aux industriels qui en sont victimes.
Le législateur, dans l'impossibilité où il était de prévoir
tous les modes de concurrence déloyale, s'est borné à poser
un principe général, laissant aux tribunaux le soin d'en
déduire les conséquences et d'en faire les applications. Ce
principe se trouve écrit dans l'article 1382 du Code civil
ainsi conçu : « Tout fait quelconque de l'homme qui cause
» à autrui un dommage, oblige celui par la faute duquel
» il est arrivé à le réparer ». Cette disposition conçue,
comme on le voit, dans les termes les plus généraux, s'applique aussi bien aux actes de la vie commerciale qu'à
ceux de la vie civile. Elle constitue, à elle seule, tout le
Code de la concurrence déloyale ; et notre étude n'est que
le commentaire de l'article 1382, de cette disposition législative qui reçoit chaque jour, dans les domaines les plus
divers, les applications les plus nombreuses et les plus
variées.

5. Éléments constitutifs de la concurrence déloyale.
— Les faits qui sont visés par l'article 1382 du Code civil
constituent des *quasi-délits*. Ils supposent tout d'abord une
faute imputable à leur auteur, tout au moins une négligence ou une imprudence. En effet, l'article 1382 doit se

compléter par l'article 1383 ainsi conçu : « Chacun est
» responsable du dommage qu'il a causé non seulement
» par son fait, mais encore par sa négligence ou son im-
» prudence ». Le second élément du quasi-délit, c'est le
dommage causé à autrui. L'article 1382 applique ce principe que l'intérêt est la mesure des actions et que nul ne
peut se plaindre d'un fait qui ne lui cause aucun préjudice.

Indépendamment de la faute et du dommage, éléments
constitutifs et essentiels de tout quasi-délit, la concurrence
déloyale, comme l'indique son nom, suppose l'intention
de nuire ou tout au moins de s'enrichir aux dépens d'autrui. Mais un acte de concurrence, supposant une faute
imputable à son auteur, doit être poursuivi alors même
qu'il n'impliquerait aucune mauvaise foi. Dans ce cas la
concurrence qui ne mérite plus la qualification de déloyale,
est simplement illicite : cela suffit pour qu'elle constitue un
quasi-délit rentrant dans les prévisions de l'article 1382 (1).

6. Faute, négligence ou imprudence. — Pour qu'un
fait constitue un quasi-délit et plus particulièrement un
acte de concurrence déloyale, il faut, comme nous venons
de le dire, qu'il implique une faute, une négligence ou
une imprudence de son auteur. Ainsi par exemple, un
industriel commet une faute engageant sa responsabilité,
lorsqu'il dénigre les produits d'une maison rivale ; il se
rend coupable d'une négligence ou d'une imprudence,
lorsqu'il omet, pour prévenir une confusion entre sa maison et celle d'un concurrent, de prendre des précautions
rendues nécessaires par certaines circonstances. Mais à
peine, avons-nous besoin de le dire, un industriel ou un

(1) V. *infrà*, n° 8.

commerçant n'a pas à répondre de ses actes, quelles que puissent être leurs conséquences, lorsqu'ils rentrent dans l'exercice d'un droit. Ainsi on ne saurait voir un acte de concurrence déloyale ou illicite dans le fait de fabriquer ou de vendre des produits au préjudice de l'inventeur qui n'a pas rempli les conditions voulues pour s'en réserver la propriété exclusive. Ainsi encore un commerçant ne peut se plaindre qu'une personne portant le même nom que lui, exerce la même industrie, toutes les précautions étant d'ailleurs prises, pour éviter, dans la mesure du possible, une confusion entre les deux établissements rivaux.

7. Préjudice. — L'existence d'un préjudice est, comme nous l'avons dit, le fondement nécessaire d'une action en concurrence déloyale (1). Mais il importe peu que le dommage soit considérable ou minime ; alors même qu'il serait de médiocre importance, celui qui en est victime n'en a pas moins le droit de s'adresser aux tribunaux pour en obtenir la réparation, sauf au juge à modérer dans ce cas les dommages-intérêts en les proportionnant à l'étendue du préjudice (2).

Il peut arriver que le dommage, sans être né encore, soit purement éventuel. L'action en concurrence déloyale est-elle suspendue, ou bien se trouve-t-elle dès maintenant ouverte ? Il n'est pas douteux qu'elle puisse être immédiatement intentée. On conçoit en effet combien il serait dangereux d'attendre que la concurrence déloyale eût produit ses résultats pour en poursuivre la répression. Il vaut mieux couper le mal dans ses racines que d'obliger sa victime à

(1) Dijon, 21 juin 1889, Caïn, *Le Droit*, 8 juillet 1889.
(2) Pouillet, *Traité des Marques de fabrique*, n° 677.

l'inaction jusqu'au jour où il aura produit ses fruits et sera peut-être devenu irréparable. Ainsi, lorsqu'un industriel se plaint de manœuvres qui sont de nature à faire naître une confusion entre son établissement et celui d'un rival, il n'est pas nécessaire qu'il justifie d'une confusion déjà produite, il suffit que cette confusion soit possible dans l'avenir pour que les tribunaux ordonnent les mesures propres à l'empêcher.

8. Intention frauduleuse. — Si l'intention de nuire accompagne toujours la concurrence déloyale qui mérite véritablement cette qualification, nous avons dit que la concurrence pouvait, sans offrir aucun caractère de déloyauté ou de mauvaise foi, servir de base à une action en justice. Il ne faut pas, en effet, oublier que l'action prend sa source dans l'article 1382 du code civil. Or cet article considère comme quasi-délit, donnant ouverture à une demande en réparation, tout acte illicite et dommageable, sans exiger, de la part de son auteur, intention de nuire ou mauvaise foi (1).

9. Formes de la concurrence déloyale. — La concurrence déloyale peut se présenter sous les formes les plus diverses. Le plus souvent elle se produit au moyen d'annonces, prospectus, circulaires ou tout autre mode de publicité. Mais elle peut aussi consister dans des actes, des paroles, des manœuvres de toute nature dont la variété est infinie et dont aucune énumération ne saurait être faite.

---

(1) Pouillet, n° 678 ; — Ruben de Couder, v° *Concurrence déloyale*, n° 6 ; — Paris, 17 nov. 1852, Teulet, t. 2, 52 ; 28 janvier 1853, Teulet, t. 2, 147 ; 28 avril 1858, *Annales*, 58, 298 ; 5 fév. 1869, Teulet, t. 8, 352 ; — Aix, 12 mars 1870, *Annales*, 73, 205 ; 15 février 1872, *Annales*, 73, 387 ; — *Contrà*, Trib. civ. Bougie, 25 fév. 1888, Costa, *Gaz. Trib.* 18 août 1888.

PREMIÈRE PARTIE

CONCURRENCE DÉLOYALE AYANT POUR BUT DE PRODUIRE UNE CONFUSION ENTRE LES ÉTABLISSEMENTS

CHAPITRE PREMIER

NOM COMMERCIAL

Section I.

§ 1. — *Formes diverses d'usurpation.*

10. Qu'est-ce que le nom commercial ? — 11. Apposition du nom
sur les produits. — 12. Différentes formes de l'usurpation du nom
commercial. — 13. Usurpation à l'étranger du nom d'un négociant français.

10. Qu'est-ce que le nom commercial ? — Le nom patronymique constitue au profit de toute personne, quelle
que soit sa condition sociale, une propriété inaliénable et
imprescriptible. Il représente les traditions de vertu, d'honneur et quelquefois de gloire que les ancêtres ont transmises et qui doivent être léguées aux enfants. Ce patrimoine
est plus ou moins riche, plus ou moins précieux ; mais,
quel qu'il soit, il est protégé contre toute usurpation.
Chacun a le droit de s'adresser aux tribunaux pour faire
respecter et garantir la propriété de son nom.

Pour le commerçant ou l'industriel, le nom, indépendamment de la considération morale qui s'y attache, pré-

sente une valeur pécuniaire quelquefois considérable. Lorsqu'une maison a conquis une certaine renommée, grâce au travail, à l'intelligence, à la probité de son fondateur, le nom de ce dernier devient une véritable richesse. S'identifiant avec la maison elle-même, il constitue son enseigne, le signe de ralliement de sa clientèle. C'est le nom, considéré à ce point de vue purement commercial, qui fait l'objet de notre étude.

11. Apposition du nom sur les produits. — Lorsqu'un industriel appose sur ses produits le nom d'un autre fabricant, cette usurpation constitue un véritable délit puni par la loi des 28 juillet-4 août 1824 dont l'article premier est ainsi conçu : « Quiconque aura, soit apposé, soit
» fait apparaître par addition, retranchement, ou par une
» altération quelconque, sur des objets fabriqués, le nom
» d'un fabricant autre que celui qui en est l'auteur, ou la
» raison commerciale d'une fabrique autre que celle où
» les dits objets auront été fabriqués, ou enfin le nom d'un
» lieu autre que celui de la fabrication, sera puni des pei-
» nes portées en l'article 423 du Code pénal, sans préju-
» dice des dommages-intérêts s'il y a lieu. — Tout mar-
» chand, commissionnaire ou débitant quelconque sera
» passible des effets de la poursuite, lorsqu'il aura sciem-
» ment exposé en vente ou mis en circulation les objets
» marqués des noms supposés ou altérés ».

Pour que cette disposition soit applicable, il faut, suivant ses termes formels, que le nom, dont il est fait un usage illicite, soit apposé sur les produits eux-mêmes.

12. Différentes formes de l'usurpation du nom commercial. — Sans être apposé sur des produits, le nom d'un industriel ou d'un commerçant peut être usurpé de différentes manières. Ainsi un concurrent peut le faire paraître sur une enseigne, dans des annonces, des prospectus, des circulaires. etc. Si ces usurpations ne tombent pas sous l'application de la loi de 1824, si elles ne constituent pas des délits passibles de peines correctionnelles, il ne s'ensuit pas qu'elles soient dépourvues de toute sanction. Il faut y voir au contraire des actes de concurrence déloyale dont la répression peut être poursuivie devant la juridiction compétente. Ces manœuvres sont particulièrement graves, car elles ont pour but d'établir une confusion entre deux maisons concurrentes : aussi les tribunaux, quand elles leur sont déférées, doivent-ils ordonner les mesures propres à les faire cesser, en assurant la réparation du préjudice qui en est la conséquence.

13. Usurpation à l'étranger du nom d'un négociant français. — *Jugé que* : Le fait d'avoir apposé, hors de France, sur des marchandises vendues à l'étranger, des étiquettes contenant le nom d'un négociant français qui n'était pour rien ni dans la fabrication, ni dans la vente de ces marchandises, constitue un quasi-délit qui soumet à une action en dommages-intérêts envers ce négociant tous ceux qui, en France et à l'étranger, ont coopéré à la fabrication et à l'emploi de ces étiquettes. Cette responsabilité atteint l'imprimeur qui a imprimé ces étiquettes et le commissionnaire qui les a commandées, quand l'un et l'autre n'ont pas pris les précautions nécessaires pour s'assurer qu'il n'en devait pas être fait un usage frauduleux et dommageable (Trib. civ. Seine, 28 juin 1860, Jourdan Brive, *Annales*, 60, 311).

§ 2. — *Cas dans lesquels l'usage du nom d'un tiers est permis.*

14. Du nom considéré comme dénomination nécessaire. — 15. Consentement et long usage. — 16. Nom de l'inventeur attaché à un produit breveté. — 17. Nom du premier préparateur d'un médicament. — 18. Nom de l'inventeur ou du fabricant précédé des mentions : *Façon de... système de... suivant la formule de.* — 19. Précautions à prendre pour éviter la confusion.

14. Du nom considéré comme dénomination nécessaire. — Souvent un produit entre dans le commerce avec le nom de son inventeur, ou de son fabricant, si bien que le nom du produit finit par s'identifier et se confondre avec celui du fabricant lui-même. Ce dernier nom est devenu en quelque sorte la désignation nécessaire du produit auquel il est impossible à l'industriel aussi bien qu'au consommateur de donner une autre désignation. Dans cette hypothèse convient-il d'apporter une restriction au principe que la propriété du nom est imprescriptible ? La doctrine et la jurisprudence s'accordent pour le reconnaître ; mais ce caractère de dénomination nécessaire attribué au nom patronymique ne doit être admis qu'avec une extrême réserve et seulement dans des circonstances qui ne laissent aucun doute sur l'identification du nom du produit avec celui du fabricant et sur l'impossibilité de les désunir (1).

Il a été jugé en ce sens que (2) : 1° Lorsque le nom d'un industriel est employé dans le commerce comme désignation d'une certaine espèce de produits (*châles Ternaux*), et qu'il est ainsi tombé dans le domaine public, son usage par un autre indus-

(1) Pouillet, n° 384. — Bert, *De la concurrence déloyale*, p. 35.
(2) V. aussi Cass., 30 avril 1864, Spencer, *Annales*, 64, 197 ; — Trib. com. Seine, 8 mai 1878, Rowland, Dalloz, 79, 3, 61.

triel ne saurait constituer une concurrence déloyale, si d'ailleurs ce dernier n'a rien fait pour établir une confusion entre les deux établissements rivaux (Paris, 18 nov. 1868, Bournhonet, *Annales*, 69, 90).

2° Le nom patronymique d'un industriel ajouté au nom d'un produit, peut devenir la qualification d'un genre spécial (dans l'espèce *chausson Gaillard*) et alors ce nom tombe dans le domaine public et son emploi ne peut servir de base à une action en dommages-intérêts (Amiens, 14 janv. 1887, *Journ. Amiens*, 87, 257).

15. Consentement et long usage. — A quels caractères pourra-t-on reconnaître que le nom du fabricant ou de l'inventeur est devenu la dénomination nécessaire du produit ? Il est difficile de poser à cet égard une règle absolue ; mais il existe cependant deux circonstances dont la réunion permettra de décider que le nom est tombé dans le domaine public et que son usage appartient à tous. Quand l'inventeur lui-même a donné son consentement à l'emploi de son nom et lorsque d'autre part cet usage s'est prolongé pendant un temps assez long, il n'est pas douteux que le nom soit tombé dans le domaine public. Si le consentement était donné d'une façon expresse, le long usage ne serait pas nécessaire. Mais un pareil consentement sera bien rare s'il se produit jamais, et le plus souvent, il sera tacite, c'est-à-dire qu'il résultera de circonstances dont l'appréciation est abandonnée aux tribunaux. Une des circonstances dont ils tiendront naturellement compte, c'est le long usage du nom sans aucune réclamation de son propriétaire. Toutefois l'usage, quelque prolongé qu'il soit, ne saurait faire présumer le consentement. Il est possible, en effet, que le fabricant n'ait pas connu l'usage qui a été fait de son nom ; ou bien que, l'ayant connu, il n'ait pas eu les moyens d'en poursuivre la répression ; ou bien même qu'il n'ait pas jugé opportun de l'interdire. Dans cette dernière hypothèse, il ne s'agit que d'une simple tolérance ne pouvant être assimilée au consentement.

Il a été jugé à cet égard que : 1° Il peut arriver, dans certains cas spéciaux, que, par un long usage et par suite du consentement, soit exprès, soit tacite de l'intéressé, le nom d'un fabricant devienne comme la seule désignation usuelle et reçue de tel ou tel procédé de fabrication tombé dans le domaine public ; il peut être alors exceptionnellement permis à d'autres qu'au propriétaire du nom de s'en servir, afin de désigner, non l'origine industrielle du produit fabriqué, mais le procédé ou le mode de fabrication. — Mais les tribunaux ne sauraient autoriser une telle dérogation aux règles communes qu'en constatant ou reconnaissant que le nom en litige est devenu la désignation usuelle et comme nécessaire du produit, et en prenant de plus les précautions convenables pour que toute confusion sur l'origine industrielle des produits soit évitée et pour que l'emploi du nom d'un fabricant permis, malgré lui, à d'autres, ne devienne pas le moyen d'une concurrence illicite à son préjudice (Cass., 24 déc. 1855, Bricart, *Annales*, 55, 18).

2° L'usage plus ou moins long que des tiers auraient fait du nom d'un industriel, sans l'autorisation formelle du propriétaire, doit être considéré comme un fait de tolérance qui peut bien rendre ce dernier non recevable dans son action en dommages-intérêts, mais non dans la revendication de son nom qu'il n'a pas mis dans le domaine public (Paris, 9 nov. 1863, Raspail, *Annales*, 63, 377).

3° La propriété du nom est imprescriptible ; et le silence gardé par les ayants droit pendant un temps plus ou moins long sur l'usage de leur nom par un tiers auquel il n'a été ni cédé, ni aliéné à un titre quelconque, ne peut faire obstacle à la revendication de ce nom (Paris, 29 juillet 1879, Valentino, Dalloz, 79, 2, 102).

16. Nom de l'inventeur attaché à un produit breveté.
— Supposons que l'inventeur d'un nouveau produit le désigne sous son nom patronymique dans le brevet qu'il prend pour s'en garantir la propriété : le nom tombera-t-il dans le domaine public en même temps que le brevet, si bien que les autres industriels, ayant le droit de fabriquer le même produit, puissent le vendre sous le nom de son inventeur. La négative n'est pas douteuse. En effet le nom du breveté et le brevet lui-même constituent deux propriétés absolument distinctes entre lesquelles il n'existe aucune solidarité. Quand le brevet arrive à son terme normal ou bien est frappé de nullité ou de déchéance, le domaine public acquiert le droit d'exploiter librement l'invention qui en forme l'objet, mais il n'acquiert rien de plus. La déchéance du brevet ne peut exercer aucune influence sur la propriété du nom que ce brevet ne protégeait pas. Sans doute l'inventeur, son brevet étant expiré ou déchu, se trouvera, vis-à-vis de ses concurrents, dans une situation plus favorable, puisque la clientèle s'adressera de préférence à celui dont le nom s'est identifié, dans une mesure plus ou moins grande, avec le produit breveté. Mais cette considération n'est pas suffisante pour justifier l'usurpation d'un nom dont la propriété est imprescriptible. D'ailleurs cette préférence de la clientèle existera presque toujours, même lorsque le produit n'aura pas été désigné, dans le brevet, sous le nom de l'inventeur ; et les commandes, soit par la force de l'habitude, soit pour toute autre raison, continueront souvent à venir trouver celui qui a été, pendant un certain temps, investi du droit exclusif de fabrication. Le nom de l'inventeur ne peut être employé par d'autres fabricants que s'il est devenu, comme nous l'avons expli-

qué dans le paragraphe précédent, la dénomination nécessaire du produit (1).

Il a été jugé que : 1° Un fabricant peut, même après l'expiration de ses brevets, s'opposer à ce qu'un autre fabricant donne
son nom aux objets similaires qu'il fabrique, alors que cela peut
avoir pour résultat de faire croire au public qu'il en est l'inventeur (Paris, 3 déc. 1859., Debain, *Annales*, 59,411).

2° Le nom de l'inventeur breveté ne tombe pas dans le domaine public à l'expiration du brevet, à moins que ce nom ne
soit devenu la dénomination nécessaire de l'appareil objet du
brevet ; et, même dans ce cas, tous les autres fabricants doivent
prendre des précautions suffisantes pour éviter une confusion
sur l'origine de leur produit. Le mot *dit...* précédant le nom
de l'inventeur ne peut être considéré comme une précaution
suffisante lorsqu'il est écrit en caractères plus petits et dissimulés par un feston et que le fabricant n'inscrit même pas son
nom sur ses produits (Paris, 10 mars 1876, Mothes, Le Hir,
77, 2, 404).

3° Si les procédés de fabrication d'un produit breveté tombent
dans le domaine public à l'expiration d'un brevet, il n'en est
pas de même du nom patronymique de l'inventeur, à moins
que, par suite du consentement exprès ou tacite du breveté, ce
nom ne soit devenu la seule dénomination usuelle de l'invention
et qu'il ne soit employé que pour indiquer le mode ou le système de fabrication et non l'origine du produit fabriqué (Cass.,
rej. 15 avril 1878, Pons, Le Hir, 78, 2, 251).

4° Lorsqu'une invention est tombée dans le domaine public,
les tiers ne peuvent pas faire usage du nom de l'inventeur même
en le faisant précéder des mots : *façon de... système de...* (Trib.
com. Nantes, 24 avril 1880, Vve Raymondière, *Jur. com. Nantes*,
81, 1, 173).

5° S'il est vrai que le nom d'un fabricant soit une propriété
personnelle qui ne se prescrive pas par la déchéance de l'invention et dont le propriétaire puisse seul disposer, il ne saurait en

____

(1) Pouillet, n° 58.

être de même lorsque ce nom, incorporé par l'usage à un objet
tombé dans le domaine public (par exemple après l'expiration
d'un brevet), en devient la désignation nécessaire, qu'il n'y est
attaché aucune signification du mode et du lieu de fabrication
et qu'aucune confusion n'est possible avec ceux de l'acheteur
(Trib. com. Seine, 14 avril 1888, Kemedy, Le Hir, 88, 2, 219).

6° Lorsqu'un appareil (tube Faucher) tombé dans le domaine
public n'a pas pour désignation nécessaire le nom de son inventeur, aucun fabricant ne peut faire usage, sans l'assentiment
de l'inventeur, du nom de celui-ci, pour désigner les produits
de sa fabrication (Paris, 1er juin 1888, Faucher, *Annales*, 90, 84).

17. Nom du premier préparateur d'un médicament.
— L'inventeur d'une composition pharmaceutique ou d'un
remède quelconque ne peut obtenir de brevet, et par conséquent sa découverte, aussitôt qu'elle est publiée, tombe
dans le domaine public. Mais si tout pharmacien est libre
de préparer et de vendre le même remède, il ne peut le
faire sous le nom de l'inventeur ou premier préparateur.
En vain prétendrait-on que le remède figure au Codex, et
que même le nom du premier préparateur y est attaché ;
cette circonstance n'autorise pas l'usage d'un nom qui doit
être d'autant mieux protégé que la loi ne donne pas d'autre garantie à l'inventeur du remède. Il n'en serait autrement que dans le cas où, par suite d'un long usage ou du
consentement donné par le premier préparateur, le nom de
ce dernier serait devenu la dénomination nécessaire du
remède. En résumé, au point de vue du nom, l'inventeur
d'un remède doit être protégé comme le fabricant d'un
produit quelconque (1).

Il a été jugé que : 1° Si les préparations pharmaceutiques ne

____

(1) Bédarride, n° 775 ; — Pataille, *Annales*, 60, 109 ; — Pouillet, n° 387 ;
— Bert, p. 36. — *Contrà* Sirey, 1864, 1, 345 ; *la note.*

sont pas susceptibles d'être brevetées et si chaque pharmacien a le droit de préparer les médicaments et sirops inscrits au Codex, ce droit ne va pas jusqu'à se servir du nom de l'inventeur ou premier préparateur, pour annoncer ou débiter des produits qui n'ont pas été fabriqués par lui ou ses ayants droit. Il y a là une concurrence déloyale donnant ouverture à une action en suppression, et en dommages-intérêts. (*Papier épispatique d'Albespeyres, sirop lénitif de Flon, pâte pectorale de Georgé, élixir tonique antiglaireux du Dr Guillié*). (Paris, 12 janv. 1857, Fumonze, *Annales*, 60, 81).

2° Le remède (*rob Boyveau Leffecteur*), dont la fabrication et l'exploitation sont entrées dans le domaine public, peut être annoncé et débité par tous, sous la dénomination qui sert actuellement à le désigner, encore bien que, dans cette dénomination, figure le nom de l'inventeur, si, dans l'usage et par le fait de celui-ci, son nom est devenu l'élément nécessaire de la désignation du produit ; il faut toutefois, par des indications suffisantes, prévenir toute méprise relativement à l'individualité et à la provenance du produit (Cass., 31 janv. 1860, Giraudeau, *Annales*, 60, 108 ; Id. Cass., 30 déc. 1863, *Annales*, 64, 337 et Dijon, 3 août 1866, *Annales*, 67, 169).

3° Lorsqu'un nom est attaché à un produit pharmaceutique dont il indique la préparation suivant une formule spéciale, ce nom étant l'élément principal de la désignation de ce médicament (*Fer de Quévenne*) on ne saurait imposer aux pharmaciens l'obligation de le désigner sous un nom autre que celui sous lequel il est généralement connu (Paris, 19 oct. 1885, et Cass., 26 fév. 1886, Genevoix, *Annales*, 87, 128).

18. Nom de l'inventeur ou du fabricant précédé des mentions : *façon de... système de... suivant la formule de...* — Quand le nom d'un inventeur ou d'un fabricant n'est pas devenu la dénomination nécessaire d'un produit, et lorsque, en conséquence, son usage n'est pas licite, est-il permis néanmoins de l'employer en le faisant précéder de la mention : *façon de...*, *système de...*, *suivant la formule de...*, ou de toute autre analogue ? Sans doute alors l'usurpation n'est pas aussi grave que celle qui consiste dans l'emploi brutal du nom ; mais elle n'en constitue pas moins une usurpation qui doit être réprimée.

Le fabricant peut interdire l'usage de son nom de quelque manière et sous quelque forme que ce soit. D'ailleurs la mention : *façon de...*, *système de...* etc., est le plus souvent insuffisante pour faire disparaître tout préjudice. En effet, le public qui connaît le nom de l'inventeur ou du fabricant, désire et demande un produit sur lequel figure ce nom. Sans doute, s'il est attentif, il verra que ce produit n'est point fabriqué par l'industriel dont le nom connu et apprécié apparaît précédé de la mention : *façon de...*, *système de...*, etc. Mais il pourra se faire que la mention lui échappe ou qu'il n'en saisisse pas bien la portée. Dans tous les cas, l'emploi du nom peut lui faire croire à une autorisation de son propriétaire, à une communauté d'intérêts, dont la considération est de nature à déterminer la commande. Cette possibilité d'un préjudice, d'une confusion suffit pour faire interdire, d'une façon absolue, l'emploi du nom dont la propriété doit être à l'abri de toute atteinte.

Il a été jugé que : 1° Il peut être interdit aux concurrents du premier préparateur d'un remède (*élixir anti-glaireux de Guillé*) d'employer son nom même en le faisant précéder des mots : *suivant la formule de...* (Rouen, 27 mars 1862 et Rej., 15 mars 1864, Charpentier, *Annales*, 65,394).

2° L'inventeur d'un produit (*extrait de viande de Liebig*), et son cessionnaire ont le droit de s'opposer à tout emploi du nom de l'inventeur, de quelque façon qu'il ait lieu et même pour indiquer que le produit a été obtenu *d'après ses procédés* (Paris, 12 janv. 1874, Liebig, *Annales*, 74, 83).

3° Le nom de Claude Bully ne peut être employé par le fabricant de vinaigre de toilette ni seul, ni même précédé des mots : *Imité de...* (Cass. rej., 15 avril 1878, Pons, Le Hir, 78, 2, 251, Id. Agen, 20 juil. 1875, Landon, Le Hir, 76, 2, 198).

4° Le nom d'un fabricant ne peut être employé par des tiers que quand ce nom est devenu, par suite d'un long usage ou du consentement de l'intéressé, l'élément indispensable de la désignation du produit auquel il est appliqué. L'adjonction au nom du fabricant des mots « *suivant la formule* », ne fait pas disparaître l'usurpation (Trib. civ. Bordeaux, 3 mars 1885, Girard et Cie, *Annales*, 89,75).

5° Ont été considérées également comme illicites les désignations suivantes : Dragées ferrugineuses *suivant la formule du* docteur Rambuteau (Trib. com. Seine, 16 mars 1878, Clin et Cie, *Annales*, 78,78).

6° Capsules glutineuses, *façon de, système de, procédé* Raquin. Pilules *dites* de Blancard (Aix, 20 mars 1879, Fumonze, *Annales*, 81,179).

19. Précautions à prendre pour éviter la confusion. — Lorsque le nom, étant devenu la dénomination usuelle et nécessaire du produit, son usage est permis à tout le monde, c'est bien entendu à la condition que toutes les mesures soient prises pour éviter une confusion entre les produits. Si, dans certaines circonstances exceptionnelles, un fabricant a le droit d'employer un nom qui n'est pas le sien, il faut qu'il s'abstienne rigoureusement de laisser croire que ses produits sont fabriqués par l'inventeur ou l'industriel dont il emprunte le nom. Le meilleur moyen de prévenir toute erreur sera de faire précéder ce nom des mots : *façon de..., système de.., suivant la formule de...* s'il s'agit d'un produit pharmaceutique. Cette mention figurant en lettres bien apparentes sur les étiquettes, prospectus ou annonces, le public sera prévenu que le produit dont l'offre lui est faite, n'est point fabriqué ou préparé par l'inventeur lui-même qui lui a donné son nom. Il faudra également que le fabricant, à côté du nom de l'inventeur, fasse figurer son propre nom d'une manière apparente. Il devra en outre disposer ses étiquettes, les enveloppes de ses produits, ses prospectus et ses annonces de telle sorte qu'aucune confusion ne soit possible entre ses produits et ceux de l'inventeur. Les tribunaux apprécieront souverainement, suivant les circonstances, si toutes les précautions ont été prises pour prévenir une concurrence déloyale, et il leur appartient de prescrire telles mesures qu'ils jugent convenables pour empêcher la confusion.

Il a été jugé que : 1° Un remède secret tombé dans le domaine commun de la pharmacie, comme le *rob végétal dépuratif de Boyveau Laffecteur*, peut, si l'inventeur y a lui-même attaché son nom, de manière que ce nom en soit devenu la désignation usuelle et nécessaire, être annoncé par tous pharmaciens sous le nom dudit inventeur précédé de ces mots : *selon la formule de...* pourvu d'ailleurs que les annonces et étiquettes des concurrents soient rédigées de manière à ne permettre aucune confusion sur la provenance du remède (Cass., 31 janv. 1860, Giraudeau de St-Gervais, *Annales*, 60, 101).

2° Quand il s'agit d'un médicament entré dans le domaine commun de la pharmacie (*Pâte Regnault*), tous les pharmaciens qui ont le droit de fabriquer et d'exploiter ce médicament, peuvent l'annoncer et le débiter sous la dénomination qui est devenue sa désignation dans l'usage, à la charge seulement de prendre les précautions nécessaires pour ne pas induire le public en erreur sur l'origine du produit par eux fabriqué ; ils peuvent donc vendre la pâte Regnault sous cette dénomination, nom de l'inventeur ajouté à une désignation banale, pourvu qu'ils y joignent une mention comme celle de *suivant la formule...* de nature à empêcher toute confusion sur la provenance du produit sorti de leur officine (Cass., 16 avril 1878, Torchon, Le Hir, 78, 2, 252).

3° Ont été considérées également comme licites les désignations suivantes : Lampe *façon de... ou système de* Carcel (Trib. com. Seine, 13 janv. 1843, Hochstetter, *Gaz. Trib.*, 14 janv. 1843).

Pâte pectorale *suivant la formule de* Regnault (Trib. com. Seine, 28 octobre 1844, Frère, *le Droit*, 28 oct. 1844).

Appareil de cheminée *suivant le système* Fondet (Trib. civ. Seine, 24 nov. 1865, *Annales*, 69, 237).

Sirop et pastilles *suivant la formule de* Tamarin Bruc (Trib. civ. Lyon, 4 déc. 1867, Bruc, *Annales*, 69, 92).

Pilules *préparées d'après la formule* de Vallet (Bordeaux, 26 fév. 1873, Torchon, *Annales*, 77, 226).

§ 3. — *Homonymes.*

20. Droit de l'homonyme à l'usage de son nom. — 21. Trafic du nom. — 22. Sanction de la fraude. — 23. Cas où l'homonyme n'est qu'un prête-nom. — 24. Cas où il exerce réellement le commerce. — 25. Nom d'un associé. — 26. Mesures pouvant être prescrites par les tribunaux pour empêcher la confusion. — 27. Chose jugée. — 28. Emploi des mots *maison, ancienne maison.* — 29. Noms analogues.

20. Droit de l'homonyme à l'usage de son nom. — Si le commerçant ou l'industriel ne peut usurper le nom d'un concurrent, il a toujours le droit de faire usage de son propre nom dans l'exercice de son commerce ou de son industrie. Ce droit subsiste même dans le cas où une autre personne, ayant le même nom, serait antérieurement établie et exploiterait depuis longtemps le même commerce. Sans doute l'existence de ces deux établissements dans une même localité, peut être la cause de confusions et d'erreurs regrettables. Mais cette considération n'est pas suffisante pour dépouiller une personne du droit qui lui appartient de faire usage de son nom. D'autre part, on ne saurait, sans porter la plus grave atteinte à la liberté de l'industrie, lui interdire d'exercer le commerce qui lui convient. D'ailleurs les tribunaux sont là pour réprimer les abus et pour ordonner telles mesures qu'ils jugeront nécessaires pour prévenir le préjudice pouvant résulter de la similitude des noms.

Il a été jugé que : 1° Si un commerçant a le droit incontestable de s'opposer à toute usurpation directe ou indirecte de sa clientèle et par suite à toute désignation commerciale propre à établir de la confusion entre une maison rivale et la sienne, ce droit ne va pas jusqu'à pouvoir interdire à son frère d'exploiter seul ou avec un associé un établissement de même nature, et de faire usage du nom patronymique qui leur appartient à tous deux. Mais dans ce cas les tribunaux peuvent ordonner toutes les mesures nécessaires pour éviter les méprises que l'identité de nom et d'industrie amène d'une façon presque inévitable entre les deux établissements (Paris, 31 déc. 1861, John Arthur, *Annales*, 62, 204 et Cass., 14 avril 1863, *Annales*, 63, 323).

2° Il appartient aux tribunaux d'interdire à un commerçant d'employer dans son commerce un des noms qui figurent dans son acte de naissance, lorsqu'il est établi qu'il ne l'ajoute au nom sous lequel il était connu, que dans un but de concurrence déloyale vis-à-vis d'un locataire de la même maison. Mais, en pareil cas, l'interdiction doit être limitée au temps pendant lequel durera le voisinage rendant la confusion possible (Paris, 12 juillet 1861, Leblanc, *Annales*, 61, 400, et Cass., 18 nov. 1862, *Annales*, 63, 90).

3° Il y a concurrence déloyale dans le fait de profiter d'une similitude de nom entre ses propres produits et ceux d'un autre fabricant. Mais il n'y a pas lieu d'interdire à une personne de se servir de son nom dans le nouveau commerce qu'elle entend exercer, à la charge toutefois par elle de ne pas en user de manière à faire naître une confusion dans l'esprit du public entre ses produits et ceux d'une maison concurrente connue sous le même nom. (Paris, 27 nov. 1862, Hasslauer, *Annales*, 63, 91).

4° Si, en cas de similitude de noms entre deux commerçants exerçant la même industrie, le dernier venu ne saurait être obligé de supprimer son nom de sa raison sociale ou de ses marques ou étiquettes, néanmoins il peut, même au cas de bonne foi, être condamné à ajouter une désignation distinctive et à réparer le préjudice causé par la confusion de noms (Bordeaux, 16 août 1865, Caminade, *Annales*, 67, 268).

5° L'usage commercial du nom patronymique ne saurait être interdit, sous réserve toutefois de ne l'employer que sous une forme spéciale de nature à empêcher, dans une certaine mesure, la confusion dommageable pouvant en résulter (Paris, 23 déc. 1885, John Arthur, *Annales*, 86, 193).

6° Les tribunaux peuvent, pourvu qu'ils ne suppriment pas l'usage du nom, ordonner toutes autres mesures pour éviter la confusion, comme l'inscription en caractères semblables et d'égale grandeur des mots : *Ancienne maison Louis Marquis, Clarque et Cie successeurs*, pour différencier de la maison P. Marquis. (Cass. req. 30 avril 1888, Marquis, *Annales*, 91, 96).

21. Trafic du nom. — L'usage du nom dans le commerce peut couvrir une spéculation dont on pourrait citer de nombreux exemples. Voici en quoi elle consiste : une société se forme pour exploiter un commerce ou une industrie dans laquelle une maison ancienne est réputée. Pour se créer rapidement une clientèle, la société cherche une personne ayant le même nom que celui du chef de l'établissement connu ; elle offre à cette personne soit de lui acheter son nom, soit de la faire entrer dans la société où elle ne doit jouer aucun rôle sérieux, sa présence ayant uniquement pour but de justifier l'usage de son nom qui devient la raison sociale et qui figure sur les produits, sur

les papiers de commerce, les annonces et les prospectus.
Une pareille spéculation ne saurait assurément être tolérée.
Sans doute chacun est libre de faire de son nom l'emploi
qui lui convient ; mais c'est à la condition de ne pas s'en
servir comme d'un instrument de concurrence déloyale et
de fraude. Or il faut voir une véritable fraude dans la combinaison dont l'unique but est de créer, au moyen d'une
similitude de nom, une confusion entre deux maisons rivales. L'individu qui trafique ainsi de son nom ne peut invoquer ni la liberté de l'industrie puisqu'il n'exerce réellement aucun commerce, ni la propriété du nom commercial
puisque la loi ne peut garantir cette propriété qu'autant
qu'il en est fait un usage loyal et conforme aux habitudes
du commerce.

Nous avons supposé le cas le plus fréquent où l'homonyme entre dans une société à laquelle il apporte exclusivement l'usage de son nom. Il peut arriver que la cession
soit faite à un particulier, commerçant ou industriel. A
peine avons-nous besoin de dire que le trafic du nom n'est
pas plus licite dans cette hypothèse que dans la première.
Il en serait toutefois autrement si le nom était cédé par un
commerçant à son successeur en même temps que l'établissement lui-même. La cession n'a plus alors aucun caractère frauduleux et, loin de se rendre coupable d'une concurrence déloyale, l'acquéreur se conforme au contraire
aux usages du commerce lorsqu'il fait usage du nom de
son prédécesseur.

22. Sanction de la fraude. — Lorsque les tribunaux
se trouvent en présence du trafic que nous venons de signaler, ils doivent naturellement réprimer la fraude. Jusqu'où

va leur pouvoir? Ils peuvent sans aucun doute ordonner telles mesures qu'ils jugent convenables pour rendre la confusion impossible entre les deux établissements rivaux. Mais ont-ils le droit d'aller plus loin et d'interdire d'une façon absolue l'usage du nom? Certains auteurs, invoquant le double principe de la propriété du nom et de la liberté du commerce, pensent que les tribunaux ne doivent et ne peuvent interdire à un individu, sous quelque prétexte que ce soit, le libre usage de son nom patronymique. Leur droit se borne à réglementer cet usage, lorsque des abus sont commis (1).

23. Cas où l'homonyme n'est qu'un prête-nom. — La jurisprudence fait une distinction qui nous paraît équitable et juridique. Si l'homonyme exerce personnellement et réellement le commerce, il est impossible de lui interdire l'usage de son nom. Dans le cas contraire, on se trouve en présence d'un trafic, d'une fraude devant laquelle doit céder le principe de la propriété du nom. Il ne peut être question de liberté du commerce puisque l'homonyme n'exerce lui-même aucune industrie et qu'il se borne à vendre ou à prêter son nom dans un but de concurrence déloyale. Le principe de la propriété du nom, n'est d'ailleurs pas en jeu à proprement parler. En effet, il ne s'agit pas d'interdire à un individu de faire usage de son nom pour exercer un commerce ; mais plutôt d'interdire à un industriel d'employer un nom qui ne lui appartient pas et qu'il a acheté pour faire concurrence à une maison rivale (2). Le plus souvent la fraude consiste à former

(1) Calmels, *Annales*, 56, 33 ; — Bédarride, n° 736.
(2) Blanc, p. 713. — Pouillet, n° 496.

une association dans laquelle on fait entrer l'individu qui porte le nom de la maison réputée, et qui, étranger au commerce, apporte simplement à la société le droit de faire usage de son nom (1).

Il a été jugé en ce sens que (2) : 1° Si tout individu a le droit de faire le commerce en son nom personnel, il n'a pas celui de disposer de son nom pour le prêter à des tiers et pour leur procurer, au prix d'un bénéfice convenu, le crédit commercial d'un établissement connu depuis longtemps sous le même nom. En conséquence les tribunaux peuvent ordonner la suppression, dans une raison sociale, du nom de la personne qui n'est entrée dans la société qu'en vue de la spéculation indiquée ci-dessus. (Paris, 6 mars 1851, Cliquot, Le Hir, 1851, 2, 253 et Rej. 4 fév. 1852, *Journal du Palais*, 53, 1, 167).

2° Un industriel peut s'opposer à ce que son nom, accrédité depuis longtemps dans une certaine industrie, figure sur l'enseigne d'un établissement semblable au sien, bien que ce nom soit aussi celui de l'un des associés de l'établissement rival, si ce dernier n'est pas un associé sérieux et si la société n'a été imaginée que pour bénéficier de la réputation acquise à ce nom. (Bordeaux, 27 déc. 1853, Jegher, Le Hir, 54, 2, 262).

3° Les tribunaux peuvent ordonner la suppression, dans une raison sociale, du nom d'un associé, lorsqu'il est établi que ce dernier n'est pas un associé sérieux et légitime et qu'il a prêté abusivement son nom à un tiers, pour procurer à celui-ci un moyen de faire naître la confusion entre deux établissements rivaux, et de détourner les pratiques à son profit. (Paris, 28 janv. 1856, Robineau, *Annales*, 56, 54).

4° Les tribunaux ont le droit, non seulement de prescrire des

___

(1) Conf. Ruben de Couder, *Dict. de Dr. comm.* V° *Concurrence déloyale*, n°s 153 et suiv. — Bert, p. 37 et suiv.

(2) V. aussi Trib. com. Seine, 5 mars 1856, Richter et Cie, *Annales*, 56, 126 ; — Trib. com. Seine, 26 fév. 1857, Le Hir, 58, 2, 420 ; — Besançon, 30 nov. 1861, Dubois, *Annales*, 62, 297 ; — Paris, 19 mai 1865, Gambier, *Annales*, 65, 315 ; — Paris, 10 juin 1869, Dugoujon, *Annales*, 69, 340.

mesures pour empêcher toute confusion entre deux commerçants portant le même nom, mais encore d'interdire d'une manière absolue l'usage du nom, lorsqu'il ressort des circonstances que l'associé auquel il a été emprunté n'était pas sérieux et qu'on ne l'a fait entrer un moment dans la société que pour se créer un droit à l'usage de son nom (Paris, 31 déc. 1860, Collas, *Annales*, 61, 159).

5° Se rendent coupables de concurrence déloyale et solidairement responsables du préjudice causé, le commerçant qui, pour faire concurrence à une maison rivale, s'associe un tiers portant le même nom et le tiers lui-même qui accepte une semblable situation (Trib. com. Seine, 31 oct. 1863, Combier, *Annales*, 63, 421).

6° Si une personne, portant le même nom qu'un commerçant connu, a le droit de faire le commerce en son nom personnel, elle n'a pas celui de disposer de son nom pour le prêter à des tiers et pour leur procurer, au prix d'un bénéfice convenu, le crédit commercial dont est en possession un établissement réputé. Les tribunaux, qui se trouvent en présence d'une pareille spéculation, peuvent interdire d'une façon absolue l'usage du nom fait dans ces circonstances (Paris, 5 mars 1868, Werlé et Cie, *Annales*, 68, 288).

7° Si le nom patronymique constitue une propriété, on ne saurait s'en faire un instrument de concurrence déloyale. Spécialement si, en principe, chacun est libre de faire sous son nom tel commerce qu'il lui convient de choisir, il appartient aux tribunaux d'interdire, d'une manière absolue, l'usage de ce nom dans un commerce déterminé. Il en est ainsi, surtout, lorsque le commerçant ou l'industriel qui était jusque là complètement étranger à ce genre de commerce, n'a été appelé dans la maison nouvelle qu'à raison même de la similitude de nom avec une maison ancienne (Paris, 31 juillet 1874, Moët et Chandon, *Annales*, 74, 311).

8° Il y a lieu d'interdire à un individu de se servir de son nom pour l'exploitation d'un commerce déterminé, s'il est certain que, persistant dans des agissements frauduleux déjà condamnés, il a trafiqué de ce nom pour faciliter la continuation de la concurrence déloyale faite, tant par lui que par d'autres, à un commerçant portant un nom identique et jouissant d'une grande notoriété dans le même commerce. Il en est ainsi tout au moins, lorsque cet individu ancien failli, sans ressources, se borne à recevoir des marchandises qui lui sont expédiées par des négociants, et à les réexpédier sous son nom (Bordeaux, 17 juillet 1876, Martell, *Rec. Bordeaux*, 77, 94).

9° Lorsqu'un individu, dépourvu de ressources personnelles et réduit à l'impuissance de faire lui-même le commerce, cède son nom à un tiers, comme moyen de fraude et d'opérations illicites, les tribunaux ne violent aucune loi en décidant, non pas qu'il serait interdit à cet individu de se servir de son nom pour faire le commerce, mais que la propriété du nom patronymique ne saurait autoriser l'abus qui consiste à le prêter à autrui pour faire à un commerçant une concurrence déloyale ; on ne saurait entendre autrement la défense de se servir du nom édictée par l'arrêt (Cass., 27 mars 1877, Martell, Le Hir, 77, 2, 386).

10° Il peut être interdit à une société d'employer dans sa raison un prénom (Lubin) appartenant à l'un des associés, lorsque d'une part, la suppression de ce prénom n'enlève pas à la société le droit d'exercer son industrie sous la dénomination réelle qui lui appartient et qui résulte surtout du nom de l'associé, et que d'autre part, l'associé portant ce prénom n'est entré dans la société que pour y faire figurer son prénom et le faire servir à une fraude envers une maison antérieurement établie sous le nom de Lubin (Paris, 20 mai 1886, Prot, *Annales*, 86, 253).

11° Lorsqu'une association a été contractée par des commerçants avec un tiers (dans l'espèce un mineur émancipé), dans le but évident et exclusif de faire usage du nom de ce tiers et d'essayer de dépouiller ainsi une maison rivale de la notoriété qu'elle s'était acquise sous ce même nom, le propriétaire de ladite maison est fondé à s'opposer à ce qu'il soit fait usage de ce nom dans la raison sociale de ses concurrénts (Paris, 17 mai 1888, Rouillon, *Annales*, 91, 144).

12° L'individu qui n'a ni caves, ni ouvriers, ni licence de marchand de boissons en gros, qui ne fait aucune avance d'argent et place seulement les vins (de champagne) que les fabricants lui fournissent tout préparés pour être directement payés sur le prix de vente à la clientèle, n'est pas un véritable vendeur ayant droit à l'usage commercial de son nom (Paris, 4 déc. 1889, Vve Pommery, *Annales*, 91, 124).

24. Cas où l'homonyme exerce réellement le commerce. — Lorsque l'homonyme exerce réellement et personnellement son commerce, lorsqu'il joue un rôlc sérieux dans la maison dont il fait partie comme associé, on ne peut lui interdire l'usage de son nom patronymique, quelque gênante que soit cette concurrence pour la maison rivale établie et connue depuis longtemps sous le même nom. En vain prétendrait-on que cet individu n'a été amené à s'établir que pour bénéficier de la grande notoriété acquise dans la même industrie par une maison ancienne : cette raison, fût-elle prouvée, ne suffirait pas pour lui interdire d'exercer le même commerce sous le nom qui lui appartient réellement. Les tribunaux n'ont qu'un droit : c'est de prescrire toutes les mesures nécessaires pour prévenir la confusion entre les deux établissements rivaux.

Il a été jugé que (1) : 1° Tout individu qui exerce réellement et personnellement un commerce ou une industrie a le droit incontestable d'inscrire son nom patronymique sur ses enseignes,

---

(1) *V. aussi* Paris, 26 avril 1866, Farina, *Annales*, 67, 269 ; — Trib. com. Seine, 11 avril 1864, Fould, *Annales*, 64, 323 ; — Trib. com. Marseille, 11 avril 1861, Laurens, *Annales*, 60, 221 ; — Paris, 27 nov. 1875, Boyer, *Annales*, 76, 20 ; — Montpellier, 29 déc. 1877, Bardou, *Annales*, 78, 49 ; — Cass., 27 mars 1877, Landon, *Annales*, 77, 92 ; — Paris, 25 août 1879, Galand, *Annales*, 82, 188.

annonces et factures et sur les produits de sa fabrication. Il appartient aux tribunaux de repousser l'abus qui serait fait de ce droit, mais les pouvoirs du juge ne sauraient aller jusqu'à priver un commerçant de la faculté de se servir de son nom (Cass., 30 janv. 1878, Erard, Le Hir, 78, 2, 363.

2° Tout individu qui, par lui-même, personnellement, exerce un commerce ou une industrie, a le droit d'inscrire son nom sur toutes plaques, annonces, enseignes ou factures (Paris, 6 avril 1887, John Evans, Dalloz, 88, 2, 40).

3° Tout individu qui exerce personnellement un commerce ou une industrie a le droit d'inscrire son nom sur toutes plaques, annonces, enseignes et factures, et n'est pas coupable d'une concurrence déloyale à l'égard d'un homonyme antérieurement connu dans la même industrie s'il évite toute confusion avec lui, par exemple en ajoutant son prénom (Paris, 6 avril 1887, John Evans, *Annales*, 91, 120).

4° Celui qui exerce réellement et personnellement un commerce ou une industrie a le droit incontestable d'inscrire son nom patronymique sur ses enseignes, annonces, prospectus, étiquettes, factures et sur les produits de sa fabrication ou de son commerce ; il ne fait qu'user d'une des formes permises de la jouissance attribuée par l'article 544 du Code civil à la propriété. Ceux qui portent le même nom n'ont d'autre droit que celui d'en faire réglementer l'usage par les tribunaux, conformément à la restriction apportée par l'article 544 à l'exercice de toute propriété, en cas d'abus contraire aux règlements et aux lois (Paris, 27 juillet 1890, Chandon, *Annales*, 91, 133).

25. Nom d'un associé. — *Il a été jugé que* : Si le nom patronymique est la propriété de celui qui le porte, il ne peut s'en faire un moyen de concurrence malhonnête. Spécialement si une société en nom collectif peut choisir, parmi les noms des membres qui la composent, celui qui lui convient le mieux pour sa raison sociale, ses marques et étiquettes, il ne lui est pas loisible de puiser en ce choix le moyen de détourner à son profit la clientèle d'une maison ancienne à laquelle appartient le même nom et qui exerce le même commerce ou la même industrie (Paris, 7 août 1888, Dubec, *Annales*, 91, 116) (1).

26. Mesures pouvant être prescrites par les tribunaux pour empêcher la confusion. — Si les tribunaux reconnaissent à toute personne le droit de faire usage de son nom dans un commerce qu'elle exerce réellement, c'est à la condition que des précautions seront prises pour rendre la confusion impossible entre les deux établissements exploités sous le même nom. Lorsque l'homonyme établi en second lieu manque à ce devoir, les tribunaux peuvent prescrire telles mesures qu'ils jugent utiles pour sauvegarder les intérêts de l'ancienne maison. En parcourant les diverses décisions que nous allons rapporter, on pourra voir quelles sont les mesures généralement ordonnées en pareil cas : modification de l'enseigne, des étiquettes et prospectus ; indication du prénom en mêmes caractères que le nom de famille ; indication de l'origine et de la date de création de l'établissement.

Il a été jugé à cet égard que : 1° Lorsque deux fabricants exercent la même industrie sous le même nom, il appartient aux tribunaux d'ordonner les modifications distinctives qu'ils jugent nécessaires pour empêcher toute confusion, notamment en astreignant le dernier venu à différencier sa marque, soit en ajoutant son prénom, soit en changeant la forme et la dimension de l'entourage (Paris, 20 août 1863, Massez, *Annales*, 64, 318).

2° Un individu est maître de disposer de son nom au profit d'une société et celle-ci a le droit d'en user aussi bien pour sa raison sociale que pour sa marque, ses étiquettes et ses annonces, sans que les tiers exerçant la même industrie sous le même

____

(1) *Conf.* Paris, 6 fév. 1865, Rœderer, *Annales*, 65, 58.

nom puissent en demander contre elle la suppression. Mais si la société en nom collectif ainsi constituée peut, parmi les noms des associés qui la constituent, prendre celui qui lui convient le mieux, elle n'est pas libre cependant d'en faire une enseigne pour détourner à son profit la clientèle d'une maison ancienne à laquelle appartient le même nom et qui l'a déjà popularisé dans la même industrie. Les tribunaux peuvent ordonner toutes les mesures qu'ils jugent nécessaires pour prévenir la confusion et notamment prescrire à la nouvelle société d'inscrire à côté de sa raison sociale, en caractères de même grandeur et de même forme, la mention *Maison fondée en...* (Paris 6 février 1865, Rœderer, *Annales,* 65, 58).

3° La maison de commerce qui a toujours eu pour raison sociale le nom de ses chefs, suivi du mot *frères*, peut exiger que des concurrents, qui profitent de ce qu'ils ont le même nom et sont également frères, pour se présenter au public sous la même dénomination sociale et produire une confusion entre les deux établissements, soient astreints à se distinguer par l'insertion de leurs prénoms, au devant de leur nom patronymique et par la suppression du mot *frères* (Bordeaux, 8 août 1866, Les frères Forestier, *Rec. Bordeaux,* 66, 373).

4° En cas de similitude entre les noms sociaux de deux maisons de commerce, l'une ancienne, l'autre nouvelle, il y a lieu, si l'addition des prénoms des derniers venus ne suffit pas pour prévenir toute confusion, d'astreindre ceux-ci à mettre à la suite de leur raison sociale une mention expresse relatant la date de la fondation de leur maison (Bordeaux, 14 avril 1871, Martell, *Rec. Bordeaux,* 71, 309).

5° Les tribunaux peuvent ordonner que le commerçant qui a abusé de son nom pour usurper les avantages de la réputation industrielle acquise par un autre commerçant sera tenu d'ajouter sur ses produits, factures, annonces et publications quelconques, à ses nom et prénoms, l'indication de son origine et l'époque de création de sa maison (Amiens, 2 août 1878, Erard, Dalloz, 79, 2,100; *Annales,* 78, 226).

6° Les juges du fait n'excèdent pas leurs pouvoirs en obligeant un commerçant à donner sur ses produits, annonces et publications quelconques, plus d'importance à son prénom qu'à son nom, à se servir de caractères d'une certaine dimension et à ne mettre sa marque de fabrique qu'à certaines places (Cass., 15 juillet 1879, Erard, Dalloz, 80, 1, 80).

7º Lorsque deux personnes exercent le même commerce, sous une raison sociale dans laquelle figure le même nom patronymique, celle qui était établie la première peut exiger de l'autre qu'elle fasse précéder son nom principal de son prénom en toutes lettres et en mêmes caractères ; mais elle ne peut la contraindre à ajouter la mention de l'ancienne maison à laquelle elle a succédé (Cass., 7 janv. 1884, Foucaud, *Annales*, 85, 13).

8º Quand un produit fabriqué par une maison Rocher frères de la Côte St-André (Isère) est connu sous le nom de *apéritif Rocher*, une autre maison Rocher frères de Troyes peut vendre également un *apéritif Rocher*, mais en ajoutant sur les étiquettes et réclames sa raison sociale qui devra être ainsi libellée : *Ancienne maison Bertrand et Mariotte, A. et A. Rocher de Troyes*. La mention *frères* doit être supprimée à la suite du nom de Rocher (Paris, 7 janv. 1888, Rocher frères, *Annales*, 91, 151).

27. Chose jugée. — Supposons que, pour empêcher la confusion entre deux établissements exploités par deux personnes ayant le même nom, le tribunal ait prescrit certaines mesures, par exemple l'indication du prénom à côté du nom de famille : dans la suite, l'homonyme contre lequel ces prescriptions ont été édictées se livre à des agissements qui rendent la précaution insuffisante. Le propriétaire de l'ancienne maison peut-il s'adresser à la justice pour réclamer de nouvelles mesures de protection ? La première décision emporte-t-elle au contraire chose jugée, de telle sorte qu'il ne soit pas permis d'y revenir ? Il est bien évident que, lors de la première instance, le tribunal n'a pu statuer qu'en raison des faits qui lui étaient soumis. Si de nouveaux agissements lui sont signalés, il peut, pour les réprimer, prendre des mesures plus rigoureuses ; il peut même interdire d'une façon absolue l'usage du nom si, mieux éclairé que la première fois, il acquiert la conviction que l'homonyme n'exerce pas réellement le commerce et qu'il a trafiqué de son nom.

Jugé en ce sens que : La décision qui n'a accordé à un commerçant le droit de mettre son nom sur ses produits, qu'à la charge de le faire de manière à éviter toute confusion entre ses produits et ceux d'une maison connue sous le même nom, n'emporte pas chose jugée en faveur de ce commerçant, quant au droit de se servir de ce nom, la justice n'ayant pu s'interdire de prescrire de nouvelles mesures, si des faits nouveaux et différents lui en démontraient la nécessité (Bordeaux, 17 juillet 1876, Martell, *Rec. Bordeaux*, 76, 257).

Jugé toutefois que : Si, en matière de concurrence déloyale ou d'usurpation de marque de fabrique, la décision qui condamne ou acquitte le prévenu n'emporte pas chose jugée à l'égard des faits ultérieurs, objet d'une demande nouvelle, il n'en est pas de même des décisions rendues par un tribunal civil ou commercial saisi d'un chef distinct, principal ou préjudiciel, relatif à la propriété ou à la jouissance d'un nom ou au droit acquis à tout successeur d'une ancienne maison de commerce de se prévaloir de l'origine de l'établissement qu'il continue (Cass. req., 30 avril 1888, Marquis, *Annales*, 91, 96).

28. **Emploi des mots :** *maison, ancienne maison.* — Il arrive souvent qu'un établissement commercial est désigné sous le nom de son fondateur précédé du mot *maison.* L'homonyme qui s'établit dans le même commerce n'a pas le droit d'employer ce mot à l'aide duquel il peut tromper le public en faisant croire qu'il est le propriétaire de l'ancienne maison.

Il a été jugé que (1) : 1° Si un commerçant a le droit incontestable de s'établir sous son véritable nom, et de mettre ce nom sur ses magasins, il y a lieu de lui interdire toute concurrence déloyale, et d'ordonner dans ce but les mesures nécessaires pour éviter la confusion qui pourrait exister aux yeux du public entre son établissement et celui d'un autre commerçant qui porte le même nom. Il y a lieu notamment de lui faire supprimer le mot *maison* qui, dans les usages du commerce, indique un établissement de date ancienne et d'importance notoire, et de l'obliger à faire précéder son nom patronymique de son prénom, sur son magasin, ses factures et lettres de commerce, sur la même ligne et en mêmes caractères (Trib. com. Seine 28 mai 1857, Pinaud et Amour, *Annales*, 57, 86 ; Trib. com. Seine, 7 mai 1858, Bonnet, *Annales*, 58, 301).

2° Lorsque des membres d'une même famille ou des commerçants portant le même nom ont créé deux établissements rivaux, les propriétaires du plus ancien ont le droit de conserver la qualification de *maison* ou *ancienne maison*, et ils sont fondés, en cas de confusion possible, à exiger que l'acquéreur du second établissement ajoute son nom et sa qualité de successeur sur ses enseigne et prospectus (Trib. com. Seine, 16 juin 1857, Chevet, *Annales*, 58, 329).

29. Noms analogues. — L'homonyme ayant le droit de faire usage de son nom sous la réserve que nous venons d'indiquer, à plus forte raison faut-il reconnaître ce même droit au commerçant ou à l'industriel qui porte un nom présentant une analogie plus ou moins grande avec celui d'un concurrent. Mais comme cette analogie peut, dans une certaine mesure, induire le public en erreur, les commerçants dont les noms se ressemblent doivent s'abstenir avec le plus grand soin de tout agissement susceptible de créer une confusion entre leurs établissements respectifs.

(1) V. aussi Paris, 3 janv. 1890, Dupond, *Annales*, 91, 84.

S'ils n'avaient pas le soin de différencier leurs étiquettes, leurs annonces et, dans certains cas, la forme de leurs produits, des ressemblances qui, d'ordinaire, ne constitueraient pas une concurrence déloyale, pourraient, à raison de l'analogie des noms, présenter ce caractère et nécessiter l'intervention des tribunaux.

Il a été jugé, *à cet égard*, *que* : 1º Les tribunaux peuvent interdire à un ancien employé de se servir d'un prénom sous lequel il n'était pas jusque-là connu et qui rappelle plus ou moins le nom de son patron (Paris, 7 nov. 1888, Preterre, *Annales*, 91, 88).

2º Le possesseur d'un établissement connu sous le nom de *Léon* peut exiger que le concurrent installé dans la maison voisine, donne à sa devanture un aspect très distinct par sa couleur, son agencement et le costume des vendeurs, et ajoute sur l'enseigne, à son prénom de *Léon*, son nom patronymique en caractères doubles (Paris, 3 janv. 1890, Dupond, *Annales*, 91, 83).

§ 4. — *Adjonction du nom de la femme.*

30. Nom de la femme du commerçant. — 31. Veuve remariée. — 32. Nom du beau-père.

30. Nom de la femme du commerçant. — Le commerçant peut-il, à côté de son nom, faire figurer sur ses produits, ses prospectus et ses annonces, le nom de sa femme ? C'est là une habitude du commerce contre laquelle on ne saurait élever aucune objection sérieuse. Le père ou les parents de la femme qui exercent le même commerce ne peuvent s'opposer à cet usage, sous la réserve bien entendu que toutes les précautions seront prises pour prévenir la confusion entre les maisons rivales. Le mari, par exemple, n'aurait pas le droit de faire paraître, en lettres minuscules, son propre nom à côté de celui de sa femme écrit en gros caractères. Il faudrait évidemment voir là un acte de concurrence déloyale que les tribunaux devraient réprimer (1).

Il a été jugé, à cet égard, que : 1° Un commerçant a le droit d'ajouter à son nom celui de sa femme déjà connu dans son industrie ; il ne fait ainsi qu'user d'un droit généralement suivi dans le commerce (Paris, 3 juin 1859, *Annales*, 59, 216).

2° Un commerçant peut ajouter à son nom celui de sa femme dans le but de continuer la raison sociale de sa maison de commerce telle qu'elle avait existé avec son beau-frère. Un membre de la famille qui a cessé toute exploitation commerciale est non recevable à se plaindre de ce fait qui ne peut lui causer aucun préjudice (Cass., 13 fév. 1865, Hériard, *Annales*, 66, 30).

3° Un commerçant peut joindre à son nom celui de sa femme suivant un usage constant du commerce répandu dans beaucoup de localités. Mais dans le cas où cette addition est faite, les deux noms doivent être écrits en caractères identiques et joints par un trait d'union sur toutes les cartes de commerce, circulaires, en-tête de lettres et factures (Limoges, 21 janv. 1888, Jules Bourdeau et Cie, *Annales*, 90, 335).

4° Un négociant qui a succédé à son père ne peut interdire à sa sœur, mariée à un négociant exerçant le même commerce, l'usage de son nom patronymique par adjonction de celui de son mari, cette adjonction étant dans les habitudes ordinaires du commerce (Trib. com. Seine, 11 mai 1888, Bergez, *Le Droit*, 30 mai 1888).

Jugé toutefois, dans des circonstances de fait qui justifient ces décisions, que : 1° Les tribunaux peuvent faire défense à un commerçant d'ajouter à son nom celui de sa femme, quand il ressort des circonstances que cette adjonction n'a eu lieu que dans un but de concurrence déloyale et pour créer une confusion entre son propre établissement et celui originairement

____

(1) Pouillet, n° 508 ; — Bert, p. 41.

fondé par le père de sa femme (Paris, 17 juin 1838, Lesenne, *Gaz. Trib.*, 18 juin 1838).

2° Il y a concurrence déloyale de la part d'un commerçant qui, après avoir été associé avec son beau-père, joint pour la première fois à son nom celui de sa femme, de façon soit à faire confusion avec la maison que son beau-père continue à diriger, soit à laisser croire à la continuation de la société (Paris, 21 déc. 1855, Manchon, *Annales*, 55, 221).

3° En admettant que ce soit un usage établi chez les artistes dramatiques comme chez les commerçants d'ajouter à leur nom celui de leur femme, cet usage ne saurait constituer un droit absolu et prévaloir contre l'opposition d'un ou plusieurs membres de la famille de la femme, alors que cette addition peut entraîner une confusion préjudiciable pour l'un d'eux (Trib. civ. Seine, 11 mai 1866, Taglioni, *Annales*, 66, 259).

4° Si la pratique du commerce autorise, dans certains cas, un négociant à joindre le nom de sa femme au sien dans une marque de fabrique, il appartient à la justice de réprimer ou de prévenir les abus qui peuvent résulter d'une pareille tolérance et d'interdire l'usage du nom de sa femme à un commerçant qui l'exploite dans un intérêt de concurrence déloyale (Montpellier, 24 déc. 1885, Violet, *Annales*, 86, 266).

5° Le vendeur d'un fonds de commerce, avec droit pour l'acquéreur de se servir du nom commercial ne peut, en reprenant le même commerce, adjoindre à son nom le nom patronymique de sa femme, si ce dernier faisait partie de la raison commerciale du fonds vendu (Trib. com. Seine, 7 oct. 1889, Delaperrière, *La Loi*, 27 oct. 1889).

6° S'il est loisible à un commerçant d'ajouter à son nom, dans sa raison commerciale, le nom de sa femme, c'est à condition que cette addition n'aura pas le caractère d'une manœuvre destinée à établir une confusion préjudiciable à autrui (Paris, 7 déc. 1889, Bergez, *Annales*, 90, 341).

31. Veuve remariée. — La veuve d'un négociant qui continue son commerce a naturellement le droit de conserver la même raison commerciale et par conséquent de faire usage du nom de son mari. Mais a-t-elle encore ce droit quand elle est remariée ? Nous le pensons, à la condition bien entendu qu'elle continue d'exploiter la maison qui appartenait à son premier mari. Car si elle fondait une maison nouvelle, elle ne pourrait invoquer aucune raison sérieuse pour faire usage d'un nom qui n'est plus le sien, dans un commerce auquel son premier mari est resté étranger.

Lorsque la veuve, même non remariée, continue le commerce sous le nom de son mari, les héritiers de ce dernier, établis dans la même industrie, peuvent l'obliger à prendre des précautions pour faire connaître au public son individualité et ne pas laisser croire que le mari dirige toujours la maison. Ils peuvent par exemple la contraindre à faire précéder le nom de son mari du qualificatif de *veuve*. A plus forte raison des mesures analogues peuvent-elles être imposées à la veuve remariée, dans l'intérêt des héritiers du premier mari.

Jugé à cet égard que : 1° Le nom commercial est essentiellement distinct du nom patronymique ou de famille ; le premier, qui a une valeur effective, tient à l'établissement et à son achalandage et se perpétue avec lui ; il se transmet avec la clientèle et passe avec la fortune du décédé aux mains de ses héritiers ou ayants cause. — En conséquence, la femme veuve, qui se remarie et continue le premier commerce de son mari, a le droit de conserver son nom sur ses factures et enseignes (Nancy, 22 fév. 1859, Blaise Lemoine, *Annales*, 59, 94).

2° La veuve remariée d'un commerçant a le droit de continuer le commerce sous le nom de son premier mari ; mais les membres de la famille exerçant la même industrie peuvent s'opposer à toute indication tendant à faire supposer que son premier mari dirige encore la maison (Trib. civ. Seine, 9 août 1864, Hamon, *Annales*, 66, 31).

3° L'emploi du nom d'un commerçant ne doit laisser aucun doute sur l'individualité de celui qui le porte ; le nom de la veuve ne saurait lui rester après la mort de son mari de façon à la laisser confondre avec celui-ci, alors que précisément elle reprend l'exercice de ses droits personnels ; il doit être au moins précédé du qualificatif de « veuve » (Paris, 21 mars 1887, Heidsieck, *Annales*, 89, 199).

4° La veuve commune en biens peut, quoique remariée, continuer à exploiter, dans les mêmes conditions que son mari et sans modifier l'enseigne portant le nom de celui-ci, le fonds qui est devenu sa propriété et celle de sa fille mineure (Paris, 19 mars 1890, Varnier, *Annales*, 90, 320).

32. Nom du beau-père. — Au lieu d'ajouter simplement à son nom celui de sa femme, le commerçant peut-il faire usage du nom de son beau-père en indiquant sa qualité de gendre ? La question se présentera le plus souvent dans le cas où le gendre est en même temps successeur de son beau-père. On ne peut lui refuser le droit de faire paraître, sur son enseigne, ses prospectus et annonces, le nom de son prédécesseur et de faire connaître sa qualité de gendre. Cette faculté doit lui être reconnue même au cas où il crée une autre maison pour l'exploitation de laquelle il peut avoir intérêt à se recommander du nom de son beau-père connu et réputé dans le même commerce. Mais il faudra bien entendu qu'il s'abstienne de tout agissement de nature à créer une confusion entre sa maison et celle d'un concurrent portant le nom de son beau-père.

Il a été jugé, en ce sens, que : 1° Un commerçant peut, sur son enseigne, prendre la qualité de *gendre* de celui dont il a épousé la fille. Il peut être cependant tenu de faire précéder le nom de son beau-père décédé du mot *feu*, pour éviter toute confusion (Bordeaux, 21 déc. 1841, Varinot, Le Hir, 1843, 2, 117).

2° Dans le cas où un commerçant, ayant plusieurs enfants, a laissé, à sa mort, un fonds de commerce qui est resté entre eux dans l'indivision, l'un de ses gendres ne commet pas un acte de concurrence déloyale par cela seul qu'en créant, dans le voisinage, un fonds similaire, il a fait figurer dans son enseigne, en le rattachant au sien, le nom de son beau-père, et s'est intitulé dans ses factures et prospectus, *gendre d'un tel*, alors que cette mention est écrite sur l'enseigne en lettres d'égale dimension que celles de son propre nom et qu'aucune confusion n'est possible (Bordeaux, 24 juin 1879, Vve Chaumas, *Rec. Bordeaux*, 79, 221) (1).

§ 5. — *Pseudonyme.*

33. Le pseudonyme est protégé. — 34. Cas où le pseudonyme est le nom patronymique d'une autre personne. — 35. Prénom.

33. Le pseudonyme est protégé. — Il peut arriver qu'un industriel ou un commerçant soit connu sous un nom de fantaisie, un sobriquet qui, peu à peu et par la force de l'usage, s'est substitué à son nom patronymique, aujourd'hui complètement ignoré. Nul doute que la loi ne protège cette appellation, ce pseudonyme qui est devenu le véritable nom commercial de l'industriel ou du négociant. Son usurpation dans des prospectus ou annonces constituerait une concurrence déloyale.

Il a été jugé que (2) : 1° Un pseudonyme peut constituer une marque de fabrique et une enseigne que nul n'a le droit d'u-

______

(1) Conf. Paris, 11 fév. 1852, Mourot, Teulet, 1, 57 ; — Poitiers, 2 juin 1863 et Rej., 17 août 1864; Dubois, *Annales*, 66, 28.

(2) V. aussi Trib. civ. Seine, 24 janv. 1889, *Gil Blas*, *Le Droit*, 25 janvier 1889.

surper. Se rend coupable d'une concurrence déloyale celui qui
s'associe frauduleusement un individu dont le nom véritable est
identique au pseudonyme (Trib. com. Seine, 26 fév. 1857, *Annales*, 57, 125).

2° L'auteur ou l'artiste qui s'est fait connaître sous un pseudonyme devient ainsi propriétaire du nom qu'il a adopté et si,
en formant plus tard une association, il a consenti à ce que ce
nom fît partie de la raison sociale, il a le droit, lors de la dissolution de la société, d'en revendiquer l'usage exclusif (Paris,
12 déc. 1857, Tournachon, *Annales*, 58, 83 ; et Cass., 6 juin
1859, *Annales*, 59, 215).

3° Le nom patronymique constitue une propriété à laquelle
nul ne peut porter atteinte alors même que le nom n'est pris
qu'à titre de pseudonyme littéraire (Paris, 9 nov. 1864, De Gril-
lon, *Annales*, 65, 27).

4° Le nom patronymique constitue une propriété à laquelle
nul ne peut porter atteinte, alors même que ce nom n'est pris
qu'à titre de pseudonyme artistique. Cette usurpation constitue
tout au moins une infraction à la loi civile, puisque nul ne peut
s'attribuer un nom autre que celui résultant de son acte de naissance (Trib. civ. Seine, 13 avril 1866, Sax, *Annales*, 66, 255).

5° Un pseudonyme devient une propriété au profit de celui
qui lui a donné une certaine notoriété et son usurpation constitue une concurrence déloyale (Paris, 30 déc. 1868, Blondin,
Annales, 67, 303 et 69, 48).

**34. Cas où le pseudonyme est le nom patronymique
d'une autre personne.** — Le pseudonyme peut être le
nom véritable d'un autre commerçant. Ce dernier aura-t-il
le droit d'en interdire l'usage ? S'il n'exerce pas la même industrie, il ne souffre aucun préjudice et par conséquent il ne
saurait élever aucune réclamation sérieuse. Mais que décider
lorsqu'il est établi dans le même commerce ? Une distinction nous semble nécessaire. Si le véritable propriétaire du
nom était établi avant celui qui prend le pseudonyme, il

aurait incontestablement le droit d'interdire l'usage de son nom qui constituerait une concurrence déloyale. Mais il en serait autrement dans le cas où le commerçant connu sous le pseudonyme, serait au contraire établi avant le véritable propriétaire du nom. Ce dernier en effet ne saurait dépouiller son concurrent d'un droit acquis par l'usage, et il devrait même s'abstenir de tous agissements susceptibles de créer une confusion entre les deux maisons rivales.

Il a été jugé à cet égard que : 1° Quand un fabricant a pris un nom de personne, par exemple le nom de *Job*, pour désigner ses produits, une personne portant ce nom et exerçant depuis la même industrie, ne peut en interdire l'usage au premier fabricant (Trib. com. Seine, 21 sept. 1852, Job, Le Hir, 52, 2, 571).

2° Si la dissimulation du nom propre d'un commerçant et l'emploi d'un nom supposé peut engendrer des abus, il ne saurait cependant appartenir aux concurrents de ce commerçant, de s'emparer de l'enseigne qu'il s'est faite et de le priver de sa clientèle au moyen d'une confusion impossible à démêler (Paris, 5 nov. 1855, Thomas, *Annales*, 55, 222).

3° Le fabricant qui a adopté comme marque de fabrique un nom autre que le sien, a le droit de s'opposer à ce qu'un fabricant portant véritablement le même nom s'en serve d'une manière identique et de façon à faire confusion (Paris, 20 août 1863, Joly, *Annales*, 64, 318).

4° Un pseudonyme constitue une propriété comme le nom véritable et il n'est pas permis à un individu qui porterait même véritablement ce nom de s'en faire un moyen de concurrence déloyale à l'égard de celui qui est en possession du pseudonyme et de l'apporter, par exemple, comme seul apport, dans une société uniquement créée dans le but d'exploiter cette similitude de nom ; il y a lieu en ce cas d'interdire aux associés l'usage dudit nom (Paris, 19 janvier 1858, Job, Teulet, 7, 115).

35. Prénom. — Dans certains commerces comme celui

de modiste, de coiffeur, etc., la maison n'est quelquefois connue que sous le prénom du propriétaire, figurant sur l'enseigne, sur les papiers de commerce et sur les produits eux-mêmes. Le prénom, dans ce cas, doit être protégé au même titre et de la même manière que le nom patronymique ou le pseudonyme. Une personne portant le même prénom n'aurait donc pas le droit de s'en servir pour faire concurrence à l'ancienne maison. Les tribunaux, sans se borner à prescrire des mesures pour empêcher la confusion entre les deux établissements, pourraient interdire d'une façon absolue l'usage du prénom qui ne peut être pris que dans un but de concurrence déloyale, la personne à qui cette défense est faite restant libre d'exercer le commerce sous son nom patronymique (1).

§ 6. — *Raison commerciale.*

36. Qu'est-ce que la raison commerciale ? — 37. Exemples de raisons commerciales dont l'usurpation a été condamnée. — 38. Raisons commerciales dont l'usurpation n'a pas été reconnue.

36. Qu'est-ce que la raison commerciale. — Nous avons supposé jusqu'ici que le commerçant exerce son industrie sous son nom patronymique, sous son prénom, ou bien sous un pseudonyme. Mais il peut arriver qu'un établissement soit connu sous une dénomination tirée de sa situation, de sa nature, ou, le plus souvent, de pure fantaisie. Telles sont, par exemple, les dénominations suivantes : *Magasins du Louvre, Au bon marché, A la belle Jardinière, A la Ville de St-Denis, Pharmacie normale,* etc. etc.

____

(1) Pouillet, n° 512 *bis.* — Trib. comm. Seine, 29 mars 1844, Berger, *Gaz. Trib.,* 30 mars 1844.

De semblables dénominations sont la propriété de celui qui le premier en a fait usage et leur usurpation doit être réprimée comme celle des noms patronymiques eux-mêmes. Mais il faut pour cela, bien entendu, qu'il ne s'agisse pas d'une dénomination constituant la désignation nécessaire de l'établissement. Ainsi, par exemple, les mots *Café-restaurant, Épicerie et mercerie* etc. ou tous autres analogues ne pourraient pas faire l'objet d'un droit privatif, puisqu'ils indiquent simplement un genre de commerce et qu'il est impossible d'en interdire l'emploi à tous ceux qui exploitent la même industrie. Toutefois, pour être protégée, il n'est pas nécessaire que la dénomination soit absolument arbitraire et de fantaisie, condition nécessaire, nous le verrons plus loin, lorsqu'il s'agit de la dénomination des produits. Supposons, par exemple, qu'un commerçant de Paris donne à son établissement le nom de *Bazar de Paris* ; cette désignation n'est pas de pure fantaisie puisqu'elle est tirée du nom de la ville où l'établissement est situé ; cependant tous ceux qui exercent le même commerce dans la capitale ne pourront pas la prendre au préjudice de celui qui le premier en a fait usage. De même un marchand de nouveautés, établi dans le voisinage du Palais du Louvre, ne pourrait pas prendre ce nom qui, considéré en lui-même, appartient au domaine public, et dont l'usage serait justifié par la situation de l'établissement : car cette dénomination créerait une confusion inévitable et sans doute voulue avec les magasins du Louvre qui sont depuis longtemps connus sous ce nom.

Nous reviendrons d'ailleurs sur cette question qui se confond avec celle de l'enseigne.

**37. Exemples de raisons commerciales dont l'usur-
pation a été condamnée.** — Après avoir rappelé la raison
commerciale dont l'usurpation était poursuivie, nous mettons en regard la dénomination qui a été condamnée :

La France (Cie d'assurance contre l'incendie), — *La France
mutuelle* (Trib. civ. Seine, 2 fév. 1850, Cie *la France*, Le Hir,
50, 2, 99).

Caisse des reports, — *Caisse générale des reports* (Paris, 6 fév.
1857, *Annales*, 57, 203 et Trib. com. Seine, 11 janv. 1887, Jouan-
no, *Annales*, 90, 93).

Assurances générales, — *Assurances générales contre l'incendie*
(Trib. com. Seine, 22 janv. 1860, *Annales*, 64, 140).

Lloyd français (Cie d'assurances maritimes), — *Lloyd central*
(Trib. com. Seine, 7 juillet 1862, *Annales*, 62, 412).

Maison des Suisses, — *Maison Suisse* (Rouen, 4 fév. 1870, *Rec.
Rouen,* 70, 160).

La Gauloise (Cie d'assurances maritimes), — *La Gauloise* (li-
mited) (Rouen, 18 fév. 1873, *Rec. Rouen,* 73, 201).

Banque populaire, — *Banque populaire d'escompte* (Trib.
com. Seine, 18 mars 1862, Sasportas et Cie, Le Hir, 82, 2, 216).

Société générale meulière, — *Cie générale des meulières de
France* (Trib. com. Seine, 19 juillet 1882, *Annales*, 90, 88) (1).

Chambre syndicale d'éclairage et de chauffage par le gaz, —
Id. (Paris, 1er mars 1888, Beynet, *Annales*, 89, 195).

Contentieux Européen, — *Grand Contentieux Européen* (Paris, 28 mars 1888, Jules Gout et Cie, *Annales*, 90, 90).

Cie du chemin de fer de Bayonne à Biarritz, — *Cie des chemins
de fer à voie étroite de Bayonne à Biarritz* (Trib. com. Seine,
11 avril 1888, *Annales*, 90, 88).

Société des chalets de nécessité, — *Cie nouvelle des chalets de
nécessité* (Trib. com. Seine, 4 oct. 1890, *La Loi*, 16 oct.).

**38. Raisons commerciales dont l'usurpation n'a pas
été reconnue.** — En regard de la raison commerciale dont

(1) Le jugement ordonne seulement la suppression du mot *générale.*

l'usurpation était poursuivie, nous indiquons celle dont l'usage n'a pas été considéré comme une concurrence déloyale :

La Centrale (Cie d'assurances maritimes) — *La Centrale* (Cie d'assurance contre l'incendie) (Trib. com. Seine, 23 mars 1864, *Annales*, 64, 142).

Cie *Parisienne des équipages de grande remise,* — Cie *Parisienne des voitures de l'Urbaine* (Paris, 15 mai 1885, *Annales*, 86, 78).

Cie *générale des voitures de Paris,* — Cie *générale des voitures pour le service des chemins de fer* (Paris, 4 août 1887, *Annales*, 90, 91).

Toutes ces décisions, comme on le voit, s'expliquent par cette raison que les établissements auxquels étaient données des dénominations analogues, avaient un objet différent et que par conséquent la confusion n'était pas possible.

Section II. — Nom de localité.

39. Usurpation du nom de localité. — 40. A qui appartient le nom de la localité ? — 41. Limites de la localité ; nom de ville. — 42. Nom de province. — 43. Domaine privé. — 44. Simulacre de fabrication. — 45. Que faut-il entendre par lieu de fabrication ? — 46. Vins, eaux-de-vie. — 47. Produits naturels. — 48. Eaux minérales. — 49. Eaux artificielles. — 50. Produits importés de l'étranger. — 51. Dommages-intérêts.

39. Usurpation du nom de localité. — La loi du 28 juillet-4 août 1824 punit quiconque appose, ou bien fait paraître par addition, retranchement ou par une altération quelconque sur des objets fabriqués, le nom d'un lieu autre que celui de la fabrication. Si l'apposition n'est pas faite sur les produits eux-mêmes, elle ne constitue plus un délit, mais elle peut donner ouverture à une action en concurrence déloyale. Tel est le cas où l'indication mensongère du lieu de fabrication est donnée dans des annonces, des circulaires, des prospectus, sur une enseigne, sur des factures ou autres papiers de commerce. Lorsque l'apposition est faite sur les produits, les concurrents qui sont lésés par l'usurpation du nom de localité peuvent également, au lieu d'agir devant la juridiction répressive, former une demande en concurrence déloyale devant le tribunal de commerce.

Il a été jugé que : 1° Le fait par un fabricant d'apposer sur ses produits l'indication d'une fausse provenance ou de combiner sa marque de manière à établir une confusion et à faire croire que ses produits viennent d'un lieu de fabrication autre que celui dont ils proviennent réellement, peut, comme constituant une concurrence déloyale, être déféré à la juridiction commerciale (Orléans, 20 janv. 1864, Archambault, *Annales*, 65, 256).

2° Le fait par un commerçant d'apposer sur ses produits l'indication d'une fausse provenance constitue un fait de concurrence déloyale rentrant dans la compétence de la juridiction commerciale (Limoges, 30 juillet 1864, Marandou, *Annales*, 65, 56).

3° Le fait par un industriel d'employer sur ses produits ou dans ses prospectus un nom de lieu de fabrication autre que celui où ces produits sont réellement fabriqués, constitue un fait de concurrence déloyale qui autorise les tribunaux à lui interdire complètement l'usage de ce nom, encore bien que le fabricant qui en a fait le premier la marque de ses produits, ne lui aurait pas donné une forme spéciale et distinctive dans les termes de l'article 1er de la loi du 23 juin 1857 (Dijon, 8 juillet 1868 et Cass., 17 nov. 1868, Avril et Cie, *Annales*, 68, 331).

4° Se rend coupable d'une concurrence déloyale l'industriel qui, fabriquant ses ciments en Belgique, les introduit en France pour les offrir sous le nom de *ciments de St. Quentin* (Amiens, 3 déc. 1886, Tausin, *Annales*, 87, 190) (1).

40. A qui appartient le nom de la localité ? — Le droit de faire usage du nom d'une localité, appartient à toutes les personnes qui l'habitent, au fabricant le plus humble comme à l'industriel le plus considérable, à la maison qui vient de se fonder comme au plus ancien établissement. Il peut arriver qu'une localité n'étant jusqu'alors nullement renommée pour ses produits, acquière sa réputation par le fait d'un fabricant qui, le premier, emploie son nom et le répand dans le commerce. Cet industriel pourra-t-il s'attribuer un droit primitif sur le nom de la localité qu'il a rendue célèbre pour une certaine fabrication, et interdire son usage aux concurrents établis dans le même lieu ? Assurément non ; en interdisant à toute personne de faire paraître sur ses produits le nom d'un lieu autre que celui de la fabrication, la loi de 1824 permet l'usage de ce nom à tous ceux qui fabriquent leurs produits dans la même localité. C'est là un droit absolu qui n'admet aucune exception.

Il a été jugé, en ce sens, que (2) : 1° Un lieu de provenance (*la vallée d'Aure*) pour les beurres d'Isigny, ne constitue pas la propriété exclusive de celui qui en fait usage ; c'est au contraire un nom générique qui peut être employé sans concurrence déloyale par tout industriel de la même localité. Il en est ainsi alors même que cette désignation connue antérieurement n'aurait acquis de la célébrité dans le commerce que par l'usage

(1) Même décision pour les *Saindoux de Nantes* (Trib. com. Nantes, 30 nov. 1878, Mellinet, *Annales*, 87, 201).

(2) V. aussi Rennes, 21 mars 1839 et Cass., 24 fév. 1840, Olivier de Leleu, Le Hir, 1840, 2, 316.

qu'en a fait celui qui l'a introduite dans sa marque (Trib. civ. Hâvre, 3 juin 1859, Levigoureux, *Annales*, 59, 279).

2° Les produits naturels ou même fabriqués dans un même lieu peuvent être tous désignés par le nom de la localité où ils sont formés, sauf aux producteurs à se distinguer par des raisons de commerce ou par des marques de fabrique. Celui qui le premier emploie le nom de sa localité pour désigner ses produits, ne peut donc interdire l'usage de ce nom à un concurrent de la même localité (Cass., 15 juillet 1863, Michel, *Annales*, 63, 328).

3° Un industriel ne peut s'approprier la dénomination de *St-Raphaël* donnée à un vin, alors qu'il n'est ni propriétaire exclusif, ni même propriétaire dans la localité de ce nom. Le nom de St-Raphaël est générique et s'applique à tous les vins provenant de la localité qui porte ce nom (Bordeaux, 1er juin 1887, Ducos, *Journ. Arr. Bordeaux*, 87, 1, 405).

4° L'abréviation usuelle d'un nom de localité (*Couzan* pour *Sail-sous-Couzan*) désignant, dans le langage courant, tout un bassin hydro-minéral, l'exploitant qui accroît, par son industrie, la notoriété commerciale de ce nom ne peut en interdire l'usage aux autres exploitants de sources minérales dans ce bassin (Lyon, 31 mars 1890, Bertrand, *Annales*, 91, 166).

5° *Mais* Lorsqu'un industriel a adopté pour ses produits une marque contenant, entre autres désignations, le nom de la localité où est située la fabrique, il y a concurrence déloyale dans le fait, de la part d'un autre industriel qui a sa fabrique dans une commune voisine, d'imiter servilement le genre de fabrication et les modèles du premier et de chercher à établir une confusion en insérant dans ses prospectus et têtes de lettres le nom de la même localité (Dijon, 8 mai 1867, Avril, *Annales*, 67, 345).

41. Limites de la localité ; nom de ville. — Lorsque la localité est une ville, un bourg, le droit d'employer son nom appartient-il seulement aux industriels établis dans le périmètre de la circonscription administrative? Une pareille limitation serait, on le conçoit, trop rigoureuse. Il est inadmissible, en, effet qu'un fabricant ne puisse faire usage du nom d'une ville parce que, au lieu d'avoir son usine dans l'intérieur même de la cité, il l'a établie dans un faubourg ou dans le voisinage. Il se trouve placé dans les mêmes conditions que ses concurrents installés dans l'enceinte de la ville ; il peut employer les mêmes matières, les mêmes procédés, et par conséquent, on ne saurait invoquer aucune raison sérieuse pour le priver des avantages attachés au nom et à la réputation de la localité auprès de laquelle il est établi. Mais, à peine avons-nous besoin de le dire, il perdrait ce bénéfice, en s'éloignant à une trop grande distance de la ville. C'est aux tribunaux qu'il appartient, en tenant compte des circonstances et de l'usage, de déterminer jusqu'où peut s'étendre l'usage du nom de la localité. Leur appréciation, à cet égard, est souveraine (1).

Il a été jugé que : 1° Ceux qui sont établis dans les environs d'une ville doivent bénéficier de la réputation attachée à cette localité. Ils ont en conséquence le droit d'apposer le nom de cette ville sur leurs produits, lorsqu'ils emploient dans leur fabrication les mêmes procédés, les mêmes apprêts, et que leurs produits sont de même nature que ceux fabriqués dans l'intérieur de la ville (Cass., 28 mars 1844, Loupot-Fortier, Le Hir, 1844, 2, 405).

2° Il n'y a ni usurpation de marque, ni concurrence déloyale de la part d'un fabricant qui habite une localité voisine de Massy à mettre sur des carreaux la désignation *près Massy*, bien qu'un autre fabricant ait antérieurement adopté comme marque le mot *Massy*, si d'ailleurs il est reconnu que dans l'usage, on donne indistinctement le nom de *carreaux de Massy* à ceux qui se fabriquent aux environs aussi bien qu'à ceux qui se

____

(1) Bédarride, n° 787 ; — Calmels, n° 134 ; — Pouillet, n° 397.

fabriquent à Massy même (Paris, 3 juin 1859, Bisson-Aragon, *Annales*, 59, 216).

Un fabricant a le droit de désigner ses produits sous le nom d'une localité qui n'est pas exactement celle où il fabrique, si, d'une part, il en est très rapproché et si, d'autre part, il est constant que l'usage étend le nom de cette localité à des carrières d'où ledit fabricant tire ses produits (Aix, 27 mai 1862, Michel, *Annales*, 63, 328).

3° L'expression *vin de Sauterne*, dans son sens le plus large, ne comprend que les produits du terroir dont fait partie le clos de Sauterne et des terrains se rapprochant du terrain du clos par leur nature, leur exposition et leurs diverses conditions (Trib. civ. Versailles, 23 fév. 1888, de Ricaumont, *Annales*, 88, 349).

4° Un arrêt a pu décider, par une appréciation souveraine des faits, que le nom de *Cognac* désignait non-seulement la ville de ce nom, mais encore toute une région de fabrication s'étendant jusqu'à la place de Bordeaux, et en même temps le produit fabriqué dans cette région (Bordeaux, 11 août 1886, Martell et Cie et Cass., 2 juillet 1888, *Annales*, 88, 343).

5° Les noms de lieux sont dans le domaine public, en ce sens que l'usage commercial en est permis à tous, pour indiquer la provenance des produits réellement tirés des lieux indiqués. — Ainsi une cour d'appel a pu apprécier souverainement que le nom d'*Orezza*, attribué autrefois à une circonscription de paroisse, désignait, dans le langage usuel, certain terroir et que le eaux minérales jaillissant sur ce terrain pouvaient être mises en vente sous le nom d'eaux d'Orezza, sauf à prendre les moyens convenables pour éviter toute confusion entre les diverses sources (Cass. req., 1er mai 1889, Arger, *Annales*, 91, 183).

42. Nom de province. — Certaines provinces sont réputées pour leurs produits, comme la Champagne, la Bourgogne ou le Bordelais pour leurs vins. Le droit d'employer leur nom est-il réservé exclusivement aux producteurs qui habitent dans les limites de l'ancienne province telle qu'elle était constituée avant la Révolution? Il semble naturel d'admettre, comme lorsqu'il s'agit de villes, une certaine tolérance. Pour les vins, par exemple, la nature et la qualité du raisin, le mode de fabrication peuvent être identiques dans deux localités qui, tout en étant voisines, ne font cependant point partie de la même province. Dans ce cas, les producteurs voisins de la province réputée doivent être admis à l'usage de son nom.

Jugé toutefois que : L'emploi du mot « *Champagne* » sur les étiquettes de bouteilles contenant du vin qui n'a pas été récolté et fabriqué dans la Champagne, ancienne province de France, géographiquement déterminée et dont les limites ne sauraient être étendues ni restreintes, constitue une infraction à la loi du 28 juillet 1824 (Angers, 11 avril 1889 et Rej. 26 juillet 1889, Heidsieck, *Annales*, 89, 266).

43. Domaine privé. — Lorsque la localité, renommée par ses produits, consiste dans un domaine privé, l'usage de son nom doit être exclusivement réservé au propriétaire. De nombreuses décisions judiciaires ont consacré ce principe en faveur de la *Grande-Chartreuse* (1).

Quand le domaine est morcelé, chaque propriétaire d'une parcelle peut employer son nom, en le faisant paraître sur ses produits, annonces ou circulaires. Mais il n'aurait pas le droit, sans autorisation, d'employer le nom du propriétaire primitif.

Jugé, en ce sens, que : Le propriétaire d'une parcelle d'un vignoble connu depuis un temps immémorial sous un nom de

_____

(1) V. notamment Trib. civ. Seine, 18 janvier 1879, Grézier, *Annales*, 79, 310 ; — Trib. corr. Seine, 29 janvier 1879, *Annales*, 79, 814 ; — Grenoble, 14 février 1879, *Annales*, 79, 324 ; — Trib. civ. Seine, 23 avril 1879 ; *Annales*, 79, 327 ; — Lyon, 1er août 1879, *Annales*, 79, 331.

lieu suivi du nom d'un ancien propriétaire, a le droit d'indiquer l'origine de ses vins sous ce double nom, lorsque l'ancien propriétaire dont le nom est ainsi employé est décédé depuis une époque très reculée et qu'aucun lien de parenté ne l'unit, soit aux vendeurs de la parcelle, soit aux précédents propriétaires dont il a été possible de constater l'état civil (Bordeaux, 20 mars 1888, Lacouture, *Annales*, 89, 208).

Mais Le fait qu'une source d'eau minérale est connue sous le nom de son propriétaire, n'autorise pas l'acquéreur de cette source à annoncer et vendre les eaux sous une dénomination dans laquelle entre le nom du propriétaire. Les héritiers de celui-ci sont en droit de faire interdire l'usage du nom, pouvant faire croire qu'ils participent à une spéculation commerciale à laquelle ils sont, en fait, absolument étrangers (Trib. civ. Seine, 26 mai 1886, De Morny, *Annales*, 91, 174).

44. Simulacre de fabrication. — Pour qu'un industriel puisse donner à ses produits le nom d'une localité, il faut, comme nous venons de le voir, qu'il soit établi dans la localité même ou tout au moins dans un périmètre dont l'étendue varie selon les circonstances. Cet établissement, à peine avons-nous besoin de le dire, doit être réel et sérieux. Un industriel, étranger à la localité, n'aurait pas le droit d'en prendre le nom, en y installant des locaux dans lesquels il se livrerait à un simulacre de fabrication (1). A plus forte raison ne pourrait-il se borner à faire préparer, dans la localité en renom, les récipients dans lesquels il renfermerait ses produits fabriqués ailleurs. Il faudrait voir là autant de fraudes que les tribunaux devraient réprimer. De même encore, un individu n'aurait pas le droit de faire paraître sur ses produits le nom d'une localité

---

(1) Pouillet, n° 401. — Trib. corr. Grenoble, 2 avril 1857, Garnier, *Annales*, 58, 119.

dans laquelle il a été autrefois établi, mais qu'il a quittée sans y conserver aucun établissement.

Jugé, à cet égard, que : 1º Il y a fausse indication d'une fabrique française dans le fait d'un arquebusier français qui a travaillé à Paris, mais qui est établi en pays étranger et qui ajoute à son nom, sur ses produits, la qualification de *canonnier de Paris* (Trib. corr. Seine, 8 août 1865, Bernard, *Annales*, 65, 318).

2º Il y a concurrence déloyale dans le fait de vendre des sardines ne provenant pas du littoral nantais, après les avoir mises dans des boîtes imprimées par un imprimeur de Nantes, revêtues de son estampille et portant, sur l'un des côtés, le mot *Nantes* en gros caractères, et au-dessous, en lettres minuscules, *Préparées comme à*..... Les commerçants ayant le siège de leur établissement à Nantes ou sur le littoral nantais sont seuls fondés à s'en plaindre et à revendiquer la propriété du nom qui sert à marquer les produits de cette provenance (Rennes, 28 déc. 1881, Ricquier, *Jur. com. Nantes*, 82, 1, 363).

45. Que faut-il entendre par lieu de fabrication ? — Il arrive souvent qu'un produit, avant d'être livré au commerce, est soumis à des opérations multiples qui ne s'accomplissent pas dans le même endroit. Quel est, dans ce cas, le lieu de fabrication ? Il est impossible de poser à cet égard une règle absolue, car c'est là surtout une question de fait abandonnée à l'appréciation des tribunaux. Supposons une ville réputée pour la fabrication de ses draps ; un industriel envoie dans cette ville, pour y subir l'opération de l'apprêt ou de la teinture, des draps fabriqués dans une autre localité ; il n'aurait assurément pas le droit de faire paraître sur ses produits le nom de la ville où ses draps n'ont pas été fabriqués, mais ont seulement subi des manipulations accessoires. Réciproquement, l'industriel qui fabrique ses produits dans une localité, ne perd pas le droit d'employer le nom de ce lieu, parce que ses produits seraient soumis au dehors à des opérations complémentaires (1).

46. Vins ; eaux-de-vie. — La question que nous venons d'étudier dans le paragraphe précédent, s'est élevée pour les vins, les eaux-de-vie et les liqueurs qui sont des produits fabriqués, bénéficiant en conséquence de la loi de 1824. Quel est le lieu de fabrication d'un vin par exemple ? Est-ce la localité dans laquelle le raisin est récolté ? Est-ce l'endroit où le raisin est soumis aux manipulations diverses qui ont pour effet de le transformer en vin ? Si l'on s'attache au texte de la loi de 1824 qui s'applique aux produits fabriqués, c'est uniquement le lieu de préparation du vin qu'il faudrait considérer. Mais il est d'usage de désigner les vins par le nom du cru d'où ils proviennent, et on ne peut admettre qu'un individu ait le droit de donner à son vin le nom d'un cru renommé, sous le prétexte qu'il a transporté et travaillé, dans cette région, des raisins récoltés ailleurs. Réciproquement le propriétaire dont les vignes sont situées dans le périmètre du cru réputé, ne perd pas le droit d'employer le nom de ce cru, parce que son vin est préparé au dehors. On doit admettre comme règle générale que, pour les vins, le lieu de fabrication est le lieu de provenance des raisins (2). Toutefois certains pays comme la *Champagne*, sont réputés, non-seulement pour la qualité de leurs crus, mais encore pour la préparation de leurs vins. Dans ce cas, on peut accorder l'usage du

---

(1) Pouillet, n° 398.
(2) Pouillet, n° 399.

nom à tous ceux qui préparent leur vin dans la région renommée ; mais on ne saurait le refuser à ceux qui, avec des raisins récoltés dans la région, préparent leur vin au dehors.

Il a été jugé, à cet égard, que : 1° Il est d'usage de désigner les vins par le nom du cru d'où ils proviennent, sans se préoccuper de l'endroit où est située la cuve vinaire ou cellier ; il s'ensuit que c'est à bon droit que le vigneron, qui a sa cuve vinaire hors du territoire où il fait sa récolte, désigne son vin par le nom du territoire où la récolte a été faite (Req. 8 juin 1847, Rieunègre, *J. Pal.*, 47, 2, 100).

2° Les vins sont avec raison désignés, non par le nom du lieu où le propriétaire possède des magasins et des bâtiments d'exploitation, mais par le nom du lieu où le raisin est récolté (Paris, 24 août 1854, Chrétien, cité par Blanc, p. 776).

3° On doit considérer comme lieu de fabrication d'une liqueur (*Chartreuse*), non seulement le lieu où on la prépare, mais encore le lieu où se récoltent les plantes et les sucs qui entrent dans sa composition (Grenoble, 8 fév. 1866, Grézier, *Annales*, 87, 152).

4° Le mot « *Champagne* » est indicatif à la fois du lieu de production et du lieu de fabrication de certains vins spécialement connus sous cette qualification ; on ne saurait dès lors considérer la désignation de *Vin de Champagne* ou celle de *Champagne*, comme s'appliquant à des vins mousseux d'autre provenance (Angers, 19 juillet 1887, Syndicat des vins de Champagne, *Annales*, 88, 337).

47. Produits naturels. — Les produits naturels livrés au commerce sans subir aucune transformation, ne sont pas protégés par la loi de 1824 qui s'applique seulement aux produits fabriqués. Mais il ne s'ensuit pas qu'il soit permis de donner aux produits naturels le nom d'une localité autre que celle d'où ils proviennent. Ce fait peut constituer à la fois une tromperie sur l'origine des produits au détriment du consommateur et une concurrence déloyale, au préjudice des industriels qui vendent des produits venant réellement de la localité dont le nom est usurpé.

48. Eaux minérales. — Le propriétaire d'une source d'eaux minérales est certainement fondé à interdire l'usage du nom de la localité où jaillit la source. Une semblable usurpation constitue sans aucun doute une concurrence déloyale ; mais tombe-t-elle sous l'application de la loi de 1824 ? nous ne le pensons pas ; car on ne saurait considérer comme produits fabriqués des eaux minérales qui sont mises en bouteilles au sortir de la source et ne reçoivent pas la moindre préparation puisqu'elles sont précisément appelées *eaux naturelles* (1).

Il peut arriver que le nom d'une localité devienne la dénomination générique d'une certaine nature d'eaux minérales. Dans ce cas, on ne saurait interdire aux propriétaires des sources voisines de donner à leurs eaux un nom qui indique leur nature et leurs effets. Mais ils devront, bien entendu, prendre les mesures nécessaires pour prévenir toute confusion ; et, en mettant sur leurs étiquettes le nom de la source connue, ils devront indiquer aussi la localité dans laquelle ils puisent leurs eaux minérales d'espèce analogue.

Jugé à cet égard que : 1º L'autorisation donnée à un particulier d'exploiter une source d'eau minérale qu'il possède dans le voisinage d'une source semblable (celle de *Vichy*) exploitée par l'État, ne peut contenir la restriction que ce particulier ne

(1) Paris, 23 juin 1882, *La Loi*, 16 juillet 1882.

pourra faire figurer d'une manière quelconque le nom de cette dernière source sur ses prospectus et affiches à côté du nom de la source qui est sa propriété (Cons. d'État, 29 août 1865, Dalloz, 67, 5, 154).

2° La Compagnie propriétaire des sources Élisabeth et Ste-Marie à Cusset près Vichy a le droit de donner à ses eaux le nom d'*Eaux minérales de Vichy*, à la condition d'indiquer sur ses étiquettes que ses sources sont situées à Cusset, et d'éviter ainsi toute confusion avec la compagnie fermière de l'établissement thermal de Vichy (Trib. civ. Seine, 13 février 1881).

49. Eaux artificielles. — Les pharmaciens peuvent composer et vendre des eaux minérales artificielles : ce droit leur est formellement reconnu par l'ordonnance du 18 juin 1823 (art. 1er). Leur est-il permis de donner à ces eaux préparées le nom des sources naturelles dont elles reproduisent artificiellement la composition? nous le croyons, car autrement la faculté que la loi leur accorde serait illusoire, et les propriétaires d'eaux minérales confisqueraient à leur profit la vente des eaux artificielles dont le débit est impossible sans l'emploi du nom qui les caractérise et fait connaître leur nature. Mais le pharmacien qui vend des eaux artificielles doit prendre les mesures nécessaires pour prévenir toute confusion avec les eaux naturelles ; il doit indiquer sur ses étiquettes et dans ses prospectus que les eaux débitées par lui proviennent de sa fabrication.

Jugé en ce sens que : Le propriétaire d'une source d'eau thermale ne saurait revendiquer la propriété privative du nom de cette source jusqu'au point de l'interdire à ceux qui fabriqueraient artificiellement des eaux minérales ; il suffit que le fabricant d'eaux factices compose son étiquette de façon à rendre toute confusion impossible ; admettre le système contraire, ce

serait prohiber la fabrication artificielle et priver de leur secours
ceux qui sont trop loin des sources d'eaux thermales pour en
user (Lyon, 7 mai 1841, Goin, Dalloz, 42, 2, 27).

50. Produits importés de l'étranger (1). — Aux termes de l'article 13 de la loi du 23 juin 1857 : « Tous pro-
» duits étrangers portant soit la marque, soit le nom d'un
» fabricant résidant en France, soit l'indication du nom ou
» du lieu d'une fabrique française, sont prohibés à l'entrée
» et exclus du transit et de l'entrepôt et peuvent être sai-
» sis, en quelque lieu que ce soit, soit à la diligence de
» l'administration des douanes, soit à la requête du minis-
» tère public ou de la partie lésée ». On s'est demandé si,
en présence de cette disposition, un commerçant français
a le droit d'apposer le nom de sa localité sur des produits
qu'il fait fabriquer à l'étranger et qu'il importe ensuite
sur notre territoire. En agissant ainsi, se rend-il coupable
du délit prévu par l'article 19 de la loi de 1857 et commet-
il une concurrence déloyale au préjudice des commerçants
établis dans la même localité ? On s'accorde généralement
à reconnaître que le négociant français a le droit d'apposer
l'adresse de sa maison de vente sur des marchandises commandées par lui et fabriquées à l'étranger (2). En tout cas,
pour que l'article 19 de la loi de 1857 soit applicable, il
faut que la localité dont le nom figure sur les produits
d'origine étrangère jouisse d'une réputation spéciale pour
la fabrication des produits similaires (3).

(1) V. *infrà*, n° 56.
(2) Paris, 5 nov. 1863, *Annales*, 63, 353 ; — Rouen, 28 janv. 1864, *Annales*,
64, 256 ; — Cass. 9 avril 1864, *Annales*, 64, 266 ; — Paris, 21 fév. 1883, *Annales*,
84, 212 ; — Toulouse, 8 déc. 1886, *Annales*, 86, 343 ; — Trib. corr. St-Nazaire, 6 juillet 1887, *Annales*, 88, 87. — *Contrà*, Chambéry, 30 déc. 1882,
Annales, 84, 208.
(3) Trib. com. Bordeaux, 17 mars 1886, *Annales*, 88, 83 ; — Trib. corr.

51. Dommages-intérêts. — Chaque industriel, établi dans la localité dont le nom est employé sans droit, peut exercer une action contre l'auteur de l'usurpation, mais les dommages-intérêts auxquels il a droit sont naturellement limités au préjudice qu'il a souffert personnellement.

Jugé à cet égard que : L'industriel qui a sa fabrique dans un lieu ayant acquis une certaine célébrité pour un genre de produits ne saurait obtenir, contre un autre fabricant qui a usurpé le nom de cette localité, des dommages-intérêts équivalents à la totalité des bénéfices recueillis par l'auteur de l'usurpation, alors qu'il existe dans la même localité d'autres fabricants du même produit. Il n'a droit qu'à la réparation du préjudice personnel qu'il a éprouvé (Paris, 12 août 1864, Blaise, *Annales*, 65, 38).

Section III. — Droit des étrangers.

52. L'étranger peut-il poursuivre en France l'usurpation de son nom? — 53. Action en concurrence déloyale. — 54. Nom de localité étrangère. — 55. Convention de Paris du 20 mars 1883. — 56. Fausse indication de provenance.

52. L'étranger peut-il poursuivre en France l'usurpation de son nom ? — Cette question est vivement controversée. La plupart des auteurs s'accordent pour reconnaître que la propriété du nom rentre dans le domaine du droit naturel, du droit des gens, et qu'à ce titre les étrangers doivent être admis à la revendiquer et à poursuivre son usurpation aussi bien que les nationaux, sans aucune condition de réciprocité (1). Quelques décisions ont consa-

Nancy, 14 avril 1886, *Annales*, 88, 84 ; — Trib. corr. St-Nazaire, 6 juillet 1887, *Annales*, 88, 87 ; — Trib. corr. Hàvre, 10 sept. 1886, *Annales*, 88, 86.

(1) Renouard, p. 365 ; — Rendu, n° 121 ; — Calmels, n° 218 ; — Blanc, p. 739 ; — Fœlix, *Dr. intern. privé*, n° 607 ; — Pataille, *Annales*, 59-64 ; —

cré ce principe (1). Mais la grande majorité des arrêts se prononce en sens contraire, et, suivant une jurisprudence à peu près constante, l'étranger n'est recevable à poursuivre en France l'usurpation de son nom et à se prévaloir des dispositions de la loi de 1824, que s'il existe des traités assurant aux Français, dans son pays, la même protection, ou bien s'il est admis à établir son domicile en France, dans les termes de l'article 13 du Code civil, ou bien encore s'il a, en France, un établissement de commerce (2). Dans ce dernier cas, il peut se prévaloir de l'article 5 de la loi de 1857 sur les marques de fabrique, qui doit être appliqué par analogie au nom commercial (3).

53. Action en concurrence déloyale. — Si, d'après la jurisprudence, l'étranger non admis à la jouissance des droits civils ou n'ayant pas en France d'établissement de commerce ne peut, en l'absence de traités diplomatiques, se prévaloir de la loi de 1824, peut-il au moins exercer une action en concurrence déloyale basée sur l'usurpation de son nom? Quelle que soit la juridiction saisie, la demande a toujours le même fondement, elle s'appuie sur un fait délictueux et la solution doit être la même. Si la

Pouillet, n° 451 ; — Ruben de Couder, *Dict. de Dr. com.*, V° *Nom commercial*, n° 94.

(1) Paris, 30 nov. 1840, Guernot, *J. Pal.*, 43, 2, 291 ; — Paris, 3 juin 1843, Spencer, *J. Pal.*, 43, 2, 291 ; — Rouen, 8 mai 1845, *Gaz. Pal.*, 45, 2, 176 ; — Paris, 22 mars 1855, *Gaz. Trib.*, 31 mars 1855 ; — Besançon, 20 nov. 1861, Sirey, 62, 2, 342 ; — Trib. civ. Seine, 11 mai 1866, *Annales*, 66, 259.

(2) Cass., 14 août 1844, Guéland, Sirey, 44, 1, 256 ; — Cass., 28 janv. 1846, Sirey, 48, 1, 426 ; — Cass., 11 juillet 1848, Guéland, Sirey, 48, 1, 417 ; — Bordeaux, 20 juin 1853, Kirby-Béard, Sirey, 53, 2, 714 ; — Cass., 12 avril 1854, Kirby-Béard, Sirey, 55, 1, 827 ; — Cass., 16 nov. 1857, Klug, Sirey, 57, 1, 193.

(3) Cass., 19 mars 1869; Rouen, 24 juin 1869, et Rej., 27 mai 1870, Wickers et fils, *Annales*, 70, 188.

propriété du nom fait partie du droit des gens, les étrangers, admis au bénéfice de la loi de 1824, peuvent, à plus forte raison, agir devant le tribunal de commerce pour faire réprimer l'usurpation dont ils sont victimes (1). Au contraire cette voie doit leur être fermée dans le système de la jurisprudence qui, dans notre matière, applique rigoureusement les articles 11 et 13 du Code civil (2).

Il a été jugé que : 1º En l'absence de traités diplomatiques établissant la réciprocité, un étranger, et spécialement un anglais, n'a pas d'action devant les tribunaux français pour faire réprimer, même par la juridiction commerciale, une prétendue usurpation de nom ou de désignation de produits (Cass., 10 nov. 1857, Warton, *Annales*, 57, 361).

2º L'étranger dont l'établissement est situé hors de France, n'a aucune action en France contre les contrefacteurs de sa marque, si, dans le pays où cet établissement existe, la réciprocité n'est pas admise par le propriétaire de marques françaises ; l'étranger n'a d'ailleurs ni l'action en concurrence déloyale fondée sur l'article 1382 du Code civil, ni l'action en revendication du nom ouverte par la loi de 1824; on peut donc impunément usurper sa marque et même son nom (Paris, 5 juin 1867, Kemp, *Annales*, 67, 298).

54. Nom de localité étrangère. — Les noms de localités étrangères ne sont protégés en France que dans les conditions où sont garantis les noms patronymiques des étrangers (3).

Jugé en ce sens que : Un étranger (dans l'espèce, un Danois), ne peut exercer une action en concurrence déloyale contre un Français qui appose le mot « danois » sur des produits de

____

(1) Rendu, nº 121 ; — Pataille, *Annales*, 57, 362; — Bert, p. 139.
(2) Huard, *Prop. Ind.*, nº 146 ; — Lyon-Caen et Renault, t. 2, nº 3343. — *Conf.* Pouillet, nº 694 ; — Meyer, *Conc. dél.*, nº 15.
(3) V. Bédarride, nº 791 ; — Pouillet, nº 456.

sa fabrication, lorsqu'il n'existe aucune convention diplomatique assurant à chacun des nationaux la protection réciproque
du nom commercial. On ne saurait attribuer cet effet à une convention qui s'applique seulement aux marques de fabrique ou
de commerce (Trib. com. Seine, 18 oct. 1888, *La Loi*, 4 nov.) (1).

55. Convention de Paris du 20 mars 1883. — La
convention de Paris a constitué, entre un certain nombre
d'États, une union internationale pour la protection de la
propriété industrielle. Aux termes de l'article 2 de cette
convention, approuvée en France par le Sénat et la Chambre des députés, ce qui lui donne force de loi, « Les sujets
» ou citoyens de chacun des États contractants jouiront,
» dans tous les autres États de l'Union, en ce qui concerne
» les brevets d'invention, les dessins ou modèles indus-
» triels, les marques de fabrique ou de commerce et le
» *nom commercial*, des avantages que les lois respectives
» accordent actuellement ou accorderont par la suite aux
» nationaux. En conséquence, ils auront la même protec-
» tion que ceux-ci et le même recours légal contre toute
» atteinte portée à leurs droits, sous réserve de l'accom-
» plissement des formalités et des conditions imposées
» aux nationaux par la législation intérieure de chaque
» État. »

L'article 3 assimile aux sujets ou citoyens des États
contractants, les sujets ou citoyens des États ne faisant pas
partie de l'Union, qui sont domiciliés ou ont des établissements industriels ou commerciaux sur le territoire de l'un
des États de l'Union. Une conférence internationale réunie
à Rome en 1886 a, dans un règlement pour l'exécution de

______

(1) Id. Trib. corr. Seine, 9 juillet 1835, cité par Gastambide, p. 460. —
Contrà Trib. corr. Seine, 5 mars 1829, *Gaz. Trib.*, 6 mars 1829.

la convention de Paris, précisé ce qu'il faut entendre par l'établissement industriel ou commercial dont il est question dans l'article 3. La première disposition explicative de ce règlement est ainsi conçue : « Pour pouvoir être assi-
» milés aux sujets et citoyens des États contractants, aux
» termes de l'article 3 de la convention, les sujets ou ci-
» toyens d'États ne faisant pas partie de l'Union et qui,
» sans y avoir leur domicile, possèdent des établissements
» industriels ou commerciaux sur le territoire d'un des
» États de l'Union, doivent être propriétaires exclusifs
» desdits établissements, y être représentés par un man-
» dataire général, et justifier, en cas de contestation, qu'ils
» y exercent d'une manière réelle et continue leur indus-
» trie ou leur commerce. »

Dans une seconde conférence tenue à Madrid au mois d'avil 1890, les plénipotentiaires des États de l'Union ont arrêté, sous réserve de ratification, un protocole dont l'article 1er est ainsi conçu : « Est assimilé aux sujets ou
» citoyens des États contractants, le sujet ou citoyen d'un
» État ne faisant pas partie de l'Union qui est domicilié ou
» possède des *principaux établissements* industriels ou
» commerciaux sur le territoire de l'un des États de l'U-
» nion. »

Les États signataires de la convention sont : la Belgique, le Brésil, l'Espagne, la France, le Guatémala, l'Italie, les Pays-Bas, le Portugal, le Salvador, la Serbie et la Suisse. Postérieurement à la signature de la convention, d'autres États y ont adhéré : ce sont les États-Unis d'Amérique, la Norwège, la Suède, la République de l'Equateur, la Grande-Bretagne, la Tunisie et la République Dominicaine.

Les commerçants ou industriels qui sont sujets ou citoyens de ces États, ceux qui ont, dans l'un de ces pays, soit leur domicile, soit un établissement réel et sérieux, peuvent se prévaloir en France de la loi de 1824 et poursuivre l'usurpation de leur nom devant les tribunaux compétents. Les commerçants d'autres pays restent soumis au droit commun.

56. Fausse indication de provenance. — La convention de Paris a édicté des mesures rigoureuses pour garantir la propriété du nom commercial et réprimer la tromperie sur la provenance des produits. Son article 9 est ainsi conçu : « Tout produit portant illicitement une » marque de fabrique ou de commerce, ou un nom com- » mercial, pourra être saisi à l'importation, dans ceux des » États de l'Union dans lesquels cette marque ou ce nom » commercial ont droit à la protection légale. La saisie » aura lieu à la requête soit du ministère public soit de la » partie autorisée, conformément à la législation inté- » rieure de chaque Etat. » L'article 10 ajoute : « Les dis- » positions de l'article précédent sont applicables à tout » produit portant faussement, comme indication de pro- » venance, le nom d'une localité déterminée, lorsque » cette indication sera jointe à un nom commercial fictif, » ou emprunté dans une intention frauduleuse. Est ré- » puté partie intéressée tout fabricant ou commerçant en- » gagé dans la fabrication ou le commerce de ce produit » et établi dans la localité faussement indiquée. »

La conférence de Madrid, réunie le 1er avril 1890, a voté un projet d'arrangement concernant la répression des fausses indications de provenance sur les marchandises. L'ar-

ticle premier de ce projet est ainsi conçu : « Tout produit
» portant une fausse indication de provenance, dans la-
» quelle un des États contractants, ou un lieu situé dans
» l'un d'entre eux, serait directement ou indirectement
» indiqué comme pays ou comme lieu d'origine, sera
» saisi à l'importation dans chacun desdits États. — La
» saisie pourra aussi s'effectuer dans l'État où la fausse in-
» dication de provenance aura été apposée, ou dans celui
» où aura été introduit le produit muni de cette fausse in-
» dication. — Si la législation d'un État ne permet pas
» la saisie à l'importation, cette saisie sera remplacée par
» la prohibition d'importation. — Si la législation d'un
» État ne permet pas la saisie à l'intérieur, cette saisie sera
» remplacée par les actions et moyens que la loi de cet
» État assure en pareil cas aux nationaux. »

L'article 2 du projet d'arrangement ajoute : « La saisie
» aura lieu à la requête, soit du ministère public, soit
» d'une partie intéressée, individu ou société, conformé-
» ment à la législation intérieure de chaque Etat. Les au-
» torités ne seront pas tenues d'effectuer la saisie en cas
» de transit. »

Mentionnons encore l'article 3 qui est conçu dans ces
termes : « Les présentes dispositions ne font pas obsta-
» cle à ce que le vendeur indique son nom ou son adresse
» sur les produits provenant d'un pays différent de celui
» de la vente ; mais dans ce cas l'adresse ou le nom doit
» être accompagné de l'indication précise et en caractères
» apparents du pays ou du lieu de fabrication ou de pro-
» duction. »

Enfin l'article 4 dispose que : « Les tribunaux de chaque
» pays auront à décider quelles sont les appellations qui,
» à raison de leur caractère générique, échappent aux dis-

» positions du présent arrangement, les appellations gé-
» nérales de provenance des produits vinicoles n'étant
» cependant pas comprises dans la réserve statuée par cet
» article. »

CHAPITRE II

57. Droit du successeur sur le nom de son cédant. — Le nom connu et apprécié d'un commerçant constitue un élément capital de la valeur de sa maison ; c'est le signe de ralliement de la clientèle. Aussi l'acheteur d'un fonds de commerce ou d'un établissement industriel a-t-il le plus grand intérêt à faire usage du nom de son prédécesseur, et ce droit ne peut lui être contesté. Si le prédécesseur, vendant sa maison de commerce, s'interdit, comme il arrive souvent, de se rétablir dans la même industrie, l'usage de son nom par son cessionnaire ne saurait lui causer aucun préjudice et son opposition n'aurait aucun motif sérieux. Quand le cédant s'est réservé de se rétablir et qu'il fonde effectivement ou achète une nouvelle maison, il ne peut davantage, à moins de stipulation contraire, interdire à son successeur de se présenter au public sous le patronage et la garantie de son nom. S'il entendait lui enlever ce droit sur lequel il a dû compter, c'était à lui de s'en expliquer clairement et de stipuler, par une clause expresse du contrat de vente, une interdiction qui ne doit pas se présumer (1).

Il a été jugé en ce sens que (2) : 1° La vente du fonds entraîne la vente du nom sous lequel il est connu ; c'est donc à tort que le vendeur, après avoir cédé son fonds, et n'ayant pas aliéné le droit de se rétablir, prétendrait garder pour lui le bénéfice du nom qu'il a cédé (Paris, 27 fév. 1847, Chevallier, *Le Droit*, 5 mars 1847).

2° Lorsqu'un établissement est uniquement désigné par le nom du vendeur, celui-ci, lors même qu'il se serait réservé le droit de fonder ultérieurement un établissement du même genre, ne peut l'appeler de son nom sous peine d'être actionné en dommages-intérêts pour concurrence déloyale (Caen, 13 déc. 1853, David, Sirey, 54, 2, 398, Dalloz, 54, 5, 613).

3° L'acquéreur d'une usine destinée à la fabrication d'un produit spécial, d'après des procédés brevetés, a le droit de conserver à ce produit le nom de l'inventeur, quoique l'acte de vente ne contienne aucune stipulation à cet égard. Il en est spécialement ainsi lorsque le vendeur se servait lui-même de son nom pour distinguer ses produits de ceux du commerce (Paris, 26 mai 1865, Lainé, *Annales*, 65, 346).

4° Lorsqu'un fonds de commerce est vendu après dissolution de société, avec la clientèle qui y est attachée, l'acquéreur a le droit de se servir du nom et des marques des fondateurs de l'établissement. C'est à l'ancien associé qui crée un nouvel établissement à différencier sa raison sociale et sa marque de manière à éviter toute confusion (Trib. comm. Seine, 12 sept. 1867, Bourg, *Annales*, 67, 550).

(1) V. Rendu, n° 518 ; — Bédarride, n° 466 ; — Pouillet, n° 548 ; — Ruben de Couder, V° *Concurrence déloyale*, n° 71.

(2) V. aussi Rouen, 2 mai 1845, *Rec. Rouen*, 45, 359 ; — Trib. civ. Seine, 15 mai 1845, Cassan, *Gaz. Trib.*, 17 mai 1845 ; — Trib. comm. Hâvre, 16 mars 1858, Rivière, *Le Droit*, 6 sept. 1858 ; — Trib. civ. Seine, 25 mars 1858, Muy, *Le Droit*, n° 82 ; — Trib. civ. Seine, 2 mai 1863, Bénard, *Monit. Trib.*, 1864, 256 ; — Aix, 9 janv. 1850, Le Hir, 51, 2, 224 ; — *Contrà*, Trib. civ. Seine, 5 déc. 1837, Perdreau, *Gaz. Trib.*, 6 déc. 1837.

5° L'acheteur d'un fonds de commerce a le droit de désigner son établissement sous le nom de son prédécesseur précédé des mots « ancienne maison », comme aussi de prendre la qualité de successeur (Rouen, 17 janv. 1878, Bacquet, *Annales*, 86, 15).

6° L'acquéreur d'une maison de commerce connue sous le nom du vendeur est en droit de se servir du nom commercial pour désigner la maison, quand et partout où il le juge à propos. — La dénomination commerciale devient, telle quelle, sa propriété ; et il peut la prendre, bien qu'elle contienne une énonciation contraire à la vérité, comme par exemple la qualité de fils de son prédécesseur, alors du moins qu'il a été présenté par lui en cette qualité à la clientèle. — Dans ce cas, il y a lieu d'autoriser l'emploi du nom commercial du prédécesseur, en ajoutant à la suite le nom du successeur et l'indication de cette qualité (Paris, 26 avril 1881, Montagne, *Annales*, 82, 191).

7° Le titre de *successeur* est inhérent au fonds de commerce ; en conséquence, lorsque le vendeur du fonds, qui s'était interdit de se rétablir, reprend ensuite sa liberté en vertu d'une convention expresse, le cessionnaire n'en conserve pas moins le droit de prendre le titre de successeur (Paris, 12 mars 1884, Lino Pinto, *Annales*, 88, 71).

58. Indication de la qualité de successeur. — Si le successeur a le droit de se servir du nom de son cédant, c'est à la condition de ne pas laisser croire au public que ce dernier est toujours à la tête de la maison. Le prédécesseur peut avoir, on le comprend, le plus sérieux intérêt à dégager sa personnalité de celle de son cessionnaire dont la mauvaise administration ou même le désastre commercial risqueraient autrement de rejaillir sur lui. Il importe en outre que l'établissement du successeur ne se confonde pas avec celui des concurrents qui portent le même nom. Le moyen le plus sûr pour le cessionnaire

d'éviter à cet égard toute erreur et toute confusion, c'est
d'indiquer sa qualité de successeur. S'il ne prenait pas
cette précaution, les tribunaux pourraient l'y contraindre (1).

Il a été jugé en ce sens que : 1° Si un fabricant a le droit de
prendre sur son enseigne le nom de son prédécesseur, il peut
être tenu d'indiquer son propre nom et sa qualité de successeur, le tout en caractères de dimension égale, lorsque l'emploi
du nom isolé du prédécesseur, peut créer une confusion avec
une maison rivale portant le même nom (Trib. com. Seine,
27 avril 1852, Wagner, Le Hir, 52, 2, 450).

2° L'acquéreur d'un fonds de commerce a le droit de faire
figurer sur ses prospectus et enveloppes le nom de son prédécesseur ; mais il est tenu de prendre les mesures nécessaires
pour prévenir une confusion pouvant résulter, à raison de la
similitude de nom, entre sa maison et celle d'un concurrent,
notamment il peut être contraint d'ajouter au nom de son prédécesseur, son nom propre avec sa qualité de successeur (Trib.
com. Seine, 3 déc. 1852, Ménier, Le Hir, 53, 2, 50).

3° Le commerçant qui vend son fonds de commerce, en donnant à l'acquéreur le droit de faire usage de son nom, peut
s'opposer à ce que ce dernier emploie sur ses enseignes, annonces et factures, le nom de son cédant, sans y ajouter son
nom personnel et sa qualité de successeur (Paris, 21 mars 1857,
Annales, 57, 207).

4° Le successeur même éloigné d'une maison de commerce,
a le droit de mettre sur ses enseignes et factures le nom sous
lequel cette maison a été fondée. Les héritiers ou parents du
propriétaire de l'ancienne maison ont seulement le droit d'exiger que les énonciations soient rédigées de manière que l'on ne
puisse pas en induire qu'ils ont un intérêt dans la maison et
spécialement qu'il soit fait mention de la qualité de successeur
(Paris, 29 juin 1858, Ternaux, *Annales*, 58, 331).

(1) Bédarride, n° 757 ; — Pouillet, n° 552 ; — Ruben de Couder, V° *Concurrence déloyale*, n° 73 ; — Bert, p. 108.

59. Qui peut obliger le cessionnaire à indiquer sa qualité de successeur ? — Le droit d'obliger le successeur à faire connaître sa qualité appartient tout d'abord au vendeur, soit que, ayant conservé la faculté de se rétablir dans la même industrie, il veuille prévenir toute confusion entre son nouvel établissement et celui qu'il a vendu, soit que, n'exerçant plus le même commerce, il veuille simplement empêcher que le public ne le croie toujours à la tête de son ancienne maison. Ses héritiers ou ses parents qui portent le même nom, ont le même intérêt, surtout lorsqu'ils exploitent une industrie similaire. Il faut donc leur reconnaître le droit d'exiger que le successeur indique sa qualité en même temps qu'il rappelle le nom de son cédant.

Jugé que : Les parents d'un inventeur ou industriel, même alors qu'ils ne sont pas ses héritiers, sont en droit, lorsqu'ils portent le même nom, d'exiger que l'acquéreur du fonds de commerce et des produits de cet industriel, soit obligé d'ajouter à la désignation de l'ancienne maison, l'indication de son nom comme successeur (Paris, 5 juin 1867, Carjat, *Annales*, 67, 301).

60. Successeur médiat. — Quand une maison a fait l'objet de cessions successives, le dernier propriétaire peut-il faire paraître sur ses prospectus, circulaires et annonces, le nom du fondateur de la maison ? Son intérêt subsiste évidemment, quel que soit le nombre des propriétaires qui se sont succédés depuis la création de l'établissement ; il est même d'autant plus considérable qu'un plus long temps s'est écoulé depuis l'origine du fonds de commerce et que la réputation de ce dernier s'est accrue avec les années. D'ailleurs on ne saurait refuser au dernier cessionnaire un droit que ses prédécesseurs se sont transmis et qu'il a lui-même acquis avec l'établissement. Il faudrait toutefois faire une exception à cette règle dans le cas où le nom du fondateur de la maison, abandonné par ses cessionnaires, aurait cessé de figurer dans leurs prospectus, circulaires et annonces. Le nouveau propriétaire de l'établissement n'aurait plus alors aucun intérêt à faire usage d'un nom oublié par la clientèle, et son emploi, dans de pareilles conditions, ne pourrait s'expliquer que par le désir de faire concurrence à une personne exerçant le même commerce et portant le même nom que le créateur de la maison.

Jugé à cet égard que : 1° Le successeur même éloigné d'une maison de commerce a le droit de mettre sur ses enseignes et factures le nom sous lequel cette maison a été fondée. Il en est ainsi surtout lorsque le fondateur, dont le nom a acquis de la célébrité, s'est interdit de faire le même genre de commerce à l'expiration des sociétés qu'il avait contractées. En pareil cas, ses héritiers ou parents peuvent seulement exiger que les énonciations soient rédigées de manière que l'on ne puisse pas en induire qu'ils ont un intérêt dans la maison, et spécialement qu'il soit fait mention de la qualité de successeur (Paris, 29 juin 1858, Ternaux, *Annales*, 58, 331) (1).

2° L'autorisation personnelle, donnée au cessionnaire d'une maison de commerce, de continuer à se servir du nom du fondateur, ne passe pas indéfiniment aux différents cessionnaires qui peuvent se succéder dans l'exploitation de cet établissement. En conséquence l'ancien propriétaire d'un établissement commercial, qui a autorisé son cessionnaire à continuer à faire usage de son nom, est néanmoins fondé à interdire cet usage aux sous-acquéreurs avec lesquels il n'a pas traité, encore bien que ces derniers feraient précéder son nom des mots *ancienne maison*. Il en est du moins ainsi lorsque, par suite de cessions partielles et incomplètes, l'ancienne maison de commerce n'a

______

(1) V. Trib. comm. Seine, 3 fév. 1877, Dreux, *Annales*, 77, 44.

pas conservé son unité et son importance primitives (Paris,
5 nov. 1872, Alexis Godillot, *Annales*, 73, 255).

61. Qui peut se dire successeur ? — Celui-là seul peut
prendre la qualité de successeur, qui s'est rendu acquéreur
du fonds de commerce ou de l'établissement industriel
avec sa clientèle et l'achalandage, qui succède, en un mot,
à la personnalité commerciale du propriétaire de la maison.
Ce titre n'appartiendrait pas évidemment à un ancien employé, alors même qu'il aurait occupé une situation pré-
pondérante dans l'établissement, qu'il aurait eu dans les
affaires un intérêt considérable et que la maison aurait
disparu sans faire l'objet d'aucune cession (1).

L'acquéreur du mobilier industriel à qui le fonds de
commerce n'a pas été cédé ne pourrait pas prendre la qualité de successeur. Il en est de même pour celui qui, sans
acheter le fonds, occuperait seulement les locaux dans lesquels il était exploité (2).

Si le cédant avait deux maisons distinctes et qu'il les
vendît en même temps à deux personnes différentes, chacune pourrait à moins de conventions contraires, prendre
le titre de successeur. Mais cette hypothèse se présentera
bien rarement, car les acquéreurs auront soin de déterminer leurs droits respectifs et de régler une situation qui,
autrement, serait pleine d'inconvénients et de périls pour
l'un comme pour l'autre (3).

Dans le cas où les deux établissements seraient vendus
successivement, c'est au cessionnaire de la seconde maison, véritable successeur, qu'appartiendrait le droit de
prendre le titre de successeur (4).

(1) Rouen, 20 déc. 1862, Leblé, Le Hir, 64, 2, 46 ; — Paris, 25 août 1857,
Kellermann, Teulet, 6, 237.
(2) Trib. comm. Seine, 16 janv. 1834, Gardet, Dalloz, 34, 3, 38.
(3) Paris, 30 avril 1862, Deschandeliers, Teulet, 11, 311.
(4) Trib. comm. Seine, 22 déc. 1857, Lavaissière, *Annales*, 59, 363.

62. Changement de commerce. — Pour que le cessionnaire puisse prendre le titre de successeur, il faut naturellement qu'il continue à exercer le commerce de son cédant. S'il changeait la nature de cette industrie, il cesserait d'être, à proprement parler, le successeur et il ne pourrait désormais se prévaloir de cette qualité. Le droit de faire interdire cette usurpation appartiendrait soit au cédant lui-même, soit à toute personne portant le même nom et exerçant l'industrie que le cessionnaire exploite actuellement (1).

63. Vente judiciaire. — L'adjudicataire d'un fonds de commerce vendu judiciairement peut prendre le titre de successeur, comme celui qui en devient propriétaire par suite d'une cession amiable (2). Qu'il s'agisse d'une vente par autorité de justice ou sur licitation, l'adjudicataire devient le continuateur du commerce ou de l'industrie exploités dans la maison mise aux enchères et seul il a le droit de se dire successeur de l'ancien propriétaire (3).

64. Faillite du successeur. — Si le cessionnaire tombe en faillite, la personne à qui le fonds est vendu, soit aux enchères, soit amiablement par le syndic, peut prendre le titre de successeur du précédent propriétaire. Ce titre qui faisait partie de l'actif de la faillite lui a été cédé avec le fonds lui-même. Lorsque le failli est remis à la tête de ses affaires, il peut continuer à se dire le successeur de son cédant.

Jugé en ce sens que : Quand, aux termes d'un concordat,

(1) Paris, 1er juin 1859, Laurent, Teulet, 8, 443.
(2) Trib. civ. Seine, 25 mars 1858, Chevreuil, *Annales*, 58, 395.
(3) Bédarride, n° 753 ; — Pouillet, n° 572.

un commerçant failli a fait à ses créanciers abandon de l'actif et a été remis à la tête de ses affaires, il ne doit pas être considéré comme créant une maison nouvelle, mais bien comme reprenant la suite des opérations de son ancienne maison ; il peut, en conséquence, prendre le titre de successeur de celui dont il tenait originairement le fonds de commerce (Paris, 12 mars 1884, Lino Pinto, *Annales*, 88, 72).

65. Le droit de faire usage du nom du cédant est-il irrévocable ? — Lorsque le successeur, après un exercice prolongé de son commerce, a été mis en pleine possession de la clientèle qui s'est attachée à lui, l'intérêt qu'il avait à l'origine à faire usage du nom de son cédant, devient moins considérable et peut même disparaître complètement. Le vendeur ou ses héritiers peuvent-ils, dans ce cas, s'opposer à ce que le cessionnaire continue à employer leur nom ? S'ils obéissaient à un pur caprice, leur prétention devrait sans aucun doute être rejetée. Mais nous pensons qu'elle pourrait être accueillie si, dans certains cas tout à fait exceptionnels, elle se justifiait par un intérêt réel et sérieux (1).

Jugé dans ce sens que : A moins d'une convention contraire, la propriété du nom commercial n'est pas cédée à perpétuité à l'acquéreur d'un fonds de commerce ; il s'ensuit qu'à défaut de la preuve de cette convention, les héritiers des vendeurs sont bien fondés à revendiquer le nom commercial et scientifique de leur auteur et d'interdire l'abus qui pourrait en être fait, alors du moins qu'ils justifient d'un intérêt certain et appréciable ; il en est spécialement ainsi lorsque, depuis la cession de son fonds, le vendeur a donné son nom à un produit rentrant dans le même genre d'industrie et que l'emploi de son nom, par d'au-

---

(1) V. Gastambide, p. 464 ; — Calmels, n° 161 ; — Pouillet, n° 558.

tres que par lui, pourrait entraîner une confusion préjudiciable
(Lyon, 12 juin 1873, Rigollot, *Annales*, 73, 258).

66. Raison sociale. — Quand une société est dissoute,
la raison sociale disparaît avec elle. Il en résulte que nul
n'a le droit d'en faire usage, ni les anciens associés, ni l'acquéreur des fonds de commerce que la société exploitait.
Ce dernier n'a qu'un droit, c'est de faire connaître qu'il
est le successeur de la société (1).

Il a été jugé à cet égard que : 1° L'acquéreur d'un fonds de
commerce, vendu par suite de dissolution de la société qui l'exploitait, acquiert le droit de se dire successeur de cette société,
mais il ne peut prétendre à la propriété de la raison sociale de
la société dissoute (Paris, 5 juin 1867, Carjat, *Annales*, 67, 301).

2° Une société, qui n'est que la continuation d'une autre, est
en droit d'annoncer que, malgré le changement de sa raison sociale, nécessité par la retraite ou la mort de l'associé dont le
nom constituait ladite raison, l'entreprise n'est autre que celle
qui fonctionnait sous l'ancienne raison sociale ; c'est là un fait
constant, indépendant de la volonté des parties et de toute convention, et la société ne fait qu'user de son droit en le portant
à la connaissance du public (Paris, 21 déc. 1869, Vve Richer,
Annales, 73, 251).

3° L'acquéreur d'une maison de commerce, dont le fonds est
vendu après dissolution de société, a le droit de se servir du nom
de l'ancienne société en indiquant qu'il en est le successeur ; et
l'ancien associé ne peut s'en plaindre, alors même que son propre nom figurerait dans celui de la société (Paris, 28 juin 1856,
Biétry, *Annales*, 56, 252).

67. A qui appartient la correspondance. — Quand
un commerçant a vendu son établissement, la clientèle
continue à écrire à son nom, soit qu'elle ignore la vente,

(1) Pardessus, *Droit comm.*, t. IV, n° 978 ; — Pouillet, n° 569.

soit qu'elle ne connaisse pas le nom du cessionnaire. A qui appartient le droit d'ouvrir cette correspondance ? Si la suscription des lettres fait connaître leur caractère privé ou commercial, aucune difficulté ne peut s'élever : c'est au cessionnaire que doivent être remises les lettres adressées au vendeur sous son ancien nom commercial ; celles qui sont adressées au vendeur en son nom particulier doivent être remises à lui-même (1). Mais, le plus souvent, la distinction sera impossible et il importe de prendre des mesures pour concilier l'intérêt privé du cédant avec l'intérêt commercial du cessionnaire. Il peut être regrettable que des lettres, adressées au vendeur et présentant un caractère purement privé, tombent entre les mains du successeur ; mais il serait plus dangereux encore que la correspondance commerciale, destinée au cessionnaire, fût remise au vendeur, qui pourrait en abuser, soit pour détourner des commandes à son profit, soit pour favoriser un concurrent. C'est aux tribunaux qu'il appartient de prendre, suivant les circonstances, les mesures qu'ils jugeront les plus propres à sauvegarder les intérêts respectifs du cédant et du cessionnaire.

Il a été jugé, à cet égard, que : 1° L'acquéreur d'un fonds de commerce a un droit exclusif à toute correspondance relative à son exploitation et portant le nom du prédécesseur, encore que le fils de ce dernier, après avoir répudié la succession de son père, aurait fondé à son tour un établissement de même nature ; il appartient, en ce cas, aux tribunaux d'ordonner que les lettres portant ledit nom seront remises par l'administration des postes à l'acquéreur du fonds, sauf à celui-ci à renvoyer les lettres qui seraient destinées au fils de son prédécesseur (Paris, 26 janv. 1855, Chauvenet, Le Hir, 55, 2, 539).

(1) Lyon, 18 déc. 1867, Béranger, Le Hir, 69, 2, 215.

2° Après la vente d'un fonds de commerce, les juges ont un pouvoir discrétionnaire pour décider, d'après les circonstances, quelles sont les mesures à prendre à l'égard des lettres adressées au vendeur au siège de l'établissement (Paris, 7 mars 1864 et Rej. 10 avril 1866, Dorvault, Teulet, 14, 94 et 15, 435).

3° L'acquéreur est en droit de se faire remettre par la poste les lettres adressées à sa maison de commerce, sous le nom de son prédécesseur, notamment lorsque ce dernier a quitté depuis six mois déjà son ancien domicile, qu'il a pu faire connaître sa nouvelle adresse à ses correspondants et que la presque totalité de ces lettres portent des ordres à la maison de commerce vendue (Paris, 26 avril 1881, Montagne, *Annales*, 82, 191).

4° Les lettres adressées au vendeur du fonds de commerce sous son ancien nom commercial doivent être remises par la poste à l'acquéreur (Trib. com. Seine, 15 janv. 1887, Arnaud Soumain, *Annales*, 90, 314).

5° Les lettres missives devront être remises à leur véritable destinataire. C'est aux juges du fond, en cas de contestation, qu'il appartient de décider quel est le destinataire véritable de lettres qui sont réclamées par deux parties. Lorsqu'une pharmacie, connue sous le nom de son titulaire (pharmacie Guyot), a été vendue à un successeur et que, d'autre part, un produit spécial, connu sous le nom de la même personne (goudron Guyot), a fait l'objet d'une cession distincte à un tiers, le juge du fonds peut valablement décider, suivant les circonstances, que les lettres adressées à la pharmacie seront remises au successeur, dès lors que leur inscription ne révèlera pas d'une manière certaine qu'elles sont relatives au produit spécial (Cass., 22 mai 1889, Fournier, Dalloz, 89, 1, 370).

Jugé toutefois : 1° Que l'intérêt du commerce exploité par le cessionnaire ne peut pas aller jusqu'à priver le vendeur du droit de recevoir et d'ouvrir le premier les lettres dont la suscription porte son nom et sa qualité ; le cessionnaire peut obvier à l'inconvénient qui résulte de cet état de choses par des recom-

mandations faites au public dans ses prospectus et ses factures
(Paris, 3 juin 1863, Darlot, *Annales*, 64, 73).

2° La vente d'un fonds de commerce, tout en conférant à
l'acquéreur le droit de conserver, pour la maison de commerce
et pour ses produits, les désignations qui rappellent son fondateur, ne transfère pas à son acquéreur le nom patronymique
du fondateur. En conséquence le vendeur du fonds de commerce et ses héritiers gardent seuls les droits attachés à leur
nom patronymique et notamment celui de recevoir les lettres
dont l'adresse porte ce nom (Amiens, 9 déc. 1882, Jérôme, Le
Hir, 83, 2, 265).

CHAPITRE III

Section I. — Titre d'ancien employé.

68. L'ancien employé peut-il rappeler sa fonction ? — 69. Premier système. — 70. Deuxième. — 71. Troisième. — 72. Cas dans lesquels le droit de rappeler l'ancienne fonction ne peut être reconnu. — 73. Annonce inexacte d'une ancienne fonction.

68. L'ancien employé peut-il rappeler sa fonction ? — Quand un employé, un ouvrier, un contre-maître, un directeur d'usine quitte son patron pour s'établir dans la même industrie, a-t-il le droit de rappeler son ancienne fonction et de prendre, dans ses circulaires, lettres de commerce et annonces, sa qualité d'ancien employé, ancien contre-maître etc., etc., de Monsieur un tel ou de tel établissement ? La question n'est pas sans difficulté.

69. Premier système. — Dans une première opinion, on prétend que l'ancien employé ne commet aucune usurpation de nom, aucune concurrence déloyale lorsqu'il rappelle une fonction qu'il a réellement remplie et prend un titre qui lui appartient en conséquence. En agissant de la sorte, en faisant connaître au public ses antécédents commerciaux ou industriels, il le rend juge de sa capacité, et on ne peut lui refuser le droit de se présenter à la clientèle avec les références dont il lui plaît de se prévaloir.

Il a été jugé en ce sens que : 1° Un industriel a toujours le droit, pour prouver qu'il est digne de la confiance qu'il sollicite, de faire connaître ses antécédents et les établissements où il a travaillé. On ne saurait donc voir un acte de concurrence déloyale dans le fait d'un industriel qui, sur ses cartes et prospectus, prend la qualité de *ex-chef de culture de l'établissement viticole de M. X...*, lorsque les énonciations des cartes et prospectus ne sont pas de nature à jeter dans le public une confusion sérieuse entre les deux établissements rivaux (Trib. civ. de Fontainebleau, 18 juillet 1883, Salomon, Le Hir, 83, 2, 455).

2° Si un ancien directeur d'ateliers a le droit de rappeler cette qualité dans des prospectus ou enseignes, quand il a quitté son ancien patron et qu'il s'est établi dans la même industrie, c'est à la condition de ne pas faire de ce titre un moyen de concurrence déloyale. Il faut voir une concurrence déloyale dans le fait d'annoncer la qualité d'ancien directeur d'ateliers sur un tableau-enseigne en employant des caractères disposés de telle sorte qu'on y voie l'intention évidente de s'approprier le relief et le renom de la maison à laquelle on a été attaché (Paris, 27 mars 1889, Decauville, *Annales*, 89, 178).

3° Ne constitue pas un acte de concurrence déloyale le fait, par un ancien employé d'une maison de commerce, de porter à la connaissance du public, en s'établissant pour son propre compte, la situation qu'il occupait dans la maison qu'il vient de quitter, lorsque d'ailleurs la façon dont cette indication est présentée n'est pas de nature, soit à faire naître une confusion quelconque entre la maison nouvellement créée et l'ancienne, soit à faire penser que celle-ci ait cessé ses affaires, se soit modifiée ou, pour une cause quelconque, ait démérité de sa clientèle (Paris, 4 août 1890, Williamson, *La Loi*, 8 oct. 1890).

70. Deuxième système. — Le premier système soulève de nombreuses objections : tout d'abord il n'est pas vrai de dire qu'on ne se rend jamais coupable de concurrence déloyale en annonçant un fait exact. Ainsi, un industriel dont les produits sont incontestablement supérieurs à ceux d'une maison rivale, n'a pas le droit d'annoncer cette supériorité en désignant son concurrent d'une façon directe ou même indirecte. Sans doute, il est permis à tout commerçant ou industriel de donner des références et de produire des preuves de sa capacité ; mais il ne s'ensuit pas qu'il ait le droit de faire, sous une forme quelconque, usage d'un nom qui ne lui appartient pas. Or, en rappelant son ancienne fonction, l'employé fait, du nom de son ancien patron, un usage que rien n'autorise. En effet, quelle est la nature et quels sont les effets du contrat qui intervient entre le patron et l'employé? Ce dernier s'est engagé, pendant un temps plus ou moins long, à fournir à son maître son temps, son travail et son intelligence. En retour, le patron lui a promis un salaire ou des appointements. Lorsque le contrat a pris fin et que les engagements ont été remplis de part et d'autre, il n'existe plus aucun lien entre le patron et son ancien employé. Celui-ci qui a reçu le prix de son travail, ne peut rien prétendre au delà, et il ne lui est pas permis de faire paraître, dans ses prospectus ou annonces, le nom de son patron sur lequel il n'a jamais acquis aucun droit. S'il fait usage de ce nom en rappelant son ancienne qualité, c'est peut-être pour se recommander au public, mais c'est aussi, on ne peut le méconnaître, pour attirer à lui les clients de son ancien patron. Ce dernier est en droit d'empêcher qu'on ne se serve ainsi de son nom comme d'un pavillon destiné à rallier sa clientèle détournée à son préjudice (1).

Il a été jugé en ce sens que : 1° Le contre-maître d'un fabricant qui, se séparant de lui, forme un établissement semblable pour son propre compte, ne peut prendre dans ses prospectus

(1) Pouillet, n° 542. — *Conf.* Bert, n° 103.

le titre d'*ancien contre-maître* de ce fabricant (Trib. com. Seine, 12 mars 1850, Quiquandon, Le Hir, 1850, 2, 206).

2° Un ancien ouvrier d'une maison commet une concurrence déloyale lorsque, s'établissant à son compte, il prend sur ses factures, adresses et enseigne, le titre d'*ancien premier ouvrier* de son ancienne maison (Trib. com. Seine, 21 mars 1850, Gotten, Le Hir, 1850, 2, 206).

3° Un employé ou artiste qui a travaillé pour une maison de commerce ne peut pas se recommander sur ses prospectus et enseigne du nom de son ancien patron. Il ne peut davantage conserver son individualité et se dire auteur des œuvres auxquelles il a participé (Trib. com. Seine, 23 janv. 1857, *Annales*, 57, 63).

4° L'acquéreur d'un établissement, spécialement d'un cabinet de dentiste, est en droit de s'opposer à ce qu'un ancien employé de la maison prenne cette qualité sur ses enseignes et ses prospectus (Trib. civ. Seine, 27 déc. 1863, *Annales*, 63, 143).

5° Il ne peut être permis à un ancien employé d'une maison de commerce de faire valoir, lorsqu'il la quitte, soit ses propres services, soit ceux d'autres employés de la même maison, avec le concours desquels il crée une nouvelle société (Trib. com. Seine, 11 avril 1864, Fould frères et Cⁱᵉ, *Annales*, 64, 323).

6° Le fait, par un ancien employé d'une maison de commerce, d'invoquer cette qualité soit sur ses cartes, soit dans ses rapports verbaux avec ses clients, donne ouverture à une action en dommages-intérêts pour concurrence déloyale (Paris, 26 août 1864, Léger, *Annales*, 64, 415).

7° L'ancien contre-maître d'une fabrique qui fonde un établissement du même genre n'a pas le droit de prendre cette qualité dans ses factures et prospectus ; ce droit n'appartient qu'à celui qui a rempli un contrat d'apprentissage à titre onéreux (Trib. com. Seine, 9 janv. 1868, Alexandre, *Annales*, 63, 95).

8° Le contre-maître d'une fabrique médaillé en cette qualité à l'Exposition universelle de 1867, ne saurait puiser dans cette récompense purement honorifique le droit, s'il vient à s'établir, de se servir, dans l'établissement qu'il crée, du nom de ses anciens patrons, ni même de se prévaloir vis-à-vis du public, soit sur son enseigne, soit sur ses factures, annonces et prospectus, de ce qu'il a été employé dans leur maison (Trib. com. Seine, 10 mars 1869, Pinaud et Amour, *Annales*, 69, 122).

9° Le commis intéressé n'a pas le droit de se servir, auprès du public, du nom de la maison qu'il quitte, pour annoncer, par des circulaires, qu'il cesse d'en faire partie et qu'il fonde personnellement une maison du même genre. Cette concurrence, rendue plus redoutable par la connaissance particulière des opérations de l'ancienne maison, donne droit aux propriétaires de celle-ci à des dommages-intérêts (Lyon, 2 juillet 1875, Duvernay, *Annales*, 76, 294).

10° Un employé qui fonde une maison de commerce n'a pas le droit de rappeler dans ses circulaires le nom de son ancien patron pour se recommander à la clientèle qu'il cherche à former (Trib. com. Seine, 30 mars 1876, Holzmann, *Annales*, 76, 111).

11° Le fait par un industriel de prendre dans ses annonces la qualité *d'ex employé de la maison X...*, s'il ne constitue pas par lui-même une concurrence déloyale, n'en doit pas moins être réprimé, alors que l'ancien employé n'a fait usage du nom de son ancien patron que contre le gré de celui-ci et au mépris de ses protestations. Il importe peu que la qualité qu'il s'attribue soit exacte; il n'a pas le droit de faire de la réclame par la voie des journaux avec un nom qui ne lui appartient pas, qu'il ne peut accoler au sien et dont il ne saurait tirer parti sans l'assentiment de son propriétaire (Bordeaux, 20 juin 1883, Loth, Le Hir, 84, 2, 291).

12° Le fait, par l'ancien employé d'une maison qui fonde un établissement pour son propre compte, d'employer dans ses prospectus ou affiches le nom de cette maison pour annoncer qu'il n'en fait plus partie et qu'il y a travaillé en qualité de seul opérateur, constitue un acte de concurrence déloyale (Caen, 7 août 1888, Fontaine, *Rec. Caen*, 88, 241).

71. Troisième système. — Suivant une troisième opinion, la question ne comporte pas une solution absolue. S'il résulte des circonstances que l'employé, rappelant son ancienne fonction, s'abstient de tout agissement susceptible de causer un préjudice à son patron, si toutes les précautions sont prises pour éviter une confusion entre les deux établissements rivaux, le patron n'est pas fondé à se plaindre. Il peut au contraire interdire l'usage de son nom, lorsque l'ancien employé rappelle sa fonction dans un but de concurrence déloyale, si, par exemple, l'annonce de l'ancienne qualité est accompagnée de commentaires désagréables ou nuisibles au patron ; ou bien si l'ancien employé, sur ses prospectus et papiers de commerce, fait paraître le nom de son ancien maître en caractères plus apparents que le sien propre, ou bien encore si le mot « *ancien* » est écrit en caractères minuscules, etc. Il appartient aux tribunaux, en pareil cas, de prescrire toutes les mesures propres à empêcher ces abus et même, s'ils le jugent nécessaire, de couper le mal dans sa racine en faisant défense pure et simple à l'ancien employé de rappeler sa fonction (1).

Il a été jugé en ce sens que : 1° Il doit être interdit à un ancien employé d'une maison de commerce, qui a fondé un établissement rival de cette maison, de prendre dans ses factures, adresses et annonces, la qualité d'employé pendant quatorze ans de ladite maison, s'il résulte des circonstances de la cause qu'il a cherché à faire par là une concurrence déloyale à son ancien patron (Trib. com. Bordeaux, 7 janv. 1851, Bahans, Le Hir, 52, 2, 232).

2° Il ne saurait être permis à un ouvrier, qui a travaillé dans une maison, de chercher à attirer à lui la clientèle de ladite maison, en annonçant qu'il est propriétaire de ses procédés de

____

(1) Conf. Ruben de Couder, V° *Enseigne,* n°ˢ 56 et suiv.

fabrication. Il y a lieu de faire défense à cet ouvrier de citer dans ses prospectus, cartes ou factures, le nom de son ancien patron (Trib. com. Seine, 20 juin 1855, Rosset, Le Hir, 55, 2, 318).

3° S'il est permis à d'anciens employés d'une maison de commerce d'en fonder une similaire et d'annoncer cette création par tous les moyens de publicité de leur choix, en indiquant en termes généraux qu'ils peuvent travailler à de meilleures conditions que leurs concurrents, il leur est interdit, au contraire, de désigner spécialement, dans leurs circulaires, leur ancien patron et de se référer aux travaux qu'ils ont exécutés pour son compte, en donnant ainsi à entendre qu'il n'exécutait pas lui-même les travaux qu'il entreprenait et en s'attribuant, à son détriment, le mérite de leur exécution (Trib. comm. Nantes, 29 mars 1884, Tchoffen, Le Hir, 85, 2, 44).

4° Se rend coupable de concurrence déloyale l'ancien employé d'une maison de commerce qui prend dans ses factures, adresses et annonces la qualité d'ancien employé de ladite maison et cherche à s'attirer la clientèle de son ancien patron en annonçant au public qu'il a été l'un des collaborateurs à sa notoriété (Trib. comm. Seine, 22 nov. 1888, Redfern, Le Hir, 89, 2, 63).

5° Un ancien directeur d'ateliers n'a pas le droit de rappeler son ancienne fonction en ajoutant qu'il a quitté son patron à la suite de difficultés tranchées par un arbitrage à son honneur et à son profit (Trib. comm. Seine, 5 nov. 1886, Decauville, *La Loi*, 1ᵉʳ déc. 1887) (1).

72. Cas dans lesquels le droit de rappeler l'ancienne fonction ne peut être reconnu. — Quel que soit le système auquel on se rallie dans la question que nous venons d'examiner, il existe des cas dans lesquels il est impossible de reconnaître à l'employé le droit de rappeler son an-

____

(1) V. Paris, 27 mars 1889, Decauville, *Annales*, 89, 178 ; — Paris, 4 août 1890, Williamson, *La Loi*, 8 oct. 1890).

cienne fonction. Ainsi, par exemple, supposons un employé ou bien un ouvrier ayant rempli dans une usine ou une maison de commerce un emploi tout à fait subalterne, n'impliquant aucune initiation à l'industrie de son maître. Cet ouvrier ou cet employé, s'établissant un jour dans le même commerce, ne pourrait assurément pas rappeler son ancienne fonction. Il ne saurait, en effet, prétendre qu'il n'a d'autre but que de se recommander au public en lui faisant connaître ses antécédents commerciaux ; car s'il en était ainsi, le respect de la vérité l'obligerait à indiquer d'une façon exacte la nature des fonctions qu'il a remplies, et il se gardera bien de fournir ces renseignements qui risqueraient de le diminuer aux yeux du public. En rappelant son ancien emploi, il chercherait uniquement à se faire une réclame avec le nom de son maître qui est en droit de se défendre contre un pareil abus.

Il en serait de même dans le cas où l'employé, ayant rempli une fonction importante, n'aurait fait que passer dans l'établissement, sans y faire un séjour sérieux. L'autoriser à rappeler, lorsqu'il s'établit à son compte, une fonction qu'il a remplie pendant quelques semaines, pendant quelques jours seulement, ce serait favoriser une spéculation qui consisterait, pour une personne voulant s'établir dans un commerce ou une industrie, à passer quelque temps dans une maison réputée, pour acquérir le droit de rappeler son ancienne fonction et de faire à son maître d'un jour une concurrence redoutable. On conçoit qu'une semblable combinaison ne saurait être tolérée. Au moins faudrait-il obliger l'ancien employé à indiquer, d'une façon très apparente, le temps pendant lequel il a été attaché à la maison qu'il n'a fait que traverser pour s'établir ensuite à son compte.

De même encore si l'employé avait été congédié pour de graves motifs, on ne pourrait l'admettre à se prévaloir d'une fonction qu'il a remplie d'une manière infidèle ou déloyale. Ce serait porter atteinte à la dignité ainsi qu'aux intérêts du patron, et ce serait en même temps tromper la confiance du public (1).

73. Annonce inexacte d'une ancienne fonction. — L'ancien employé commettrait un abus manifeste, si, rappelant sa fonction, il le faisait dans des termes inexacts, en exagérant l'importance du rôle qu'il a rempli chez son ancien patron. Ainsi le simple ouvrier ne pourrait pas prendre le titre « d'ancien élève, d'ancien contre-maître » et l'ancien contre-maître n'aurait pas le droit de se dire « ancien directeur d'usine », etc. Une pareille altération de la vérité aurait pour conséquence d'induire le public en erreur et d'aggraver l'inconvénient qui résulte pour le maître de l'usage de son nom.

Jugé, à cet égard, que: 1° L'ouvrier ne saurait se qualifier, sur son enseigne, élève du maître chez lequel il a travaillé. En effet, l'élève est celui qui reçoit les leçons d'un maître tandis que l'ouvrier est celui qui travaille chez un maître. On peut avoir été l'ouvrier d'un fabricant sans avoir été son élève, si l'on a travaillé dans ses ateliers, non sous sa direction personnelle, mais seulement sous celle de ses employés (Paris, 24 avril 1834, Sirey, 34, 2, 262; Dalloz, 34, 2, 129).

2° Un ouvrier qui a travaillé chez un fabricant et qui s'établit ensuite à son compte ne peut prendre sur ses enseigne et prospectus le titre de *premier ouvrier* de tel fabricant pendant

____

(1) Ruben de Couder, V° *Enseigne*, n° 58.

tant d'années, alors, d'une part, qu'il n'a jamais été premier ouvrier et que, d'autre part, il est constant qu'il n'a pris ce titre que dans un but de concurrence déloyale (Trib. comm. Seine, 21 mars 1850, Gotten, Le Hir, 50, 2, 206).

3° Celui qui a été employé, moyennant salaire, chez un dentiste, ne peut, après avoir quitté son patron et s'être établi à son compte, prendre le titre d'élève de son ancien patron, sans le consentement de ce dernier ou de ses ayants cause (Bordeaux, 9 fév. 1886, *Journ. arr. Bordeaux*, 86, 1, 197).

Section II. — Titre d'ancien élève.

74. L'ancien élève peut-il rappeler cette qualité ? — 75. Premier système. — 76. Deuxième. — 77. Troisième.

74. L'ancien élève peut-il rappeler cette qualité ? — A la différence de l'employé qui reçoit un salaire pour son travail, l'élève donne son travail gratuitement, ou même paie un prix déterminé pour être initié à l'industrie et aux connaissances de son maître. Peut-il, quand il est établi à son compte, prendre le titre d'*ancien élève*? La question est controversée comme celle que nous avons examinée pour l'ancien employé, et comme cette dernière, elle donne lieu à trois opinions.

75. Premier système. — L'élève a le droit de rappeler cette qualité quand il est établi à son compte. En payant son maître en argent ou bien en travail gratuit, il n'a pas seulement entendu être initié à son industrie et à la connaissance de ses procédés, il a voulu encore acquérir le droit de se dire son élève. A la différence du louage de services qui, après sa rupture et le règlement des obligations qu'il a fait naître, ne produit aucun effet dans l'avenir, le contrat d'apprentissage laisse toujours subsister un lien entre le maître et l'élève : celui-ci peut se prévaloir d'un patronage qu'il a recherché dans le but de s'instruire, mais aussi avec l'intention de se créer une référence auprès du public (1).

Il a été jugé, en ce sens, que : 1° Lorsqu'un individu a été réellement l'élève d'un fabricant, on ne comprendrait pas que les tribunaux pussent lui défendre de déclarer la vérité ; la cause se réduit, en pareil cas, à savoir si la qualification qu'il a prise doit lui appartenir ; autre chose toutefois est la qualité d'élève et celle d'ouvrier ; l'élève est celui qui reçoit les leçons du maître et apprend son art sous sa direction directe ; il n'appartient, dans aucun cas, à celui qui n'a été qu'ouvrier de s'intituler élève (Paris, 24 avril 1834, Dujarriez, Sirey, 34, 2, 262).

2° Celui qui a travaillé chez un patron, en qualité d'élève, a le droit, plus tard, lorsqu'il s'établit à son tour, de rappeler cette qualité sur ses prospectus et de s'en prévaloir (Paris, 5 mars 1839, Thiboumery, *Journ. Pal.*, 39, 1, 280).

3° Une fille qui a travaillé et appris son état sous la direction de sa mère, a le droit de prendre le titre de son élève sur ses factures et enseigne, alors même qu'il n'aurait existé entre la mère et la fille aucun contrat d'apprentissage à titre onéreux. Mais la fille ne peut pas joindre à son nom patronymique un autre nom qui ne lui appartient pas, alors même qu'il ferait partie de la désignation commerciale de la maison de sa mère (Trib. com. Seine, 1er juin 1855, Oudot et Manoury, *Annales*, 55, 160).

4° Un docteur en médecine, qui a été longtemps le collaborateur d'un autre médecin avec partage d'honoraires, a le droit d'annoncer par des imprimés qu'il a quitté la maison de son ancien collaborateur et habite dans une autre maison qu'il indique, dans laquelle il exercera désormais la médecine. Il ne commet ainsi aucune atteinte à la propriété du nom, du moment où le juge du fond constate qu'il n'y a, dans le fait de cette publication, ni usurpation de nom, ni concurrence déloyale, et

____

(1) Calmels, n° 169 ; — Bédarride, n° 751.

même qu'elle est devenue nécessaire par le refus de l'ancien collaborateur de faire connaître aux personnes qui la demandaient, la nouvelle adresse du docteur qui avait quitté sa maison (Cass., 5 mai 1884, Raspail, Dalloz, 84, 1, 227).

76. Deuxième système. — Cette seconde opinion s'appuie sur une double considération de droit et de fait. Le nom d'un fabricant est, dit-on, sa propriété exclusive et nul n'a le droit d'en faire usage, sous quelque forme que ce soit, sans son autorisation expresse. D'ailleurs il serait extrêmement dangereux de permettre à un élève maladroit ou déloyal de se dire l'ancien élève d'un fabricant honorablement connu. L'incapacité ou le mauvais renom de l'élève pourrait rejaillir sur le maître.

Il a été jugé en ce sens que : 1° La qualité d'élève ne peut s'acquérir que par un apprentissage payé, joint à une longue collaboration qui l'un et l'autre auraient rendu l'élève capable de fabriquer aussi bien que son patron. Le nom d'un fabricant ou d'un commerçant étant une propriété privative, l'apprenti doit, en outre, obtenir l'agrément de son patron pour se servir du nom de celui-ci (Paris, 4 mars 1863, Rommetin, *Annales*, 63, 173).

2° L'acquéreur d'un fonds de commerce a le droit de s'opposer à ce que les anciens élèves ou employés de son prédécesseur prennent cette qualité sur leurs enseignes et factures. L'autorisation donnée à cet effet par l'ancien chef de l'établissement, après sa vente, ne saurait avoir aucune valeur (Trib. com. Seine, 27 oct. 1863, Dubois, *Annales*, 64, 187).

3° Nul ne peut, s'il ne justifie ni d'un contrat d'apprentissage, ni d'une autorisation, prendre le titre d'élève d'un fabricant, et l'acquéreur du fonds peut lui faire défense de se servir du nom de son ancien patron de quelque manière et sous quelque

____

(1) Blanc, p. 715; — Gastambide, p. 469; — Huard, *Prop. ind.*, n° 169; — Ruben de Couder, V° *Concurrence déloyale*, n° 70.

forme que ce soit (Trib. com. Seine, 19 juillet 1866, Tissereau, Teulet, 16, 14).

77. Troisième système. — Suivant une opinion intermédiaire la question ne doit pas être tranchée d'une façon absolue. L'emploi du titre d'ancien élève peut être permis ou prohibé selon qu'il est loyal ou abusif. Si l'élève, rappelant cette qualité, s'abstient de tout agissement susceptible de faire naître la moindre confusion entre son établissement et celui de son patron, aucun reproche ne peut lui être adressé ; l'usage du titre doit au contraire lui être interdit lorsqu'il résulte des circonstances qu'il a seulement pour but de s'en faire une arme de concurrence déloyale afin de détourner à son profit la clientèle de son ancien maître (1).

Si l'apprentissage n'avait duré que très peu de temps, il ne pourrait, dans aucun cas, donner à l'élève le droit de rappeler, dans ses annonces et prospectus, sa fonction éphémère. Il y aurait là, on le comprend, une question de mesure laissée à l'appréciation des tribunaux.

Il a été jugé, en ce sens, que : (2) On ne saurait reconnaître au chef d'une industrie en réputation le droit, après avoir effectivement donné des leçons et en avoir obtenu le prix, d'interdire à ceux qui les ont reçues pendant le temps déterminé, de se dire ses élèves et de se présenter avec ce titre à la confiance publique ; mais l'énonciation d'un fait vrai cesse d'être licite quand elle est faite dans l'intention ou de manière à nuire à autrui, par exemple, lorsque le nom du maître est écrit en caractères plus grands et plus apparents que les autres ; les tribunaux peuvent, en ce cas, prescrire les modifications qu'ils jugent nécessaires pour concilier les intérêts respectifs de l'élève

(1) Rendu, nº 487 ; — Pouillet, nº 537 ; — Bert, p. 102.
(2) V. Bordeaux, 10 fév. 1886, Rebeyrol, *Annales*, 89, 283.

et du maître, ordonner notamment que le nom de celui-ci devra figurer dans l'enseigne en caractères d'une dimension moindre que ceux de l'élève ou de l'apprenti (Trib. comm. Seine, 13 oct. 1841, Baton, *Gaz. Trib.*, 18 oct. 1841).

Section III. — Titre d'ancien associé.

78. Droit de l'ancien associé. — L'associé qui cesse de faire partie de la société et qui s'établit à son compte, a-t-il le droit de se dire *ancien associé de...*? Nous le croyons, pourvu qu'il s'abstienne de tout agissement susceptible de faire naître une confusion entre son établissement et celui de la société (1).

Il a été jugé à cet égard que : 1° Quand un associé, en se retirant de la société, s'est expressément réservé le droit d'exercer la même industrie que celle qui faisait l'objet de l'association, il peut, sur l'enseigne de son nouvel établissement, rappeler sa qualité d'ancien associé ; mais les tribunaux peuvent ordonner toutes les mesures propres à éviter une confusion entre les deux établissements (Lyon, 21 mai 1850, Maderni, Le Hir, 1851, 2, 237).

2° L'associé qui, en cédant l'établissement commun à son coassocié, s'est interdit de prendre cette qualité dans l'établissement qu'il pourra fonder au delà d'un certain rayon, ne contrevient pas à la convention et ne commet pas un acte de concurrence déloyale en annonçant et indiquant ses nouveaux ateliers (Trib. com. Seine, 13 mars 1862, Pierre Petit, *Annales*, 62, 141).

3° L'acquéreur d'un fonds de commerce a le droit de s'opposer à ce qu'un ou plusieurs membres de la société qui l'exploitait antérieurement, se disent les continuateurs de cette société ou des précédents propriétaires (Trib. com. Seine, 9 sept. 1868, Lebourgeois, *Annales*, 68, 295).

(1) Bédarride, n° 761 ; — Blanc, p. 715 ; — Pouillet, n° 545.

4º L'associé d'une maison de commerce dissoute et partagée n'a pas le droit de laisser croire qu'il est le seul continuateur de cette maison, et si ses agissements sur ce point sont préjudiciables à son ancien coassocié, il convient de les réprimer (Trib. com. Nantes, 12 mars 1881, Tertrais, *Jur. com. Nantes*, 81, 1, 377).

5º L'allégation d'un fait vrai ne saurait constituer le délit prévu par la loi du 28 juillet 1824 ; il en est spécialement ainsi du fait de vendre une liqueur sous la dénomination de *Liqueur fabriquée par l'ancien frère Raphaël de la Grande Chartreuse*, alors que le fait ainsi énoncé n'est pas contesté (Grenoble, 8 fév. 1886, Grézier, *Annales*, 87, 153).

CHAPITRE IV

§ 1ᵉʳ. — *Caractères de l'enseigne.*

79. Définition de l'enseigne. — L'enseigne est une dénomination ou un emblême qui sert à désigner un établissement commercial ou industriel. A la différence de la marque de fabrique qui distingue les produits d'une industrie ou d'un commerce, l'enseigne individualise la maison elle-même et empêche de la confondre avec des maisons rivales : elle constitue en quelque sorte son pavillon, le signe de ralliement de sa clientèle.

Aucun texte de loi spécial ne protège l'enseigne, mais la doctrine et la jurisprudence sont unanimes pour reconnaître qu'elle constitue une propriété dont l'usurpation doit être réprimée par les tribunaux.

80. Spécialité de l'enseigne. — Par cela même qu'elle a pour objet de distinguer une maison de commerce des autres établissements similaires, l'enseigne doit offrir un caractère de spécialité suffisant pour répondre à sa destination. Elle ne pourrait donc pas consister dans une dénomination générale et vulgaire, s'appliquant à tous les établissements de même nature. Il est bien évident, par exemple, qu'un commerçant ou un industriel n'aurait pas le droit de monopoliser à son profit des expressions telles que : *vente de produits alimentaires, magasin de nouveautés, fabrique de tuiles, etc. etc.*, autrement, ses concurrents se trouveraient dans l'impossibilité d'indiquer et de faire connaître au public le commerce ou l'industrie qu'ils exploitent.

Pour faire l'objet d'un droit privatif, la dénomination prise comme enseigne, doit être arbitraire et de fantaisie, comme celle qui constitue une marque de fabrique. Mais il ne faudrait pas appliquer cette règle avec trop de rigueur et refuser à une dénomination la garantie de la loi, sous le prétexte qu'elle rappellerait d'une façon plus ou moins précise la nature de l'établissement, son genre de clientèle, son origine ou sa situation. Il suffit, pour être protégée, qu'elle ne soit pas la désignation nécessaire et générique de l'établissement.

Ainsi, pour citer quelques exemples, un commerçant, qui vend des articles en aluminium, peut valablement prendre comme enseigne les mots : *Maison de l'aluminium* (1). Sans doute cette dénomination rappelle la nature des produits qui font l'objet de son commerce, mais on ne peut pas dire que ce soit la désignation nécessaire de l'établissement ; et rien n'empêche ceux qui exploitent le même commerce de choisir une autre enseigne dans laquelle le mot aluminium pourra naturellement entrer. Ainsi encore, un commerçant de Paris peut prendre comme

____

(1) Trib. com. Seine, 5 déc. 1877, Testevuide, *Annales*, 78, 43.

enseigne les mots : *A la ville de Paris*, et ses concurrents qui habitent la même ville n'ont pas le droit d'employer, après lui, la même enseigne qui ne constitue pas la dénomination nécessaire de l'établissement, puisqu'elle peut s'appliquer à tous les commerces.

81. Cas dans lesquels le droit privatif a été reconnu. — Les tribunaux de commerce ont chaque jour l'occasion d'appliquer la règle que nous venons de poser, et il est intéressant de jeter un coup d'œil sur les nombreuses décisions rendues en cette matière.

Ont été considérées comme faisant l'objet d'un droit privatif, les enseignes suivantes :

Concert des Champs-Élysées d'hiver (Paris, 16 fév. 1836, Chabrand, *Gaz. Trib.*, 18 fév. 1836).

Au Rocher de Cancale (Paris, 22 juin 1840, Percet, Le Hir, 1841, 2, 271).

Au soulier fleuri (Cordonnerie) (Trib. com. Seine, 6 nov. 1850, Dubois-Génoc, Le Hir, 1851, 2, 204).

Aux désirs des enfants (Marchand de jouets) (Trib. com. Seine, 13 janv. 1852, Sangnier, Le Hir, 52, 2, 411).

Laiterie centrale (Trib. com. Seine, 23 sept. 1853, Petit, Le Hir, 53, 2, 507).

Pharmacie rationnelle centrale de France (Trib. com. Seine, 24 juillet 1857, Dorvault, *Annales*, 58, 135).

A Ste-Geneviève (Maison de chaussures) (Paris, 13 août 1859, Maljournal, *Annales*, 59, 365).

Au Sultan (Trib. com. Seine, 7 sept. 1859, Ben-Sadoun, *Annales*, 59, 419).

A la Civette (Débit de tabac) (Paris, 11 avril 1860, *Annales*, 60, 176 ; Trib. comm. Seine, 8 juin 1865, Chaize, *Annales*, 65, 350).

Maison dorée (Restaurant) (Trib. com. Seine, 4 nov. 1863, Verdier, *Annales*, 64, 110).

Phénix (Chemiserie) (Trib. com. Seine, 29 oct. 1863, Hayem, *Annales*, 64, 188).

Assomption (Trib. com. Seine, 19 janv. 1866, Bacon, *Annales*, 66, 399).

Union des chargeurs (Bordeaux, 20 août 1865, *Rec. Bordeaux*, 65, 410).

Concerts populaires (Trib. civ. Seine, 22 déc. 1865, Pasdeloup, *Annales*, 66, 352).

Cave de Bordeaux (Bordeàux, 20 juillet 1866, *Rec. Bordeaux*, 66, 396).

Chemiserie spéciale (Trib. com. Nantes, 5 août 1882, Legros, *Jur. com. Nantes*, 83, 1, 39).

Épicerie centrale (Trib. com. Nantes, 9 fév. 1889, Renou, *Jur. com. Nantes*, 89, 1, 170).

4 !!! et 8 !!! Innovation (Paris, 14 déc. 1887, Chauveau, *Annales*, 90, 98).

Métempsycose (Trib. com. Seine, 26 août 1887, Voisin, *Annales*, 90, 96).

Cordonnerie du High-Life (Paris, 23 nov. 1889, Drouilly, *Annales*, 90, 106) (1).

Au Prix unique de 12 fr. 50 (Magasin de chaussures) (Trib. com. Seine, 20 janv. 1888, Blum, *Annales*, 90, 102).

Caves populaires (Trib. com. Seine, 16 nov. 1889, *Annales*, 90, 101).

82. Cas dans lesquels le droit privatif n'a pas été reconnu. — Ont été considérées comme ne pouvant pas faire l'objet d'un droit exclusif les dénominations suivantes :

Dépôt de thés de la Compagnie anglaise (Trib. com. Seine, 16 mars 1862, Aubé, *Gaz. Trib.*, 17 mars 1862).

____

(1) Le jugement déclare que les mots *High-Life* appartiennent au domaine public et que l'usage des mots *Bottier du High-Life* mêlés à d'autres mentions n'autorise pas à prendre l'enseigne *Cordonnerie du High-Life*.

Chalet (Café) (Trib. civ. Seine, 22 fév. 1849, Moniot, *Gaz. Trib.*, 23 février 1849).

Photographie d'art (Trib. com. Rouen, 9 janv. 1878, Tourtin, *Annales*, 87, 248).

Montre remontoir à double cadran (Marchand horloger) (Liège, 9 déc. 1882, Gleseneer, Dalloz, 84, 2, 172).

Distillerie centrale (Paris, 1er août 1884, Marchand, Le Hir, 85, 2, 145).

Boulangerie viennoise (Trib. com. Seine, 29 août 1884, Chaudet, Le Hir, 84, 2, 325).

Salle de ventes (Trib. civ. Marseille, 17 déc. 1886, Rec. d'Aix, 87, 2, 237) (1).

83. Nom emprunté à une langue étrangère. — Si le nom emprunté à une langue étrangère constitue par lui-même une dénomination arbitraire et de fantaisie, il peut sans aucun doute être pris valablement comme enseigne. La maison à laquelle il est appliqué se trouve même désignée d'une façon plus spéciale et distinctive qu'elle le serait par le même nom en langue française. Mais que faut-il décider dans le cas où la dénomination étrangère constitue la désignation nécessaire et générique de l'établissement? Son importation en France peut-elle donner naissance à un droit privatif? Si cette dénomination, empruntée à une langue étrangère, est entrée dans le vocabulaire commercial français, elle ne saurait assurément être prise comme enseigne, pas plus que la traduction française elle-même. Mais il en est autrement si elle était inconnue ou tout au moins inusitée chez nous. Elle peut alors être considérée comme une dénomination de fantaisie et faire l'objet d'un droit

____

(1) Cette dénomination était revendiquée par les commissaires-priseurs de Marseille qui voulaient en interdire l'usage à un marchand de meubles installé dans un immeuble contigu.

privatif au profit de celui qui en a fait le premier usage en France (1).

C'est ce qui a été jugé pour les dénominations suivantes :

London dispensary (Paris, 20 juin 1859, Hogg, *Le Droit*, n° 150).

Lloyd (Paris, 15 janv. 1863, Lloyd français, *Annales*, 63, 221).

Tattersall (Trib. civ. Seine, 31 mars 1873, Grossmann, *Gaz. Trib.*, 1er avril 1874).

Bodega (Trib. com. Seine, 4 sept. 1878, Laverie, *Annales*, 79, 71).

84. Mot indiquant une nationalité. — Il arrive souvent qu'une maison de commerce est désignée sous un nom indiquant une nationalité. Cette dénomination plus ou moins exacte ou fantaisiste peut-elle constituer une enseigne et faire l'objet d'un droit privatif ? Supposons, par exemple, une maison connue sous le nom de *Restaurant suisse*. Un individu, sous le prétexte qu'il est de nationalité suisse, pourra-t-il donner le même nom à un établissement analogue fondé dans la même localité ? La dénomination, dans ce cas, ne sert pas à déterminer la nationalité de l'établissement : elle a plutôt pour objet de le distinguer des établissements rivaux. Il faut en conclure qu'elle appartient à celui qui en a fait le premier usage. Ses concurrents n'auraient qu'un droit : c'est, tout en prenant une enseigne différente, de faire connaître, s'il leur convient, leur nationalité au moyen d'une mention disposée de manière à prévenir toute confusion avec la maison rivale.

(1) Pouillet, *Marques de fabrique*, n°s 59 et suiv.

Il a été jugé dans ce sens que : 1º Il y a concurrence déloyale dans le fait de prendre comme enseigne la dénomination *Librairie allemande* qui est employée par un autre commerçant établi dans le voisinage (Trib. comm. Seine, 19 janv. 1866, Wieweg, *Annales*, 66, 192).

2º Le fait d'usurper, pour une industrie similaire, la désignation sous laquelle une maison de commerce s'est fait connaître tant à Paris qu'en province, constitue un acte de concurrence déloyale donnant ouverture à une action en suppression et dommages-intérêts. Il en est ainsi même alors que la désignation, telle que celle de *Maison américaine*, pourrait s'appliquer à un assez grand nombre d'établissements commerciaux (Trib. comm. Reims, 31 août 1869, Goodvin, *Annales*, 72, 141).

3º Un mot servant à indiquer une nationalité, tel que le mot *Suisse*, peut verbalement servir d'enseigne à un établissement commercial, parce que, dans ce cas, il ne sert pas à déterminer la nationalité de cet établissement, mais est destiné à le distinguer de tous les établissements similaires (Trib. comm. Marseille, 16 fév. 1881, Matheron, *Annales*, 82, 261).

85. Nom de localité, d'immeuble, etc. — Il arrive souvent qu'un commerçant adopte comme enseigne le nom d'une ville autre que celle où il est établi. C'est ainsi que dans un grand nombre de villes de province il existe des *Hôtels de Paris*. Les hôteliers parisiens ne pourraient assurément pas interdire l'usage d'un nom qui n'indique ni origine, ni provenance de produits et qui sert uniquement à distinguer une maison des établissements similaires de la même localité.

Au lieu de prendre comme enseigne le nom d'une ville ou d'une localité quelconque, le commerçant adopte quel-

(1) Pouillet, *Marques de fabrique*, nº 708.

quefois le nom d'une propriété particulière, d'un monument par exemple. Si la propriété lui appartient, l'usage qu'il fait de cette dénomination ne peut souffrir aucune difficulté. Mais dans le cas contraire, a-t-il besoin de l'autorisation du propriétaire ? Celui-ci peut-il conférer à un concurrent le droit de prendre comme enseigne le nom dont un commerçant est déjà en possession ? En général, le propriétaire d'un immeuble, par exemple, d'un monument historique, ne peut éprouver aucune espèce de préjudice par le fait qu'un commerçant, établi dans le voisinage, prend comme enseigne le nom de son immeuble. Toutefois, il est impossible de méconnaître que ce nom ne constitue une dépendance de la propriété du domaine lui-même et qu'il n'ait droit à une protection analogue à celle du nom patronymique. Il peut se faire d'ailleurs que, soit en raison de la nature de l'industrie, soit pour une cause quelconque, l'usage du nom de l'immeuble jette un certain ridicule sur son propriétaire. Dans ce cas les tribunaux n'hésiteraient pas à réprimer cet abus.

Mais si le propriétaire avait, sans protestation, laissé un commerçant faire usage comme enseigne du nom de son immeuble, il ne pourrait pas conférer à un concurrent le droit d'employer la même dénomination. Il serait en effet mal venu à se plaindre d'un usage qu'il a toléré, et il ne peut trafiquer ou disposer d'un nom qui appartient désormais au premier occupant. — Il faut même décider qu'il n'aurait pas le droit, ouvrant lui-même une maison de commerce, de lui donner comme enseigne le nom de son immeuble, dont un commerçant établi avant lui a fait usage.

Il a été jugé à cet égard que : 1° Le directeur d'un théâtre, tel que le *Cirque Napoléon*, ne peut conférer à un limonadier le droit de prendre pour enseigne les mots : *Café du Cirque Napoléon*, au détriment d'un autre limonadier qui serait déjà en possession de cette enseigne (Trib. comm. Seine, 7 juin 1853, Foubet, *Le Droit*, 25 juin 1853).

2° L'acquéreur d'un immeuble connu sous une dénomination particulière, telle que : *Château Rouge*, n'a pas le droit exclusif de se servir de cette enseigne, surtout si des tiers s'en servaient auparavant (Trib. civ. Seine, 22 juillet 1845, Bobœuf, *Le Droit*, 23 juillet 1845).

3° Le propriétaire d'une maison de commerce de Paris est sans droit pour contraindre des commerçants de communes annexées à supprimer une enseigne banale, comme celle de : *A la ville de Paris*, dont ils étaient en possession avant l'annexion (Trib. comm. Seine, 6 fév. 1873, Deschamps et Leclerc, *Annales*, 73, 206).

4° Le droit qui appartient à tout commerçant de prendre pour raison commerciale et pour enseigne le nom d'un monument historique (*Le Louvre*), est limité par le droit antérieur appartenant au propriétaire d'une industrie similaire, que cette industrie ait son siège dans la même localité ou dans une localité différente et même étrangère. Il en est ainsi du moins lorsqu'il résulte des circonstances de la cause que la dénomination adoptée par le second commerçant est de nature à produire, dans l'esprit des acheteurs, une confusion préjudiciable au concurrent et qu'elle a été prise en vue d'amener une confusion (Orléans, 26 juin 1883, Chauchard, Dalloz, 84, 2, 84).

86. Armoiries d'une ville. — Un commerçant peut-il faire figurer dans son enseigne les armoiries de la ville où il est établi, ou de toute autre cité ? Sans doute la ville ne saurait éprouver aucun préjudice matériel par suite de l'usage qui est ainsi fait de ses armoiries. Mais il peut lui déplaire de voir un commerçant, qui exerce une industrie vulgaire ou ridicule, ou bien qui n'a pas une bonne réputation, se parer de ses armes comme d'une sorte de patronage. Cette raison suffit pour permettre à la ville d'interdire l'usage qui serait fait de ses armoiries sans son autorisation. Elle usera bien rarement de ce droit, mais si elle juge à propos de s'en prévaloir, les tribunaux ne peuvent repousser sa demande (1).

Il a été jugé toutefois que : En matière de marque de fabrique, si une ville qui a obtenu de la gracieuseté d'un souverain des armoiries peut, avec raison, soutenir et revendiquer la propriété de ces armoiries, ce ne peut être que contre ceux qui les usurpent à titre honorifique ou comme privilège de blason ; en conséquence elle est sans intérêt et sans droit pour empêcher un industriel de se servir de ces armoiries en guise de marque de fabrique (Trib. civ. Meaux, 25 juillet 1860, Gilquin, *Annales*, 63, 74).

Ce que nous disons des armoiries d'une ville s'appliquerait à plus forte raison aux armes d'un particulier (2), et même aux armoiries nationales (3). Mais pour ces dernières, la tolérance générale des États enlève à la question tout son intérêt pratique.

87. Nom patronymique. — L'enseigne peut consister uniquement dans le nom du propriétaire ou du fondateur de la maison de commerce. Dans ce cas elle est protégée au même titre et de la même manière que le nom lui-même.

A moins de convention contraire, le successeur a le droit de faire figurer, dans son enseigne, le nom de son cédant ou du fondateur de la maison (4).

---

(1) Pouillet, *Marques de fabrique*, n° 32.
(2) Paris, 4 fév. 1869, Kerr et Clark, *Annales*, 69, 259.
(3) Conf. Trib. civ. Seine, 30 juin 1869, Christy, *Annales*, 70, 31.
(4) V. *suprà*, n°ˢ 57 et suiv.

88. Emblème. — Lorsque l'enseigne consiste dans une figure emblématique, cette dernière, pour être protégée, doit offrir le même caractère de spécialité que la dénomination. Un commerçant ne pourrait pas confisquer à son profit l'idée de représenter par le dessin ou la sculpture l'objet même de son industrie. Son droit se borne à empêcher que ses concurrents, par une copie plus ou moins servile de sa sculpture ou de son tableau, n'essaient d'établir une confusion préjudiciable à son établissement. Ainsi, tout cafetier, comme cela se pratique dans les campagnes, a le droit de faire figurer sur son enseigne des verres, des bouteilles, les attributs du jeu de billard, etc. mais il ne pourrait pas, sans se rendre coupable de concurrence déloyale, combiner la disposition, le dessin et la couleur de ces figures, de manière à obtenir une enseigne susceptible de se confondre avec celle d'un concurrent. Si le sujet de l'enseigne est de pure fantaisie et ne rappelle en aucune façon l'objet du commerce, sa propriété est naturellement garantie d'une manière plus étroite et son usurpation doit être réprimée malgré des différences qui ne font pas disparaître la concurrence déloyale.

Il a été jugé que : 1° Le bottier qui a pour enseigne une *botte aurore*, en face d'un autre bottier qui a pour enseigne une *botte rouge*, ne peut changer sa botte aurore en botte rouge (Trib. com. Seine, 28 août 1849, Boussuge, Le Hir, 1851, 2, 94).

2° Lorsqu'un commerçant a adopté comme enseigne, une sculpture représentant deux bœufs d'or traînant une charrue avec la légende *Aux bœufs d'or,* un concurrent établi dans le voisinage ne peut prendre comme enseigne une sculpture représentant deux bœufs d'or traînant un charriot chargé de gerbes, avec la légende : *Aux moissonneurs.* Si les dissemblances qui existent entre les deux enseignes sont suffisantes pour permettre de distinguer les deux magasins, quand on les examine attentivement, les ressemblances des enseignes doivent entraîner dans l'erreur les personnes qui n'examinent pas les magasins avec beaucoup d'attention (Angers, 13 nov. 1862, Gaillard, *Annales*, 62, 75).

89. Dispositions extérieures d'une boutique. — Indépendamment de son enseigne, une boutique peut se distinguer par certaines dispositions qui lui donnent une physionomie particulière et frappent la vue du passant : ce sera, par exemple, la forme et la couleur de la devanture, l'agencement des vitrines et des étalages. Si ces dispositions sont véritablement nouvelles, si elles présentent un certain caractère d'originalité, il n'est pas permis à un concurrent de les reproduire et de créer ainsi une confusion entre les deux établissements. Il appartient aux tribunaux de décider, d'une part, si les dispositions sont suffisamment originales pour faire l'objet d'un droit privatif et, d'autre part, si leur imitation est de nature à induire la clientèle en erreur (1).

Il a été jugé à cet égard que : 1° Il y a concurrence déloyale de la part d'un épicier qui vend du thé, à orner sa boutique d'un auvent à forme chinoise analogue à celui qui décore la boutique d'un concurrent (Trib. com. Seine, 17 fév. 1847, *Gaz. Trib.*, 18 fév. 1847).

2° Se rend coupable d'une concurrence déloyale le commerçant qui donne à sa boutique un aspect extérieur semblable à celui de deux maisons composant l'établissement d'un autre commerçant, maisons entre lesquelles la sienne se trouve placée. (Peintures de la boutique de même couleur, lettres de l'enseigne de mêmes couleur, forme et dimension, absence de nom, etc. etc.) (C. Paris, 29 déc. 1853, Parlongue, Le Hir, 53, 2, 381).

(1) Bert, p. 78.

§ 2. — *Nouveauté de l'enseigne.*

90. Comment doit s'entendre la nouveauté. — 91. Localités différentes. — 92. Cas où la clientèle s'étend dans toute la France. —
93. Succursales. — 94. Industries différentes.

**90. Comment doit s'entendre la nouveauté de l'ensei-
gne.** — Il ne suffit pas que l'enseigne soit distinctive et
spéciale, il faut encore et avant tout qu'elle soit nouvelle.
Mais il s'agit ici d'une nouveauté essentiellement relative.
En effet, l'enseigne étant destinée à distinguer un établissement de ceux qui peuvent lui faire concurrence, il suffit
qu'elle soit nouvelle dans la localité où la maison est établie, et dans le commerce spécial de cette maison.

91. Localités différentes. — En général, des établissements exploités dans des localités différentes ne se trouvent
pas en concurrence directe et par conséquent ne peuvent
pas se porter ombrage. Ainsi, une maison de Lille ne peut
être confondue avec un établissement similaire de Marseille ; les clientèles sont différentes et aucun empiètement
d'une maison sur l'autre n'est à craindre. Il en résulte que
le commerçant de Lille peut prendre la même enseigne que
son collègue de Marseille ; l'enseigne, connue à Marseille,
est nouvelle à Lille et cette nouveauté relative suffit pour
lui assurer la protection de la loi. D'autre part, le commerçant de Marseille ne saurait se plaindre d'un emprunt ou
d'une imitation qui ne peut lui causer aucun préjudice.

S'il s'agit d'une ville importante, la différence de quartier
peut suffire à rendre toute confusion impossible et par conséquent à faire tolérer la similitude des enseignes dans le
même commerce (1).

(1) Pouillet, *Marques de fabrique*, n° 705.

Il a été jugé à cet égard que (1) : 1° Il n'y a pas de préjudice et par suite pas d'action lorsque l'éloignement du quartier et les différences introduites dans le titre de l'enseigne empêchent toute confusion entre les différents établissements (Paris, 17 mars 1870, Crépeau, *Annales*, 70, 293).

2° Un photographe de Paris ayant pris pour enseigne : *Photographie Hélios*, ne peut empêcher qu'un concurrent ne prenne la même enseigne à Troyes (Paris, 21 juillet 1869, *Annales*, 70, 290).

3° Un industriel qui s'établit dans une ville, peut donner à sa maison une enseigne déjà adoptée par un industriel exploitant dans une autre ville le même genre de commerce, en ajoutant toutefois à cette enseigne une indication qui ne permette pas de confusion entre les deux maisons (Bordeaux, 17 juin 1889, Cahen, *Journ. Arr. Bordeaux*, 1889, 547).

4° Un commerçant exploitant depuis plusieurs années dans une ville une maison de commerce, à telle enseigne et sous telle dénomination déterminées, comme *A la Belle Jardinière*, *Old England*, *Aux classes laborieuses*, est à bon droit débouté de sa demande tendant à interdire à un autre commerçant, exerçant le même commerce dans une autre ville, l'usage de cette enseigne, lorsqu'il est constant pour le juge, auquel il appartient d'ailleurs de l'apprécier souverainement, que le défendeur n'a aucunement pris ladite enseigne en vue d'une concurrence déloyale, qu'il a même pris certaines mesures pour éviter la confusion entre sa maison et celle du demandeur, et qu'en réalité la similitude de dénomination ne cause à celui-ci aucun préjudice (Cass., 20 fév. 1888, Reid, *Annales*, 90, 113 ; — Cass., 21 fév. 1888, Bessand et Cⁱᵉ, *Annales*, 90, 114 ; — Cass., 21 fév. 1888, Bessand et Cⁱᵉ, *Annales*, 90, 115 (2) ; — Bordeaux, 17 juin 1889, Cahen, *Annales*, 90, 121).

Mais : 1° Il y a usurpation d'enseigne de la part d'un concurrent qui habite une commune voisine de la ville où le proprié-

---

(1) V. Paris, 21 juillet 1869. Bellecourt et Berthaud, *Annales*, 70, 290).

(2) Cet arrêt autorise un commerçant de Toulouse à prendre la dénomination : *A la Jardinière Toulousaine*, maison fondée en 1872.

taire de l'enseigne exerce son commerce, quand, entre la ville et
cette commune suburbaine, les relations sont faciles et fréquen-
tes et qu'on peut croire que l'un des établissements est la succursale de l'autre (Trib. com. Nantes, 9 fév. 1889, Renou, *Jur.
com. Nantes*, 89, 1, 170).

2° L'usurpation d'une enseigne est répréhensible même si les
maisons se trouvent situées dans des quartiers de Paris très
éloignés, car l'acheteur peut croire à l'existence d'une succursale (Paris, 23 nov. 1889, Drouilly, *Annales*, 90, 106).

92. Cas où la clientèle s'étend dans toute la France.
— Il existe des établissements dont la clientèle, au lieu
d'être locale, s'étend à toute la France. Tels sont, par exemple, les magasins du *Louvre*, du *Bon Marché*, de la *Belle
Jardinière*, etc. etc. Un commerçant d'une ville de province, exerçant le même commerce que ces grands établissements, peut-il prendre la même enseigne, la même dénomination ? Il est difficile de poser à cet égard une règle
absolue et la réponse à cette question est subordonnée aux
circonstances du fait que les tribunaux doivent apprécier.
Si la maison de province se présente au public de manière
à faire croire qu'elle est une succursale de l'établissement
de Paris ; si elle cherche à créer une confusion préjudiciable à ce dernier, les tribunaux n'hésitent pas à lui interdire l'usage d'une dénomination dont elle abuse pour détourner la clientèle d'une maison rivale. Que si au contraire
on ne peut relever contre elle aucune pensée de concurrence déloyale ; si d'autre part aucune confusion n'est
possible entre les deux établissements, l'usage de la même
enseigne n'offre aucun danger et ne saurait par suite être
interdit (1).

(1) V. Pouillet, *Marques de fabrique*, n° 705.

Il a été jugé à cet égard que (1) : 1° La propriété d'une enseigne ne s'étend pas, en principe, en dehors de la localité où est situé l'établissement connu sous cette enseigne. Il en est ainsi, alors même que cette enseigne consiste dans une dénomination empruntée à la situation de l'établissement, qui est devenue sa désignation usuelle dans sa correspondance et dans ses rapports commerciaux en dehors de la localité, si d'ailleurs il n'est pas établi qu'il y ait intention frauduleuse et confusion possible entre les deux établissements (C. Limoges, 19 déc. 1874, Hériot et Chauchard, *Annales*, 75, 221).

2° Une maison de commerce dont la clientèle est pour ainsi dire européenne, comme les *Grands magasins du Louvre*, peut réclamer la propriété de son enseigne, même à l'étranger. En pareil cas, l'argument tiré des distances peut être une cause d'atténuation du préjudice causé, mais n'empêche pas le fait de la concurrence illicite, les industries étant les mêmes et s'adressant à la même clientèle (Liège, 17 déc. 1885, Hériot, *Annales*, 87, 283).

93. Succursales. — Supposons qu'une maison de Paris établisse des succursales en province : elle leur donnera naturellement son nom et son enseigne qui devront être respectés par les commerçants des localités où les succursales sont installées. Mais il peut arriver que, antérieurement à la création d'une succursale, il existe, dans la localité où elle est établie, une maison de commerce ayant la même enseigne. Le commerçant de Paris pourra-t-il faire interdire l'usage de cette enseigne à son concurrent de province ? Assurément non ; c'est au contraire ce dernier qui pourra s'opposer à l'usurpation d'une enseigne sur laquelle il a un droit privatif dans sa localité.

Il a été jugé en ce sens que : 1° Le droit qui résulte de la prio-

(1) V. *Suprà*, n° 91.

rité d'une enseigne ne s'étend pas au delà de la localité où cet emploi a eu lieu. —Par contre, ce droit devient exclusif au profit du premier occupant dans chaque localité. En conséquence, non-seulement le propriétaire d'une enseigne, habitant Paris, n'a pas le droit de s'opposer à ce qu'un industriel ou commerçant d'une ville de province emploie la même enseigne pour un établissement de même genre ; mais il ne peut pas, sans s'exposer lui-même à une action en concurrence déloyale, ouvrir, sous la même dénomination, une succursale de sa maison (Paris, 21 juillet 1869, Bellecourt et Berthaud, *Annales*, 70,290).

2° Lorsqu'un commerçant exploite dans une ville un établissement connu sous une enseigne déterminée (*au Petit Paris*), et que postérieurement, un établissement de même nature est ouvert dans la même ville par un autre commerçant, ce dernier ne peut, fût-il réellement correspondant des maisons établies dans d'autres villes et y possédant à bon droit la même enseigne, la faire figurer en caractères saillants à côté de sa propre enseigne, sur la devanture de son magasin, de façon à causer une confusion dans l'esprit du public et à induire en erreur la clientèle de son concurrent (Trib. com. Marseille, 3 août 1881, Lévy, *Annales*, 83, 228).

94. Industries différentes. — Une dénomination, employée comme enseigne dans un commerce déterminé, peut faire l'objet d'un droit privatif au profit de celui qui en fait usage le premier dans un autre commerce, alors même que ce serait dans la même localité. Bien que connue d'une façon générale, l'enseigne n'en est pas moins nouvelle au regard d'une industrie particulière et cette nouveauté relative suffit pour lui donner un caractère distinctif. D'autre part, le commerçant, dont l'enseigne se trouve ainsi transportée dans une autre industrie, ne peut pas se plaindre d'un emprunt qui ne lui cause aucun préjudice.

Lorsque les commerces sont absolument distincts et qu'il n'existe entre eux aucun lien, aucun point de contact, la règle que nous venons de poser s'applique sans la moindre difficulté. Mais il en est autrement quand il s'agit d'industries voisines entre lesquelles il n'existe pas de ligne de démarcation rigoureusement définie. Dans ce cas, c'est aux tribunaux qu'il convient d'apprécier si la similitude d'enseigne peut créer une confusion, et si elle doit être interdite ou tolérée.

Il a été jugé à cet égard que : 1° On ne saurait voir une concurrence déloyale dans le fait d'un commerçant qui, vendant des habits confectionnés pour hommes, prend une enseigne appartenant à un magasin de nouveautés ; alors surtout que les deux établissements situés dans des quartiers différents, ne s'adressant ni aux mêmes besoins, ni à la même classe d'acheteurs, ne peuvent se faire concurrence l'un à l'autre (Bordeaux, 1er mars 1858, Torrès, *Annales*, 58, 396).

2° Le fait de prendre, pour dénomination d'un restaurant, le titre de *Restaurant suisse*, lorsqu'il existe à peu de distance un hôtel connu sous le nom de *Hôtel suisse*, où se trouve aussi un restaurant, constitue une usurpation d'enseigne qui doit être réprimée (Trib. com. Marseille, 16 fév. 1881, Matheron, *Annales*, 82, 261).

3° Une compagnie d'assurances contre l'incendie ne peut empêcher une autre compagnie, qui a pour objet le balayage des rues, d'employer la même dénomination (Paris, 9 déc. 1840, l'Urbaine, Le Hir, 41, 2, 114).

4° Des commerçants qui vendent du thé et du chocolat et qui ont pour marque les mots *Compagnie coloniale*, ne peuvent faire interdire à des marchands de café l'usage de la marque : *Compagnie coloniale des cafés* (Paris, 9 avril 1889, Vinit et Cie, *Annales*, 90, 103).

§ 3. — *Propriété de l'enseigne.*

95. Comment s'acquiert la propriété de l'enseigne. — L'enseigne appartient à celui qui le premier en fait usage. La propriété découle de la possession dont la priorité peut être établie par tous les moyens de droit commun. Mais, pour créer un droit privatif, la possession doit naturellement être publique, car l'enseigne n'a de raison d'être et d'existence que par sa publicité. Un commerçant ne pourrait donc pas revendiquer comme enseigne une dénomination ou un emblème qu'il aurait possédé sans en faire usage, tandis que son concurrent l'a fait paraître aux yeux de la clientèle.

Il a été jugé en ce sens que: Entre le commerçant qui a placé le premier son enseigne et celui qui s'est borné à commander des factures avec indication de la même enseigne, la priorité appartient à celui qui a le premier effectivement placé son enseigne (Trib. com. Seine, 11 sept. 1868, Perrot, *Annales*, 68, 296).

96. Usage antérieur d'une dénomination dans un prospectus. — Supposons qu'au lieu d'avoir simplement commandé des prospectus et factures sur lesquels figure une dénomination ou un emblème susceptible d'être pris comme enseigne, un commerçant ait répandu ces prospectus dans le public ; aura-t-il le droit d'empêcher un concurrent de prendre comme enseigne la même dénomination ? Nous croyons que l'usage d'une dénomination ou emblème sur des prospectus ou autres papiers de commerce, constitue une prise de possession publique suffisante pour établir un droit de propriété au profit du commerçant qui vient plus tard employer la même dénomination comme enseigne. S'il en était autrement, on aboutirait à cette conséquence singulière qu'un commerçant aurait le droit de faire figurer sur ses prospectus une dénomination qu'il ne pourrait pas prendre comme enseigne, et qu'au contraire un concurrent pourrait choisir comme enseigne cette même dénomination qu'il n'aurait pas le droit de faire paraître sur ses prospectus. Il en résulterait une confusion inévitable entre les deux établissements.

Il a été jugé cependant que : La possession et l'usage antérieurs d'une devise sur prospectus et factures, n'autorise pas un commerçant à transformer cette devise en une enseigne pouvant faire confusion avec celle d'un autre commerçant (Trib. comm. Seine, 23 sept. 1858, Jacquin, *Annales*, 58, 398).

97. Comment se conserve la propriété de l'enseigne. — La propriété de l'enseigne se conserve comme elle s'acquiert, c'est-à-dire par la possession. La doctrine et la jurisprudence s'accordent pour décider qu'elle se perd par désuétude ou non usage. Supposons, par exemple, qu'un commerçant ferme sa maison sans la céder à un successeur, il ne pourrait pas s'opposer à ce qu'une personne s'établissant après plusieurs années dans le même commerce, prît l'enseigne sous laquelle sa maison était connue. Sans doute l'enseigne, comme nous l'avons dit, fait l'objet d'une véritable propriété ; mais il ne faut pas perdre de vue que cette propriété est toute relative et qu'elle n'a de raison d'être qu'à cause de l'établissement dont elle constitue le signe distinctif. Si le commerce cesse, si la maison disparaît, l'enseigne subit le même sort ; elle tombe dans le domaine public où une autre personne peut la prendre pour en faire l'objet d'un nouveau droit privatif.

Pour qu'il en soit ainsi, il faut bien entendu que la cessation du commerce soit assez prolongée pour faire supposer un abandon volontaire de l'enseigne. S'il s'agissait d'une interruption momentanée, ayant pour cause un cas de force majeure, comme un incendie, un décès ou même des difficultés pécuniaires, l'enseigne ne devrait pas être considérée comme tombée dans le domaine public et son propriétaire pourrait en empêcher l'usurpation. Il y a là une question de fait laissée à l'appréciation des tribunaux (1).

Il a été jugé que : 1º Le fait par un commerçant de cesser le commerce, sans transmettre son fonds à un successeur, a pour conséquence naturelle et nécessaire de rendre licite l'usage par un autre de la même enseigne (Paris, 4 janv. 1837, *Le Droit*, 5 janv. 1837).

2º La propriété d'une enseigne ne se conserve que par la possession ; lors donc qu'un établissement de commerce disparaît, au lieu d'être continué par un successeur, il n'y a point d'usurpation de la part de celui qui reprend cette enseigne ainsi abandonnée, de même qu'il n'y a intérêt pour personne à la revendiquer (Trib. com. Seine, 29 mars 1844, *Le Droit*, 30 mars 1844 et 2 avril 1844, *Gaz. Trib.*, 3 avril 1844).

3º Lorsque, à la mort d'un commerçant, ses héritiers vendent le mobilier de la succession en dehors du fonds qu'ils ne cèdent à personne et ne reprennent pas eux-mêmes, l'enseigne qui ap-

(1) Pouillet, *Marques de fabrique*, nº 703 ; — Blanc, p. 719 ; — Gastambide, p. 482 ; — Bert, p. 58.

partenait à leur auteur est réputée abandonnée au domaine
public et un tiers peut légitimement s'en emparer comme d'une
chose n'appartenant à personne (Trib. civ. Seine, 9 déc. 1851,
Le Droit, 4 janv. 1852).

Mais 1° Le fait d'ôter le tableau sur lequel se trouve l'enseigne, ne prive pas celui qui l'employait, et qui continue à l'employer soit sur ses voitures, soit sur ses étiquettes, ou de toute
autre manière, du droit d'en réclamer la propriété exclusive
(Douai, 2 mars 1883, Deroubaix, *Annales*, 84, 245).

2° De même la propriété de l'enseigne n'est pas perdue lorsque
la cessation du commerce est momentanée et n'est que le résultat d'un cas de force majeure, tel qu'un incendie (Trib.
civ. Seine, 14 juillet 1827, cité par M. Pouillet, n° 704).

3° S'il est permis de considérer comme tombée dans le domaine public une enseigne abandonnée par celui qui s'en servait, il en est autrement lorsque le propriétaire de cette enseigne,
ayant cessé son commerce, a cédé, quelque temps après, l'enseigne sous laquelle était connu son ancien établissement, en
même temps que le droit à sa correspondance commerciale,
c'est-à-dire, en réalité, la suite de ses affaires (Paris, 9 août
1888, Guillardet, *Annales*, 89, 57).

98. L'enseigne est attachée au fonds de commerce. —
L'enseigne est l'accessoire du fonds de commerce qu'elle
sert à désigner et non de l'immeuble dans lequel le commerce est exploité. Quand un locataire quitte la maison où
il exerce son industrie, il a donc le droit d'emporter avec
lui l'enseigne que le propriétaire ne saurait considérer
comme une dépendance de son immeuble.

Il en serait toutefois autrement si l'immeuble, disposé
spécialement pour un commerce ou une industrie, avait
une enseigne servant à tous les locataires qui se succèdent
dans la maison. Dans ce cas l'enseigne, formant partie intégrante de l'immeuble, perdrait son caractère mobilier, et

le locataire ne pourrait pas l'emporter ou en prendre une semblable après avoir quitté la maison pour exercer ailleurs son commerce (1). Il n'aurait pas davantage le droit, au cours du bail, de modifier cette enseigne sans le consentement du propriétaire. Si ce dernier avait autorisé une modification, l'enseigne ainsi modifiée serait-elle sa propriété ou bien celle du propriétaire? La réponse à cette question dépend des circonstances qui seront appréciées par les tribunaux (2).

Il a été jugé en ce sens que (3) : 1° Une enseigne n'est que le signe indicateur d'un établissement industriel ou d'un fonds de commerce ; elle est mobilière de sa nature et ne s'incorpore pas à l'immeuble sur lequel elle est placée : il s'ensuit qu'à la fin du bail, le locataire est en droit de transporter ailleurs, avec le fonds lui-même, l'enseigne sous laquelle il est connu ; il en est ainsi, alors même que l'enseigne aurait été substituée par le locataire à une autre enseigne qu'il aurait trouvée appliquée à l'immeuble en entrant dans les lieux (Cass., 21 déc. 1853, Rouet, *J. Pal.*, 54, 2, 349).

2° Le nom et l'achalandage d'un établissement industriel ne sont pas l'accessoire nécessaire de l'immeuble dans lequel s'exploite le commerce, de telle sorte que l'acquéreur de l'immeuble, fût-il acquéreur du mobilier, ne peut se prétendre, par cela seul, propriétaire du nom et de l'achalandage (Rouen, 6 mai 1858, *Rec. du Havre*, 58, 2, 136).

3° Une enseigne est présumée faire partie du fonds de commerce dont elle forme un accessoire et non de l'immeuble dans lequel s'exploite ce fonds de commerce. En conséquence, lorsqu'un négociant a vendu à un tiers la maison dans laquelle il exerçait son industrie, il doit être présumé, à moins d'une stipulation expresse, avoir conservé la propriété de son enseigne (Angers, 8 nov. 1871, Luzureau, *Annales*, 72, 352).

(1) V. *infrà*, n° 99.
(2) Pouillet, *Marques de fabrique*, n° 710. — *Infrà*, n° 100.
(3) V. aussi Trib. com. Seine, 2 janv. 1856, Godillot, *Annales*, 56, 30.

4° Lorsqu'un fonds de commerce vendu est depuis longtemps connu du public par une enseigne spéciale, le vendeur ne peut, comme propriétaire des magasins où le commerce était exploité, retenir l'enseigne et permettre à un nouveau locataire de s'en servir à l'encontre de l'acheteur du fonds de commerce (Rennes, 24 août 1875, Laroche-Billon, *Jur. com. Nantes*, 76, 1, 113).

5° L'enseigne, étant l'accessoire du fonds de commerce et non de l'immeuble dans lequel il est exploité, ne peut être réputée avoir été comprise dans l'adjudication de l'immeuble, alors que le fonds a continué d'être exploité, après comme avant l'adjudication, par le locataire qui l'avait fondé (Bordeaux, 21 juin 1880, Grassin, Le Hir, 80, 2, 395).

6° L'enseigne est l'accessoire, le nom commercial d'une industrie ; elle ne saurait donc, à moins de convention expresse et contraire avec le propriétaire de l'immeuble dans lequel est exploitée l'industrie qu'elle sert à désigner, s'incorporer audit immeuble. — Spécialement, un locataire a le droit d'emporter l'enseigne placée par lui sur l'immeuble qu'il occupait et où il a créé un fonds de commerce, et le propriétaire de l'immeuble ne peut en faire placer une semblable sans causer à son ancien locataire un préjudice que celui-ci a le droit de faire cesser (Trib. civ. Chambéry, 2 fév. 1887, Raymond, *Annales*, 88, 133).

7° L'enseigne ou raison commerciale est l'accessoire du fonds de commerce et non de l'immeuble où ce fonds est exploité ; le commerçant, actionné par un concurrent en suppression d'enseigne, ne peut donc fonder le droit de se servir de ladite enseigne sur cette circonstance qu'usage en aurait été fait pendant plusieurs années dans le même immeuble par un autre commerçant, dont il ne peut à aucun titre se dire le successeur (Toulouse, 9 mai 1887, Bessand et Cie, *Annales*, 90, 115).

99. L'enseigne peut appartenir au propriétaire de l'immeuble. — Il arrive parfois qu'un immeuble, dans lequel est exercé depuis longtemps le même commerce, est connu sous une dénomination qui constitue en quelque sorte son enseigne. Les titulaires de la maison de commerce exploitée dans l'immeuble se succèdent, mais la dénomination reste toujours la même. Dans ce cas, on peut dire que l'enseigne appartient au propriétaire de l'immeuble ; le locataire n'en a que la jouissance, et lorsqu'il transporte ailleurs son fonds de commerce, il n'a pas le droit de faire usage de la dénomination qui est attachée à l'immeuble et ne peut être employée sans le consentement du propriétaire. C'est là une dérogation à la règle suivant laquelle l'enseigne suit le fonds de commerce, et il appartient aux tribunaux de décider, d'après les circonstances, si la présomption que le commerçant est propriétaire de son enseigne, est détruite par la preuve contraire.

Il a été jugé à cet égard que : 1° Le commerçant a le droit de transporter son enseigne où bon lui semble, sans que le propriétaire de la maison où, depuis de longues années, le fonds s'exploite, ait le droit de la revendiquer comme attachée à l'immeuble ; c'est au moins à lui à prouver que l'enseigne lui appartient et que les locataires qui se sont succédés dans la maison n'en ont eu que la jouissance (Paris, 3 juillet 1856, Goy, *Annales*, 56, 253).

2° Bien que l'enseigne doive être communément considérée comme la propriété de l'industriel à qui elle sert, ce n'est là qu'une présomption pouvant tomber devant la preuve contraire. Notamment, lorsque l'enseigne d'un hôtel meublé a été modifiée par un locataire avec le consentement du propriétaire, le juge peut tirer des circonstances du fait la présomption que l'enseigne est devenue partie intégrante de l'immeuble et, par conséquent, ne peut être détachée contre la volonté du propriétaire (Trib. civ. Gaudens, 22 août 1881, Astrié, *Annales*, 81, 301).

3° La dénomination sous laquelle un immeuble est connu

dans un pays ne doit pas se confondre avec l'enseigne commerciale proprement dite, qui spécifie un établissement essentiellement mobilier, s'y incorpore et le suit partout où il est transporté. — En conséquence, le locataire qui, avec l'assentiment du propriétaire, a fait usage, pour son établissement industriel, de la dénomination sous laquelle était connu l'immeuble qu'il habitait, perd la faculté de s'en servir, lorsqu'il cesse son exploitation dans ledit immeuble, et ne peut la transporter avec son fonds où il lui plaît de l'établir (Trib. civ. Seine, 27 mars 1884, Vve Aubrée, *Annales*, 90, 295).

Jugé toutefois que : Une enseigne est la propriété exclusive du commerçant qui l'a adoptée et dont elle désigne et individualise l'établissement ; le locataire a le droit de l'emporter en quittant les lieux à la fin du bail. C'est à tort que le bailleur prétendrait à la propriété de l'enseigne par ce motif que l'immeuble était loué, depuis de fort longues années, à un genre déterminé de commerce, toujours exploité sous la même enseigne, et que le bail impose au locataire de n'exercer que ce commerce et de ne céder qu'à son successeur (Paris, 13 août 1878, Boudet, *Annales*, 79, 67).

100. Modification de l'enseigne par le locataire. —

Jugé que : Si le locataire, qui substitue à l'enseigne servant à désigner les lieux, au moment où se fait le bail, une enseigne de son choix, peut être passible de dommages-intérêts, dans tous les cas où la substitution a eu pour résultat de nuire à l'immeuble en détruisant son achalandage, la constatation de ce préjudice ne peut autoriser le propriétaire à s'emparer d'une chose dont il n'a pas transmis la possession et qui, par sa nature, résiste à toute idée d'incorporation (Paris, 15 juillet 1854, Bouet, *Annales*, 56, 253).

101. Vente du fonds de commerce. — L'enseigne, étant attachée au fonds de commerce, suit ce dernier en quelque lieu qu'il soit transporté et en quelques mains qu'il passe. L'acheteur du fonds a donc le droit de s'en servir sans

avoir besoin d'y être autorisé par une clause expresse du contrat de vente. Réciproquement le vendeur ou ses ayants droit ne peuvent faire usage de l'enseigne qui appartient exclusivement à l'acquéreur du fonds de commerce.

Il a été jugé en ce sens que : 1° La vente d'un fonds de commerce emporte pour l'acheteur, à moins d'une clause expressément contraire, le droit de faire usage des enseignes et attributs du vendeur et de se dire son successeur (Poitiers, 23 janv. 1844 et Rej., 14 janv. 1845, Champeaux, *J. Pal.*, 45, 1, 530).

2° Le commerçant qui vend son fonds de commerce, vend avec lui son enseigne, tandis que la vente qu'il fait de sa maison, en tant qu'immeuble, n'emportant pas celle de son industrie, n'emporte pas non plus celle de son enseigne (Angers, 8 nov. 1871, Luzereau, *Annales*, 72, 352).

3° La vente sur licitation, d'un fonds de commerce emporte, au profit de l'acquéreur, cession de l'enseigne et du nom sous lequel le fonds était connu (Caen, 20 janv. 1860, Delfraizy, Sirey, 61, 2, 73).

4° La vente d'un fonds de commerce est censée comprendre l'enseigne qui individualise et accrédite cet établissement : il s'ensuit que l'acquéreur a le droit de conserver ou d'introduire dans son enseigne le nom de son prédécesseur, à moins que ce droit ne lui ait été formellement interdit (Caen, 23 fév. 1881, Leroyer, *Annales*, 83, 227).

5° La vente d'un fonds de commerce avec achalandage emporte cession du droit à l'enseigne, bien que le vendeur se réserve expressément d'exercer un commerce similaire (Lyon, 13 mars 1890, Papillon, *Annales*, 90, 291).

102. Vente de l'enseigne isolée. — L'enseigne qui fait partie intégrante du fonds de commerce peut-elle en être détachée pour être vendue séparément? En principe, une pareille division n'a rien d'illégal et on ne peut empêcher un commerçant de tirer profit de son enseigne qui consti-

tue un élément du fonds de commerce, et qui présente parfois une valeur pécuniaire importante. Mais en fait, la
séparation du fonds de commerce et de l'enseigne qui
la distingue, créerait une situation si difficile qu'elle se présentera bien rarement. Soit que le commerçant vende l'enseigne en conservant le fonds, soit qu'il cède le fonds et
l'enseigne à deux personnes différentes, celui qui possé-
dera le fonds risquera fort d'être dépouillé de la clientèle
qui est naturellement attirée par l'enseigne. Mais pour éviter cet inconvénient ou pour l'atténuer, les parties peuvent, dans le contrat de vente, prendre les précautions
qu'elles jugeront utiles à cet effet ; elles peuvent, par exemple, convenir que l'acquéreur de l'enseigne ne pourra pas
s'en servir dans un certain périmètre (1).

§ 4. — *De l'enseigne considérée comme objet matériel.*

103. Double acception du mot « enseigne ». — 104. Droit d'apposer
l'enseigne. — 105. Où le locataire peut-il placer son enseigne ?

103. Double acception du mot « enseigne ». — Par
enseigne on n'entend pas seulement la dénomination ou
l'emblème qui sert à désigner une maison de commerce ;
on entend encore l'objet, tableau ou sculpture, qui matéria-
lise cette désignation. Considérée à ce dernier point de
vue, l'enseigne constitue une propriété mobilière soumise
aux règles du droit commun. La propriété du tableau n'implique pas celle de l'enseigne elle-même, c'est-à-dire le
droit d'en faire usage ; pas plus que la propriété d'une
œuvre d'art n'implique le droit de la reproduire. Celui qui,
dans une vente publique, par exemple, achèterait un ta-

(1) Pouillet, *Marques de fabrique*, n° 712 ; — Bert, p. 61.

bleau-enseigne, n'aurait donc pas le droit de l'apposer sur sa maison de commerce, à moins que la dénomination ou l'emblème figurant sur le tableau, ne fût dans le domaine public ou que l'ancien propriétaire ou ses ayants droit n'eussent aucun intérêt pour en interdire l'usage.

Il a été jugé à cet égard que : Lorsque, à la suite de la mort d'un commerçant, le tableau servant d'enseigne à son magasin a été vendu avec les autres objets composant sa succession, et que l'acquéreur du tableau s'en sert pour désigner désormais son commerce, en prenant en outre la qualité de successeur du défunt, les héritiers qui ont laissé faire la vente et qui, d'ailleurs, n'exercent aucun commerce, sont sans intérêt à demander la suppression de ladite enseigne et du nom de leur auteur ; il suffit de leur réserver le droit de demander cette suppression pour le cas où ils voudraient eux-mêmes établir un commerce similaire (Trib. civ. Rouen, 14 août 1842, Catelain, *Gaz. Trib.*, 15 août 1842).

104. Droit d'apposer l'enseigne. — Quand le commerçant est propriétaire de la maison dans laquelle il exploite son industrie, il peut apposer son enseigne sur son immeuble dans les conditions qui lui conviennent; son droit n'est limité que par les règlements de police ou les servitudes d'aspect qui existent dans certaines localités.

Si le commerçant est locataire, il a également le droit d'apposer son enseigne sur la devanture de son magasin. A moins d'une stipulation contraire du bail qui s'expliquerait difficilement, le propriétaire ne peut pas l'empêcher de signaler, par une enseigne, au public, l'existence de sa maison de commerce.

Il a été jugé en ce sens que : Le locataire qui est en même temps commerçant a le droit, à défaut de conventions contraires, d'apposer une enseigne indiquant son commerce sur la partie de la façade correspondant aux lieux par lui loués (Paris, 19 mars 1844, Tournon, *Gaz. Trib.*, 20 mars 1844) (1).

105. Où le locataire peut-il placer son enseigne ? — Le commerçant, qui est propriétaire de la maison où il exploite son industrie, peut donner à son enseigne la place et les dimensions qu'il juge convenables. Il en est de même du locataire qui occupe seul la maison : il a le droit de disposer son enseigne comme il lui convient, à la condition bien entendu de ne pas détériorer l'immeuble et de ne pas gêner les voisins. Mais si, comme il arrive le plus souvent dans les villes, le locataire occupe seulement une boutique ou un étage de la maison, il ne peut porter atteinte aux droits des autres locataires et envahir avec ses tableaux ou inscriptions toute la façade de l'immeuble. A défaut d'une stipulation du bail, le droit du locataire à cet égard est déterminé par l'usage.

A Paris, l'usage est que les enseignes extérieures soient posées soit au-dessus, soit dans l'intervalle, soit au-dessous des croisées de chacun des locataires exerçant une industrie, mais de manière toutefois qu'elles ne dépassent pas les corniches et bandeaux séparant les divers étages de la maison (2).

En règle générale, le locataire d'un appartement doit être, à moins de conventions contraires, considéré comme locataire de la partie extérieure de la façade qui corres-

---

(1) Id. Trib. Seine, 14 juin 1836, *Le Droit*, 16 juin 1836 ; — Paris, 8 sept. 1836, Lachèvre, *Gaz. Trib.*, 9 sept. 1836. — *Contrà* Trib. civ. Seine, 12 juin 1860, Truchot, *Monit. Trib.*, 60, 432.

(2) Trib. civ. Seine, 29 juillet 1853, Mérinville, *Le Droit*, 12 oct. 1853. — *Conf.* Paris, 19 mars 1844, Tournon, *Gaz. Trib.*, 20 mars 1844.

pond à l'appartement loué, depuis le niveau du plancher jusqu'au plafond (1).

Si le locataire exploite son commerce dans un appartement, il a le droit de mettre sur la porte extérieure un écriteau dont il appartient aux tribunaux de déterminer la dimension. Il en est ainsi alors même que la maison serait habitée bourgeoisement (2).

Lorsque son établissement commercial est situé au fond d'une cour, le locataire peut placer son enseigne au-dessus de la porte d'entrée ou sur ses montants extérieurs (3).

Le propriétaire a le droit de demander la suppression d'enseignes multiples et considérables qui donnent à sa maison, habitée bourgeoisement presque en totalité, une apparence trop commerciale (4).

§ 5. — *Usurpation.*

106. Caractère de l'usurpation ; sanction légale. — Comme nous l'avons déjà dit, aucune loi spéciale ne régit la propriété de l'enseigne et ne réprime son usurpation.

(1) Pau, 5 fév. 1858, Journé, Sirey, 59, 2, 348 ; — Trib. civ. Marseille, 18 mai 1886, Lavet, *Rec. d'Aix*, 86, 2, 166.

(2) Paris, 12 nov. 1885, *Le Droit*, 14 nov. 1858.

(3) Rouen, 14 juin 1843, Jeanson, Sirey, 43, 2, 519; —Trib. civ. Seine, 27 fév. 1847, Pinondel, *Le Droit*, 5 mars 1847.

(4) Trib. civ. Seine, 26 juillet 1853, Boileau, Le Hir, 54, 2, 113; — Trib. civ. Marseille, 11 mai 1883, Noguer, *Annales*, 88, 63.

Suivant qu'elle est commise avec ou sans intention frauduleuse, cette usurpation constitue un délit ou un quasi-délit civil donnant ouverture à une action en dommages-intérêts au profit de celui qui en est victime.

107. Préjudice ; confusion. — Pour qu'un commerçant puisse se plaindre d'une usurpation d'enseigne, il faut qu'il en résulte pour lui un préjudice, c'est-à-dire un danger de confusion entre sa maison et celle de son concurrent. Si ce dernier n'exploitait pas la même industrie, ou bien s'il était établi dans une localité différente, il n'y aurait aucune confusion, aucun dommage possible et, par conséquent, aucune action ne pourrait être intentée.

Il a été jugé à cet égard que : 1° Une enseigne ne constitue pas une propriété qui soit protégée en elle-même et en dehors de toute concurrence ou confusion ; il s'ensuit que le propriétaire d'une enseigne ne peut interdire son emploi par un commerçant exerçant dans la même ville, mais à une distance éloignée, une industrie réellement différente, s'adressant à d'autres besoins, à une autre classe d'acheteurs ; l'absence de confusion et partant de préjudice rend une pareille demande non recevable (Bordeaux, 1er mars 1858, Brugerolles, Le Hir, 65, 2, 87).

2° Le propriétaire d'une enseigne n'a d'action contre les commerçants qui ont adopté une enseigne semblable ou analogue, qu'autant qu'il est justifié que cette analogie d'enseignes lui est réellement préjudiciable ; spécialement, il n'y a pas préjudice, et par suite pas d'action, lorsque l'éloignement du quartier et les différences introduites dans le titre de l'enseigne empêchent toute confusion entre les différents établissements (Paris, 17 mars 1870, Crépeau, *Annales*, 70, 293).

108. Préjudice éventuel. — Pour qu'un commerçant

soit admis à se plaindre d'une usurpation d'enseigne, il n'est pas nécessaire qu'il établisse un préjudice actuel, qu'il prouve, par exemple, que des clients lui ont été détournés. Si, avant d'introduire son action, il était obligé d'attendre que le mal fût consommé, le remède pourrait n'être plus efficace. Aussi faut-il admettre que l'action est ouverte par cela seul que la confusion est possible et qu'il existe un préjudice éventuel. Les tribunaux ont, à cet égard, un pouvoir absolu d'appréciation (1).

109. Usurpation partielle. — Il arrive rarement que l'enseigne soit copiée d'une façon servile et brutale. Le plus souvent en effet le concurrent cherche à masquer son usurpation sous des différences plus ou moins habilement calculées. Si, malgré ces précautions, les enseignes se ressemblent, si la confusion est possible entre les deux maisons, les tribunaux doivent ordonner, soit la suppression de l'enseigne, soit des modifications de nature à prévenir toute erreur.

Il peut même se faire que l'usurpation ne porte pas sur une dénomination ou un emblème déterminé ; que le concurrent se borne par exemple à imiter les peintures d'une boutique, les lettres d'une enseigne banale, leur couleur, leur forme et leur dimension, etc. Une pareille imitation devrait être réprimée s'il peut en résulter une confusion entre les deux maisons rivales.

110. Bonne foi. — Le commerçant qui prend l'enseigne d'un concurrent invoquerait en vain sa bonne foi ; même en l'absence de toute intention frauduleuse, l'usur-

______
(1) Pouillet, *Marques de fabrique*, n° 716.

pation constitue un quasi-délit, une atteinte à la propriété
qui doit être réprimée.

Il a été jugé en ce sens que : 1° Le préjudice résultant de la
confusion possible d'une enseigne nouvelle avec celle d'une
maison rivale précédemment établie, doit être réparé alors
même que la confusion ne serait pas le résultat d'une intention
déloyale ; il est, en effet, certain que cette enseigne est contraire
à la possession et aux droits du premier occupant, auxquels
elle porte indûment atteinte (Paris, 3 nov. 1859, Duvivier, Teulet, 9, 90).

2° Au cas où une enseigne fait confusion avec une autre,
existant antérieurement, il y a lieu d'en ordonner la suppression, encore que celui qui l'a adoptée ait agi de bonne foi, et
non dans un but de concurrence déloyale (Paris, 13 juill. 1862,
Muller, *Annales*, 62, 265) (1).

111. Tolérance. — C'est une règle générale, en matière
de propriété industrielle, littéraire ou artistique, que la
tolérance ne crée pas un droit au profit de la contrefaçon.
Il convient d'appliquer cette règle à l'usurpation de l'enseigne. Le commerçant qui en est victime est recevable à
la poursuivre, alors même qu'il l'aurait tolérée quelque
temps. Son inaction peut s'expliquer par des raisons dont
il est seul juge. Tantôt il n'aura pas compris les conséquences et les dangers d'une concurrence déloyale qui,
dans le principe, ne paraissait pas de nature à lui causer
un préjudice sérieux ; tantôt il aura simplement reculé devant les ennuis et les frais d'un procès. Quels que soient
les motifs qui l'aient empêché d'agir, on ne peut lui opposer son silence comme une fin de non recevoir, lorsque,

(1) *Id.* Paris, 20 mai 1854, Raffy, Teulet, 3, 371; — Trib. com. Seine, 4 nov.
1863, Herbet, *Annales*, 63, 110.

mieux éclairé ou plus soucieux de ses intérêts, il se décide
à déférer aux tribunaux l'usurpation d'enseigne commise
à son préjudice. Il n'en serait autrement que dans le cas
où, suivant les circonstances, son inaction devrait être
considérée comme un consentement tacite dont son concurrent pourrait se prévaloir.

Supposons qu'un commerçant, à la tête d'une maison
peu importante, voie s'installer dans son voisinage un établissement rival plus considérable, qui prend une enseigne
semblable à la sienne. Au lieu de déférer immédiatement
cette usurpation aux tribunaux, comme il en aurait le
droit, il laisse son concurrent s'installer, répandre ses
prospectus et ses annonces, lancer ses voyageurs : puis
quand son enseigne a été ainsi entourée de la plus grande
publicité, il la revendique, espérant tirer profit, sans bourse
délier, de toute la réclame faite par la maison rivale. Les
tribunaux doivent-ils accueillir une demande en suppression d'enseigne intentée dans de pareilles circonstances ?
Il s'agit, ne l'oublions pas, d'une question de propriété, et
nous ne voyons pas quel moyen juridique on pourrait invoquer pour rejeter la revendication formée par le propriétaire de l'enseigne. Sans doute les juges, tenant compte
des circonstances, pourront ne lui accorder aucuns dommages-intérêts, mais ils devront ordonner la suppression
de l'enseigne ou tout au moins prescrire les mesures nécessaires pour éviter toute confusion. Si le commerçant
qui a pris l'enseigne de son concurrent l'a fait dans une
intention frauduleuse, il aurait mauvaise grâce à se plaindre de la décision rendue contre lui, quelqu'avantageuse
qu'elle puisse être pour son concurrent. S'il a été de bonne

foi, il a commis au moins une imprudence et il doit en subir les conséquences (1).

Jugé à cet égard que : 1° La tolérance montrée pendant un temps plus ou moins long par un commerçant, à l'égard d'une usurpation d'enseigne qui ne lui faisait pas de tort appréciable, ne le rend pas non recevable à user de son droit et à demander la réparation du préjudice, le jour où ce préjudice vient à naître pour lui (Paris, 18 janv. 1844, Dreyfus et Bernheim, *J. Pal.*, 44, 1, 162).

2° Le commerçant qui le premier a adopté une enseigne, est en droit de s'opposer à ce qu'un concurrent fasse usage de la même enseigne, alors même qu'il aurait toléré cet usage pendant un temps plus ou moins long (Trib. com. Seine, 20 janv. 1868, Lainé, *Annales*, 68, 139).

Jugé toutefois que l'acquéreur n'est pas fondé à demander la suppression d'une enseigne ayant une grande analogie avec la sienne, si cette enseigne existait plusieurs années avant son acquisition, sans que son prédécesseur eût élevé la moindre plainte (Trib. com. Seine, 15 fév. 1843, *Gaz. Trib.*, 16 fév. 1843).

112. Usurpation de l'emblème. — Lorsque l'enseigne consiste dans un emblème, son usurpation doit être réprimée alors même que la copie ne serait pas servile et que le concurrent y aurait introduit des différences de détail insuffisantes pour empêcher la confusion. Si l'emblème rappelle la profession et se distingue seulement par sa forme spéciale ou sa couleur, chacun est libre de le prendre, à la condition de respecter la disposition particulière qui lui a été déjà donnée.

Le tableau ou la sculpture qui forme l'enseigne peut constituer une œuvre d'art dont la protection est en outre garantie par les lois sur la propriété littéraire et artistique.

(1) Pouillet, *Marques de fabrique*, n° 722. — *Contrà*, Blanc, p. 722.

Dans ce cas, le propriétaire de l'œuvre peut en interdire la reproduction et l'usage comme enseigne, même pour une industrie autre que la sienne et dans une localité différente.

Il a été jugé en ce sens que : 1° Celui qui a adopté pour enseigne une *botte rouge* est en droit de demander la suppression des bottes rose, ponceau, aurore, prises par des concurrents, et de les obliger à prendre une couleur tout à fait différente du rouge (Trib. com. Seine, 7 août 1832, Chassang, *Gaz. Trib.*, 8 août 1832).

2° Le cordonnier qui, condamné une première fois à effacer de son enseigne les mots *Au soulier fleuri*, a fait peindre sur son magasin une bottine de femme surmontée d'un gros bouquet, doit être condamné à faire disparaître de son enseigne tout attribut portant des fleurs (Trib. com. Seine, 6 nov. 1850, Dubois Genoc, Le Hir, 1851, 2, 204).

3° Lorsqu'un commerçant a adopté comme enseigne une sculpture représentant deux bœufs d'or traînant une charrue avec la légende *Aux bœufs d'or*, un concurrent établi dans le voisinage ne peut prendre comme enseigne une sculpture représentant deux bœufs d'or traînant un chariot de gerbes, avec la légende *Aux moissonneurs* (Angers, 13 nov. 1862, Gaillard, *Annales*, 62, 65).

4° *Mais* le propriétaire de l'enseigne *Maison des mérinos*, qu'il personnifie dans la figure de quatre moutons sans cornes, ne peut se plaindre qu'un concurrent prenne pour enseigne une tête de bélier, avec des cornes, surmontée de l'inscription *Maison du bélier* (Trib. com. Seine, 17 nov. 1837, *Gaz. Trib.*, 18 nov. 1837).

113. Exemples de dénominations usurpées. — Ce que nous avons dit de l'emblème s'applique à la dénomination qui doit être considérée comme usurpée, alors même qu'il existerait des ffdiérences entre les deux enseignes, lorsque la ressemblance est assez grande pour rendre la confusion possible.

Le moyen le plus simple de bien faire comprendre la règle, c'est de passer en revue les applications qui en ont été faites par les tribunaux. En regard des dénominations prises comme enseigne et dont l'usurpation était poursuivie, nous mettons les enseignes qui ont été condamnées :

Grand café de la marine, chez Louis Richard. — *Grand café de la marine royale* (Aix, 22 mai 1829, Paul, *J. Pal.*, 1830, 1046).

Au mortier d'or. — *Au mortier d'or et d'argent* (Paris, 27 avril 1833, Lamouroux, *Gaz. Trib.*, 28 avril 1833).

A la civette. — *A la civette d'or* (1) (Trib. com. Seine, 6 oct. 1833, Turpin, *Gaz. Trib.*, 7 oct. 1833).

A la Levrette. — *Au Cheval arabe et à la Levrette* (Trib. com. Seine, 25 sept. 1835, Longuemare, *Gaz. Trib.*, 26 sept. 1835) (2).

Au Rocher de Cancale. — *Au Rocher du Cantal* (Paris, 22 juin 1840, Percet, *J. Pal.*, 1840, 2, 177 ; — *Au Petit Rocher* (Paris, 30 août 1841, Coqueau, *Gaz. Trib.*, 31 août 1841) (3).

Au Pauvre Diable. — *Aux Pauvres Diables* (Douai, 31 mars 1843, Tragin, *J. Pal.*, 1846, 2, 166).

La Cloche d'argent. — *La Cloche* ou *La Cloche royale* (Paris, 31 août 1844, Chardin, *Gaz. Trib.*, 1er sept. 1844).

Hôtel de Provence. — *Hôtel de la Provence* (Trib. civ. Lyon, 16 nov. 1844, Philibert, *Gaz. Trib.*, 21 nov. 1844).

La France (Société d'assurances). — *La Française* (Paris, 17 janv. 1845, cité par Blanc, p. 733).

Le chiffre 10 suivi de ces mots *Au Dix Bleu.* — Le même chiffre, avec une couleur un peu différente, précédé des mots :

____

(1) Le mot *d'or* était écrit en caractères microscopiques.

(2) Les deux parties de l'enseigne poursuivie étaient séparées de façon à faire disparaître en quelque sorte les mots *Au Cheval arabe* pour ne laisser en lumière que ceux-ci : *A la Levrette.*

(3) Ce dernier arrêt constate que l'enseigne *Au Petit Rocher* n'avait été prise qu'en vue de faire confusion avec celle de *Au Rocher de Cancale.*

Aux amateurs du Dix, A la Renommée du Dix (Paris, 7 avril 1845, Meunier, *Gaz. Trib.*, 8 avril 1845).

Au Pigeon Ramier. — *Au Pigeon blanc* ou *Au Pigeon noir* (Paris, 26 mai 1845, Martin, *Gaz. Trib.*, 27 mai 1845).

A la Galette de la Porte St-Martin. — *A la Renommée de la Galette de la Porte St-Martin* (Trib. comm. Seine, 27 août 1846, Cazeau, *Gaz. Trib.*, 28 août 1846).

Aux grands maronniers. — *Aux petits maronniers* (Paris, 3 juin 1848, Goureau, *Gaz. Trib.*, 4 juin 1848).

Au grand Frédéric. — *Au Roi de Prusse* (avec un portrait du roi Frédéric) (Bordeaux, 13 janv. 1852, Destonet, *J. Pal.*, 1852, 2, 248).

Chocolats de la Compagnie Coloniale. — *Chocolat de la Compagnie des Colonies* (Trib. comm. Seine, 30 janv. 1852, Vinit, *Le Droit*, 1ᵉʳ fév. 1852).

Chantier des couronnes. — *Chantier des trois couronnes* (Trib. comm. Seine, 15 juillet 1852, Teulet, 1, 383).

Au Pot Brun. — *Au Grand Pot Brun* (Paris, 29 août 1853, Teulet, 2, 369).

A la Vraie Botte Rouge. — *A la Vraie grande Botte Rouge* (Paris, 11 fév. 1854, Teulet, 3, 133).

Grand Hôtel d'Angleterre. — *Grand Hôtel de France et d'Angleterre* (Paris, 2 déc. 1854, Lequeux, cité par Blanc, p. 728).

Bazar des Voyages. — *Bazar général des Voyageurs* (Trib. comm. Seine, 2 janv. 1856, Godillot, *Annales*, 56, 30).

Au Bon Jardinier. — *Au Petit Jardinier* (Paris, 3 nov. 1859, Duvivier, Teulet, 9, 90).

Café du Théâtre Français. — *Grand Café estaminet de la Comédie Française* (Paris, 5 fév. 1859, Gorand, *Le Droit*, n° 38).

A Sainte Geneviève. — *A Sainte Geneviève de Brabant* (Paris, 13 août 1859, Maljournal, *Annales*, 59, 365).

Au Sultan. — *Au grand Sultan* (Trib. comm. Seine, 7 sept. 1859, Ben-Sadoun, *Annales*, 59, 419).

A la Civette. — *A la Civette de la rue de Rivoli* (Paris, 11 avril 1860, Pousse, *Annales*, 60, 176). — *A la nouvelle Civette* (Trib. comm. Seine, 8 juin 1865, Chaize, *Annales*, 65, 350). — *A la*

Civette de l'avenue de l'Opéra (Paris, 28 juin 1879, Regnard, *Annales*, 81, 110).

Hôtel de la Paix. — *Grand Hôtel de la Paix* (Paris, 13 juin 1862, Muller, *Annales*, 62, 265).

Phénix. — *The Phenix Cravate* (Trib. comm. Seine, 29 oct. 1863, *Annales*, 64, 188).

Maison dorée. — *Maison d'or* (Trib. comm. Seine, 4 nov. 1863, Herbet, *Annales*, 63, 110).

A l'Assomption. — *Au Dôme de l'Assomption* (Trib. comm. Seine, 19 janv. 1866, Baron, *Annales*, 66, 399).

Librairie catholique. — *Librairie catholique et classique* (Trib. comm. Marseille, 9 avril 1880, Chauffard, *Jurisp. comm. Marseille*, 80, 169).

Hôtel Suisse. — *Restaurant Suisse* (Trib. comm. Marseille, 16 fév. 1881, Matheron, *Annales*, 82, 261).

Artiste Tronc. — *Vrai Artiste Tronc* (Trib. comm. Bordeaux, 11 mars 1885, *Annales*, 86, 340).

Entrepôt d'Ivry. — *Chantier du grand Ivry.* — *Chantier du Pont d'Ivry* (Trib. comm. Seine, 1er mars 1884, Desouches, *Annales*, 86, 247).

Grand Hôtel d'Aix. — *Grand Hôtel* (Chambéry, 14 avril 1886 et Cass., 4 avril 1887, Mottet, *Annales*, 87, 243).

Cave du Médoc. — *Cave Médoquine* (Bordeaux, 20 janv. 1887, Marot, *Annales*, 87, 249).

Café du Palais. — *Café comptoir du Palais de Justice* (Lyon, 29 juillet 1887, Roux, Dalloz, 88, 2, 244).

114. Cas dans lesquels l'usurpation n'a pas été reconnue. — Nous venons d'énumérer un certain nombre de décisions qui ont reconnu l'usurpation de l'enseigne. En voici d'autres qui ont au contraire repoussé la demande en suppression. Parmi les nouvelles décisions que nous allons citer, il en est qui paraissent en contradiction avec les précédentes. Certaines d'entre elles sont critiquables ; pour d'autres, la contradiction apparente s'explique par des différences dans les circonstances de fait qui jouent un rôle prépondérant dans les affaires de cette nature.

Comme nous l'avons fait pour les décisions mentionnées au paragraphe précédent, nous indiquons l'enseigne dont l'usurpation était poursuivie et, à côté, celle dont les tribunaux ont refusé de prononcer la suppression.

Hôtel Bourbon. — *Grand Hôtel de Bourbon-Condé* (Douai, 9 déc. 1829, Dehortes, Dalloz, 30, 2, 33).

Au Singe vert. — *Au vieux Singe vert* (Trib. com. Seine, 7 fév. 1833, Denis, *Gaz. Trib.*, 8 fév. 1833).

Maison des Mérinos. — *Maison du Bélier* (Trib. com. Seine, 17 nov. 1837, *Gaz. Trib.*, 18 nov. 1837).

Aux Pèlerins de Saint-Jacques. — *Au Pèlerin de Saint-Jacques* (Paris, 26 fév. 1841, Chardon et Cie, *Gaz. Trib.*, 27 fév. 1841) (1).

Au vert Pré. — *Au vert Galant* (Trib. com. Seine, 1er juill. 1844, Muraour, cité par Blanc, p. 733).

Au Bon Jardinier. — *Au galant Jardinier* (Trib. com. Seine, 18 juill. 1845, Loïse, *Gaz. Trib.*, 19 juill. 1845).

Aux Désirs des enfants. — *A la Californie des enfants* (Trib. com. Seine, 13 janv. 1852, Sangnier, Le Hir, 52, 2, 411).

Au Petit Pot. — *Au Petit Pot de la Rue St-Martin* (Paris, 20 mars 1854, Raffy, Teulet, 3, 371) (2).

Aux Teintures Parisiennes. — *Aux Teintures Nationales* (Caen, 20 janv. 1860, Delfraisy, Sirey, 61, 2, 73).

Hôtel de Strasbourg. — *Hôtel du Chemin de fer de Strasbourg* (Trib. com. Seine, 18 oct. 1864, Sciallero, *Annales*, 65, 44) (3).

Agence des Théâtres. — *Office des Théâtres* (Trib. com. Seine, 22 mai 1867, Mondin et Cie, *Annales*, 68, 352).

---

(1) Le défendeur offrait de changer son enseigne en celle de *Aux Statues de Saint-Jacques.*

(2) L'arrêt constate que la distance séparant les deux maisons rendait toute confusion impossible.

(3) En refusant de prononcer la suppression, le tribunal exige que les mots *du chemin de fer* soient écrits en caractères distincts et de même dimension que le reste de l'enseigne.

Casino du Cercle de Royat. — *Cercle du Casino de Royat*
(Riom, 16 janv. 1883, Samie, *Annales*, 87, 170).

115. Mot ressemblant à un nom patronymique. —
Nous avons traité de la concurrence déloyale résultant de
l'usurpation du nom patronymique. Sans y revenir ici, nous
signalerons seulement une fraude qui consiste à prendre
comme enseigne un mot semblable ou analogue au nom patronymique d'un concurrent. Il est inutile d'insister sur la
gravité d'une semblable usurpation que les tribunaux ont
eu quelquefois l'occasion de réprimer.

Il a été jugé que: 1° Un fabricant du nom de *Verdier* a le
droit d'empêcher qu'un concurrent n'usurpe son nom en prenant l'enseigne *Au Verdier*, dans laquelle il a soin de dissimuler
la particule *au* et de mettre en caractère bien apparents le mot
Verdier (Trib. com. Seine, 31 déc. 1826, Verdier, *Gaz. Trib.*,
9 janv. 1826).

2° Le négociant qui se nomme *Petit* est en droit d'empêcher
qu'un concurrent ne prenne pour enseigne les mots *Au Gogne
Petit*, alors du moins que le mot *Petit* se détache des autres en
gros caractères, de façon à attirer seul l'attention (Trib. com.
Seine, 3 avril 1833, Petit, *Gaz. Trib.*, 6 avril 1833).

3° Il y a concurrence déloyale à prendre pour enseigne
une dénomination telle que *Au Singe*, lorsqu'elle a pour but et
pour résultat d'établir une confusion avec une maison préexis-
tante sous le nom de *Maison Desinge*, du nom de son propriétaire (Trib. comm. Seine, 2 mars 1881, Desinge, Carpentier,
Annales, 81, 253).

**116. Suppression ou modification de l'enseigne; dom-
mages-intérêts.** — Les tribunaux peuvent, suivant les
circonstances, soit ordonner purement et simplement la
suppression de l'enseigne incriminée, soit prescrire des
modifications qu'ils jugent suffisantes pour empêcher toute

confusion. Ils peuvent en outre accorder des dommages-intérêts au propriétaire de l'enseigne usurpée et ordonner la publicité de leur jugement par voie d'affiches ou d'insertions dans des journaux.

§ 6. — *Compétence.*

117. Quelle est la juridiction compétente ? — La demande en suppression ou en modification d'enseigne soulève généralement deux questions. Les tribunaux ont tout d'abord à rechercher si le demandeur est véritablement propriétaire de l'enseigne qu'il revendique. Mais il peut arriver qu'aucune contestation ne soit soulevée sur ce point : la seule question à juger, dès lors, est celle de l'usurpation proprement dite, c'est-à-dire de la confusion existant entre les enseignes, et du préjudice causé par la copie ou l'imitation dont le demandeur se prétend victime.

Quand le procès soulève une question de propriété de l'enseigne, quel est le tribunal compétent pour en connaître ? Certains auteurs pensent qu'une question de cette nature ne peut être tranchée que par la juridiction civile (1). Cette opinion s'appuie sur ce principe que les tribunaux de commerce sont incompétents pour connaître des questions de propriété. Mais la règle ainsi posée nous paraît trop absolue. Ne voyons-nous pas tous les jours les tribunaux consulaires juger des questions de propriété dont ils sont régulièrement saisis? Lorsqu'il s'agit, par exemple, d'une demande en nullité de société et en responsabilité des administrateurs formée par les actionnaires, le tribunal de commerce est fréquemment appelé à décider si les demandeurs sont véritablement propriétaires de leurs ac-

(1) Pouillet, *Marques de fabrique,* n° 737.

tions, c'est-à-dire à trancher une question de propriété. Sans doute certaines questions de cette nature sont enlevées à la connaissance des tribunaux consulaires : telles sont celles qui concernent la propriété des immeubles, des brevets d'invention, des marques de fabrique. Mais la compétence exclusive de la juridiction civile est, dans ces matières, établie par des textes de loi formels. Lorsque la question de propriété d'enseigne est soulevée entre commerçants, nous ne voyons aucune loi, aucune raison juridique pouvant être invoquée pour en soustraire la connaissance aux tribunaux consulaires.

Quant à l'usurpation proprement dite, il n'est pas douteux qu'elle soit de la compétence de la juridiction commerciale. On l'a contesté en invoquant l'article 631 du Code de commerce, qui attribue aux tribunaux consulaires la connaissance des contestations nées à la suite *d'engagements* entre commerçants. Or, a-t-on dit, on ne saurait assimiler à un engagement l'obligation qui résulte d'une usurpation d'enseignes ; un pareil fait constitue un quasi-délit qui rentre dans la compétence des tribunaux civils. Cette opinion est aujourd'hui définitivement condamnée par la doctrine et par la jurisprudence. On s'accorde pour reconnaître que le mot *engagement* employé dans l'article 631 du Code de commerce comprend les obligations résultant de tous les actes, quasi-délits ou même délits qu'un commerçant peut accomplir dans l'exercice de son industrie.

Il a été jugé à cet égard que : 1° Les tribunaux de commerce sont compétents pour statuer sur un débat s'agitant entre commerçants et relatif au dommage qu'aurait causé à l'un d'eux l'emploi d'une enseigne usurpant sa raison commerciale (Bordeaux, 23 août 1851, Alcuet, *J. Pal.*, 53, 1, 40).

2° Le tribunal de commerce est compétent pour juger d'une action en suppression d'enseigne, alors du moins que cette action prend naissance à l'occasion de l'exercice de l'industrie à laquelle chacune des parties se livre (Caen, 15 mars 1854, Morière, Le Hir, 55, 2, 356).

3° Les tribunaux civils sont incompétents pour connaître d'une action en modification d'enseigne et en dommages-intérêts pour concurrence déloyale (Paris, 28 avril 1866, Bournhonet et Basile, *Annales*, 66, 193).

4° La dénomination donnée à une maison de commerce constitue, non une marque de fabrique, mais une enseigne dont l'usurpation est un fait de concurrence déloyale de la compétence de la juridiction commerciale. Il en est ainsi, même alors que le propriétaire de cette dénomination en fait usage sur ses produits et se plaint de l'apposition que des concurrents en auraient faite sur leurs propres produits (Trib. comm. Seine, 5 déc. 1877, Testevuide, *Annales*, 78, 45).

5° La demande en suppression d'enseigne est de la compétence du tribunal de commerce, alors même que l'enseigne usurpée serait en même temps la marque de fabrique du demandeur régulièrement déposée (Amiens, 4 juin 1887, Dubois, *Journ. Amiens*, 87, 116).

Jugé en sens contraire que : 1° La demande en suppression d'enseigne est de la compétence des tribunaux civils (Paris, 21 juill. 1841, Compagnie Bordelaise, *Gaz. Trib.*, 23 juill. 1841).

2° Il en est ainsi du moins lorsque le demandeur en suppression d'enseigne a cessé d'être commerçant (Paris, 10 fév. 1845, Cassan, *J. Pal.*, 45, 1, 575).

3° On doit poser comme règle générale, que les obligations qui, entre négociants, naissent d'un quasi-délit sont de la compétence des tribunaux civils ; il n'en est pas autrement si la contestation a pour objet la propriété d'une enseigne, valeur industrielle (Trib. civ. Alger, 31 mai 1843, *J. Pal.*, 53, 1, 39).

DEUXIÈME PARTIE

CONCURRENCE DÉLOYALE AYANT POUR OBJET DE CRÉER UNE CONFUSION ENTRE LES PRODUITS.

CHAPITRE PREMIER

SIGNES DISTINCTIFS DES PRODUITS.

Section I. — Dénominations.

118. Qu'est-ce que la dénomination ? — Il arrive souvent qu'un industriel, pour faire connaître au public ses produits, leur donne un nom spécial qui les personnifie en quelque sorte, comme le nom patronymique personnifie l'individu. Frappant l'oreille en même temps que la vue, le nom recommande et impose le produit à l'attention du consommateur ; il donne par là même au fabricant la plus sérieuse des garanties. Ce nom, cette dénomination du produit constitue une marque de fabrique protégée expressément par la loi du 23 juin 1857. Son usurpation est un délit ; elle donne aussi ouverture à une action en concurrence déloyale, et cette seconde voie peut seule être suivie lorsque, au lieu d'être apposée sur les produits eux-mêmes, la dénomination usurpée figure seulement sur des annonces, enseignes, prospectus ou papiers de commerce.

119. La dénomination doit être arbitraire et de fantaisie. — Pour que la dénomination puisse faire l'objet d'un droit privatif, il faut qu'elle soit arbitraire et de pure fantaisie, c'est-à-dire qu'elle n'éveille pas par elle-même l'idée du produit auquel elle est appliquée. Autrement on arriverait à cette conséquence inadmissible qu'un industriel ou un commerçant pourrait empêcher ses concurrents d'appeler les choses par leur nom. La dénomination consistera, par exemple, dans un mot qui n'existe pas dans la langue et qui ne présente aucune signification. Ou bien, ce sera un mot connu et vulgaire, mais n'ayant aucun rapport, aucune relation avec l'objet auquel on l'attache (1).

120. Dénominations considérées comme faisant l'objet d'un droit privatif. — Les tribunaux ont eu maintes fois l'occasion d'appliquer le principe que nous venons de poser, et il est intéressant de passer en revue leurs décisions à cet égard.

Ont été considérées comme susceptibles d'appropriation privée les dénominations suivantes :

Paraguay (mixture dentifrice) (Trib. com. Seine, 8 juin 1829, cité par Gastambide, p. 472 et par Pouillet, n° 47).

____

(1) Pouillet, nᵒˢ 46 et suiv. ; — Berl, p. 53 et suiv.

Racahout des Arabes (Paris, 29 mars 1833, *Gaz. Trib.*, 30 mars).

Melaïnocome (pommade pour teindre les cheveux) (Trib. com. Seine, 8 avril 1834, Cavaillon, *Gaz. Trib.*, 27 avril).

Bleu de France (Trib. com. Seine, 25 avril 1842, Depoully, *Gaz. Trib.*, 26 avril).

Siccatif brillant (Trib. com. Seine, 5 nov. 1843, *Gaz. Trib.*, 6 nov.).

Gazogène (Paris, 19 janv. 1852, Briet, Dalloz, 52, 2, 266).

Lampe-phare (Trib. com. Seine, Aubineau, Le Hir, 52, 2, 494, Teulet, 1, 40).

Café des gourmets (Trib. civ. Seine, 13 août 1857, Guerineau, *Annales*, 58, 155).

Poudre brésilienne (pour détruire les insectes) (Paris, 9 juillet 1859, Gourbayre, *Annales*, 59, 251).

Perles d'éther (capsules médicinales) (Paris, 21 mars 1861, Clertan, Le Hir, 61, 2, 331).

Mont Carmel (liqueur) (Trib. civ. Seine, 18 mars 1862, Faivre, *Annales*, 62, 238).

Eau écarlate (pour détacher les draps) (Trib. com. Seine, 30 mai 1862 ; Burdel, *Annales*, 62, 239 et Paris, 9 mai 1863, *Annales*, 63, 252).

Eau de la Floride (pour teindre les cheveux) (Paris, 15 nov. 1862, Guislain, *Annales*, 63, 40).

Encre classique (Trib. com. Seine, 10 fév. 1863 ; Lebœuf, Teulet, 13, 244).

Poudre métallique (Trib. corr. Seine, 25 août 1863, Baumgartner, *Droit com.*, 63, 528).

Luciline (Paris, 28 nov. 1863, Cohen et Cie, *Annales*, 64, 105).

Elixir tonique antiglaireux (Paris, 15 mars 1864, *Annales*, 65, 394).

Encre indienne (Bordeaux, 30 juin 1864, Chevènement, *Annales*, 64, 446).

Fil d'Alsace (Paris, 5 janv. 1865, Dolfus Mieg, *Annales*, 65, 109).

Trappistine (liqueur) (Trib. corr. Seine, 17 janv. 1865, Nestor Michel, *Annales*, 65, 284).

Conformateur du tailleur (Trib. civ. Lyon, 10 fév. 1865, Berthelon, *Annales*, 65, 349).

Pâtes religieuses de la Passion ou *Carméliles* (pâtes alimentaires) (Trib. com. Marseille, 30 oct. 1867, Ghiglione, *Annales*, 67, 366).

Crême d'argent (substance propre à argenter les couverts) (Trib. com. Rouen, 31 nov. 1867, Lévy, *Annales*, 68, 105).

Bougie de l'Étoile (Trib. corr. Épernay, 30 avril 1872, de Milly, *Annales*, 72, 338).

Mossoul (nouveau genre de foulards) (Lyon, 9 mars 1875, Graissot, *Annales*, 75, 327).

Veloutine (poudre de riz) (Trib. civ. Seine, 8 mai 1875, Fay, *Annales*, 75, 245, Le Hir, 76, 2, 335).

Sardine des friands (Trib. corr. Seine, 6 mars 1877, Hillerin-Tertrais, *Annales*, 78, 12).

Byrrh (liqueur) (Trib. civ. Montpellier, 12 déc. 1878, Louis Thomas, *Annales*, 79, 175) (1).

La Revalescière (Paris, 3 janv. 1879, Klug, *Annales*, 79, 62).

Bénédictine (liqueur) (Trib. civ. Nice, 24 fév. 1879, Legrand, *Annales*, 81, 77).

Prunellière (liqueur) (Besançon, 6 août 1879, Serve, *Annales*, 79, 214).

Graisseurs blindés (Trib. civ. Seine, 10 août 1882, De la Coux, Le Hir, 82, 2, 502).

Papier ambré (à cigarettes) (Trib. civ. Seine, 25 nov. 1882, D'Argy, Le Hir, 83, 2, 137).

Papier goudron de Norwège (à cigarettes) (Orléans, 11 déc. 1882, Bardou, Le Hir, 83, 2, 27).

Stilligoutte (Trib. civ. Seine, 19 fév. 1884, Agnel, 90, 75).

Obus explosible (bonbon) (Nancy, 26 mai 1883, Braquier-Simon, Dalloz, 84, 2, 182).

---

(1) *Id.* Bordeaux, 10 juin 1885, *Journ. Arr. Bordeaux*, 85, 1, 302.

Quina-liqueur (Trib. civ. Lyon, 4 fév. 1885, Gontard, *Annales*, 88, 353) (1).

Cristal-Champagne (Trib. civ. Bordeaux, 26 mars 1886, Rœderer et Cie, *Annales*, 88, 355).

Savon du Congo (Douai, 5 juin 1888, Vaissier, *Le Droit*, 19 oct. 1888).

Médaille électro-magnétique (Paris, 11 juin 1888, De Boyères, *Annales*, 89, 216).

Eau d'or (pour nettoyer les cuivres) (Trib. civ. Seine, 2 juill. 1888, Naigeon, *Annales*, 89, 98).

Pepto-fer (préparation de chloro-peptonate de fer) (Trib. civ. St-Étienne, 16 juill. 1890, *La Loi*, 31 juill.).

121. Dénomination nécessaire ou générique. — La dénomination nécessaire ou générique d'un produit est celle qui constitue sa désignation obligée ou habituelle, si bien qu'il est impossible de lui donner un autre nom, ou que tout au moins cette appellation est consacrée par l'usage. Tel est, par exemple, un qualificatif tiré de la nature ou des qualités mêmes du produit auquel il est appliqué. Tel est encore un mot qui, sans être la désignation habituelle du produit, constitue sa dénomination scientifique. Celui qui le premier fait un usage commercial de cette dénomination, ne saurait s'en attribuer le monopole et interdire à d'autres le droit d'employer, pour désigner le même produit, un mot qui est dans le domaine public de la science (2).

122. Dénominations considérées comme ne pouvant pas faire l'objet d'un droit privatif :

Encrier syphoïde (Paris, 20 juill. 1841, Launay, *Gaz. Trib.*, 21 juill.).

---

(1) Le domaine public était en possession des mots : *Liqueur de Quina.*

(2) *Conf.* Gastambide, p. 473 ; — Rendu, n° 38 ; — Pouillet, n° 50 ; — Bert, p. 53 et suiv.

Poudre de Seltz (Trib. com. Seine, 16 oct. 1844, Fèvre, *Gaz. Trib.*, 17 oct.).

Incroyable (genre de col) (Paris, 14 nov. 1848, Lamotte, *Gaz. Trib.*, 15 nov.).

Vermillon français (Trib. com. Seine, 19 août 1852, Lange, Le Hir, 53, 2, 561).

Cartes opaques (Paris, 1er juill. 1854, Grimault, Teulet, 2, 323).

Corsets sans couture (Nancy, 7 juill. 1855, Verly, *Annales*, 55, 105).

Toile-ménage (Colmar, 16 juin 1857, Rian, *Annales*, 58, 216).

Benzine parfumée (Trib. com. Seine, 6 août 1858, Thibierge, *Annales*, 58, 400).

Corsets plastiques (Trib. com. Seine, 13 oct. 1859, Fontaine, 59, 400).

Papier de riz (à cigarettes) (Paris, 8 juill. 1862, Abadie, *Annales*, 62, 263) (1).

Matière Coulet et Chausse (mélange de soufre et de charbon de terre pour combattre l'oïdium) (Bordeaux, 20 juill. 1866, Dufour et Cie, *Rec. Bordeaux*, 66, 293).

Boules de réglisse (Trib. com. Seine, 4 mai 1867, Eustache, Teulet, 16, 500).

Serpent factice (sulfocyanure de mercure ayant, en brûlant, la propriété de s'étendre en forme de reptile) (Trib. civ. Seine, 6 août 1867, Barnett, *Annales*, 68, 13).

Vernis anglais (Lyon, 7 juin 1871, Valentin, *Annales*, 72, 105);

Phospho-Guano (Caen, 20 janv. 1874, Dior, *Annales*, 75, 318).

Nappes de famille (Paris, 18 mai 1879, Chicot, *Annales*, 80, 162).

Huile de gabian. Médicinal naphta (capsules médicamenteuses renfermant du pétrole vierge (Paris, 20 juin 1881, Gardy, *Annales*, 81, 297).

Foudroyant (poudre insecticide) (Lyon, 14 avril 1883, Galzy, Le Hir, 83, 2, 460).

____

(1) *Id.* Bordeaux, 17 déc. 1867, *Annales*, 68, 100.

Thridace (savon) (Paris, 21 avril 1885, Rhens, *Annales*, 86, 75) (1).

Similaire du phospho-guano (Orléans, 16 janv. 1887, Passé, *Annales*, 87, 269).

123. Nom patronymique d'un tiers. — Le fabricant peut donner à ses produits le nom d'un tiers, par exemple, d'un homme célèbre qui l'autorise à cet effet. Dans ce cas, le nom devient une véritable dénomination de fantaisie dont l'usurpation est interdite. Un concurrent pourrait-il se prévaloir d'une autorisation semblable et postérieure qui lui aurait été donnée de faire usage du même nom, pour désigner des produits similaires ? Nous ne le croyons pas. Le droit d'employer une dénomination de fantaisie appartient exclusivement à celui qui le premier en a fait usage et on ne saurait, sous aucun prétexte, lui enlever le bénéfice de cette priorité (2).

Jugé toutefois que : Si un nom propre, autre que celui du fabricant, peut être adopté comme désignation de produits, et constitue une marque de commerce, l'emploi de la même désignation par un autre fabricant ne peut donner lieu à une action qu'autant que le premier a conservé sa propriété par un dépôt régulier, ou que le second a eu recours à des moyens frauduleux pour tromper le public. — L'emploi de la même désignation pour un produit analogue ne saurait, à lui seul, constituer un acte de concurrence déloyale (Paris, 13 nov. 1864, Dalbanne, *Annales*, 61, 414).

124. Traduction d'un mot français en langue étrangère. — Si le mot emprunté à une langue étrangère est la traduction d'un mot qui, dans notre langue, constitue une

____

(1) Thridace est synonyme de suc de laitue et employé comme tel en pharmacie.

(2) Pouillet, n° 63 ; — Bert, p. 56.

dénomination de fantaisie, il présente lui-même à plus forte raison le même caractère, et il peut faire l'objet d'une propriété privative. Mais que faut-il décider lorsque le mot étranger est la traduction d'une dénomination nécessaire ou vulgaire dans notre langue ? En principe, on ne peut méconnaître que l'emploi d'un idiome étranger n'ait pour effet de modifier la nature de la dénomination qui cesse d'être usuelle pour prendre un caractère de fantaisie. Mais pour que le mot étranger soit susceptible d'appropriation, il faut bien entendu qu'il ne soit pas entré dans les habitudes de notre langage ; autrement il perdrait tout caractère de nouveauté et ne saurait faire l'objet d'un droit privatif (1).

Il a été jugé en ce sens que : 1° La dénomination *eau écarlate* appliquée à une eau servant à détacher les draps, constitue une propriété privative au profit de celui qui en a fait le premier usage, et nul ne peut, sans commettre une concurrence déloyale, usurper soit la dénomination elle-même, soit sa traduction en langue étrangère (*Scarlet Water*) (Paris, 9 mai 1863, *Annales*, 63, 252).

2° Les mots *aqua divina* tirés de la langue espagnole et appliqués pour la première fois à un produit de parfumerie, que par cela même ils caractérisent, constituent légalement une marque de fabrique encore bien qu'ils soient empruntés au langage vulgaire (Paris, 28 fév. 1873, Monpelas, *Annales*, 74, 31).

3° Lors même qu'il serait établi que les mots *non genuine* seraient d'un usage banal dans les pays de langue anglaise, il ne s'ensuit nullement qu'il soit interdit à un Français de s'en servir pour donner à sa marque de fabrique une apparence distinctive des autres marques de commerce usitées en France (Paris, 3 avril 1879, Farcy, *Journ. du Droit Intern.*, 79, 393).

(1) Pouillet, n° 59.

4° Le mot *peppermint* n'étant que l'appellation en anglais, mais déjà usitée depuis longtemps en France et devenue en quelque sorte dans le commerce le nom commun de la menthe poivrée, l'emploi de ce mot, sans forme ou disposition particulière de lettres, sans adjonction de signe distinctif ou personnel, ne saurait faire l'objet d'un droit privatif au profit d'un fabricant (Paris, 26 fév. 1864, Mauprivez, *Annales*, 64, 320).

5° Des désignations telles que *extractum carnis* ou *of meat*, servant à indiquer la nature du produit, alors surtout que le produit est dans le domaine public, ne peuvent faire l'objet d'une propriété exclusive (Paris, 12 janv. 1874, Liebig et Cⁱᵉ, *Annales*, 74, 83).

6° Les mots *médicinal naphta* ne sauraient faire l'objet d'une marque valable, alors qu'ils étaient d'un usage ancien et constant en France pour désigner des produits pharmaceutiques (Paris, 20 juin 1881, *Annales*, 81, 297).

7° Le mot *linoleum* doit être considéré comme constituant une désignation nécessaire, alors qu'il est établi, d'une part, que le produit qu'elle désigne a pour base principale *l'huile de lin* solidifiée, et d'autre part que c'est sous ce nom que l'inventeur l'a, dès l'origine, introduit sur le marché, et que, par suite, il en résulte que ce nom désigne non l'origine, mais la nature même du produit (Paris, 19 août 1881, Nairn et Cⁱᵉ, *Annales*, 81, 289) (1).

125. Dénomination d'un objet breveté. — La dénomination donnée à un objet breveté tombe-t-elle dans le domaine public avec le brevet lui-même ? La question est controversée. Suivant une première opinion, le droit privatif sur la dénomination ne peut survivre au monopole

(1) Des décisions analogues ont été rendues pour des mots empruntés à une langue étrangère, servant à désigner certains genres d'établissements de commerce, tels que : *Lloyd* (Paris, 15 janv. 1863, Lloyd français, *Annales*, 63, 221). — *Tattersall* (Trib. civ. Seine, 31 mars 1873, Grossmann, *Gaz. Trib.*, 1ᵉʳ avril). — *Bodega* (Trib. com. Seine, 4 sept. 1878, Laverie, *Annales*, 79, 71). — V. *suprà*, n° 83.

résultant du brevet ; autrement l'inventeur conserverait en réalité le privilège qui légalement ne lui appartient plus. Ses concurrents qui ont le droit de fabriquer les mêmes produits se trouveraient, en effet, dans une situation d'infériorité manifeste, puisqu'ils ne pourraient pas donner à ces produits le nom sous lequel ils sont connus et que par suite le consommateur serait fatalement conduit à s'adresser comme autrefois au breveté (1). Suivant un second système, la dénomination tombe dans le domaine public avec le brevet, si elle n'a pas été déposée comme marque de fabrique ; elle lui survit au contraire si l'inventeur, en la déposant, a manifesté l'intention de s'en réserver la propriété (2). Dans une troisième opinion qui nous paraît plus conforme aux principes, la dénomination reste la propriété privative de l'inventeur, à moins qu'elle ne se soit incorporée d'une manière intime avec le produit dont elle est devenue la désignation nécessaire. C'est ce qui arrive lorsque la dénomination figure dans le brevet lui-même. Le produit est alors entré dans le commerce avec le nom que lui a donné l'inventeur ; il n'est pas possible de le désigner autrement sous peine de n'être pas compris par la clientèle. Dans ces circonstances, on le comprend, maintenir le droit privatif sur la dénomination après l'expiration du brevet, ce serait perpétuer le privilège sur le produit lui-même. Mais lorsque le nom n'a été donné au produit que postérieurement à la prise du brevet et qu'il n'est pas devenu la désignation nécessaire du produit, on ne peut invoquer aucune raison sérieuse pour le faire tomber dans le domaine public avec le brevet.

____

(1) Blanc, n° 56 ; — Ruben de Couder, v° *Marques de fabrique*, n° 50.
(2) Gastambide, p. 470 ; — Bédarride, n° 825 ; — Pouillet, n° 55.

Il a été jugé à cet égard que : 1º Pendant la durée de son brevet, l'inventeur a le monopole du produit et du nom qui le désigne ; mais le brevet une fois expiré, le nom usuel et commun suit le sort du produit lui-même et ne peut faire l'objet d'aucun droit privatif. (Il s'agissait, dans l'espèce, de la dénomination *corsets sans couture*.) Obliger les nouveaux concurrents à ne pas appeler du même nom la même chose, à chercher des équivalents, ce serait nuire à leur commerce et donner lieu de supposer que leurs produits ne sont pas identiquement façonnés par les mêmes procédés que ceux de l'inventeur, et que c'est à cause de certaines différences que ce dernier a seul conservé le privilège du nom primitif (Nancy, 7 juill. 1855, Verly, *Annales*, 55, 105).

2º Le nom donné par un inventeur à un objet breveté tombe dans le domaine public à l'expiration du brevet. En conséquence, dès l'instant que la fabrication en devient libre, chacun a le droit d'employer la même dénomination. Il en est ainsi même pour celui qui, en traitant avec le breveté, aurait pris l'engagement de ne pas employer cette dénomination. Une pareille stipulation doit être considérée comme ayant pour limite la durée même du brevet (Paris, 3 déc. 1859, Debain, *Annales*, 59, 411).

3º La désignation sous laquelle un produit breveté s'est répandu dans le commerce (café *Toniah*), tombe avec le brevet dans le domaine public, alors du moins que ce nom est celui-là même sous lequel le produit est indiqué au brevet et auquel il s'est incorporé ; toutefois les concurrents de l'inventeur ne peuvent employer la même désignation, qu'à condition de différencier leurs boîtes, enveloppes où flacons, et d'éviter toute confusion (Paris, 24 déc. 1872, Le Hir, 74, 79).

126. Produits pharmaceutiques. — Nous avons vu que le nom de l'inventeur ou du premier préparateur d'un produit pharmaceutique était protégé comme le nom de tout commerçant ou industriel (1). La même garantie doit être

______
(1) V. *supra* nº 17.

reconnue à la dénomination donnée au remède, pourvu
qu'elle soit arbitraire ou de fantaisie et qu'elle ne soit pas
tombée dans le domaine public.

Il a été jugé que : 1° Le propriétaire ou possesseur d'un remède secret autorisé (*rob végétal dépuratif de Boyveau Laffecteur*) peut exercer tous les droits utiles attachés à cette propriété ou possession, et spécialement s'opposer à ce que d'autres
vendent ou annoncent le même remède sous la dénomination
qui lui a été donnée par l'inventeur ou par ses ayants droit
(Orléans, ap. Cass., 4 août 1860, Charpentier et Cie, *Annales*, 60,
401).

2° La dénomination de *perles d'éther* ne constitue pas une
expression générique nécessaire à la désignation des capsules
d'éther ; en conséquence, elle peut constituer une propriété
privée comme marque de fabrique, encore bien qu'il s'agisse de
préparations pharmaceutiques du domaine public, si d'ailleurs
il existe d'autres noms pour désigner le même genre de produits
(Paris, 21 mars 1861, Clertan, *Annales*, 61, 161).

3° Si les pharmaciens ne peuvent, en aucun cas, revendiquer
la propriété industrielle de compositions même découvertes par
eux, ni faire de ces découvertes l'objet d'un brevet d'invention,
ils ont du moins, comme tout fabricant, un droit à la propriété
de la marque par eux adoptée pour désigner les produits de
leur fabrication ; c'est-à-dire que la loi les reconnaît propriétaires exclusifs de leur marque, destinée à faire connaître au public la provenance vraie des produits qu'elle désigne (Aix,
20 mars 1879, Fumouze, *Annales*, 81, 179) (1).

Jugé toutefois que : 1° Les modifications apportées aux formu-
les du Codex dans les compositions pharmaceutiques ne confèrent pas aux auteurs de ces produits le droit exclusif de les
débiter. Leur réserver la propriété des dénominations sous
lesquelles ils les ont désignées au commerce, ce serait leur accorder indirectement pour le débit, le droit privatif que la loi
leur dénie. Tout pharmacien a donc le droit de vendre les mê-

(1) *Id.* Trib. com. Seine, 16 mars 1878, Clin, *Annales*, 78, 78.

mes remèdes sous les mêmes dénominations, à la condition de s'abstenir de toute manœuvre (usurpation de nom, similitude d'annonces et d'étiquettes) pouvant établir une confusion entre ses produits et ceux du premier préparateur (*papier épispatique d'Albespeyres ; élixir tonique antiglaireux du Dr Guillié*) (Paris, 12 janv. 1857, Charpentier et Cie, *Annales*, 60, 81).

2° Le droit de tout pharmacien de fabriquer et d'exploiter un médicament qui est dans le domaine commun de la pharmacie (*élixir tonique antiglaireux*), emporte avec lui la faculté de l'annoncer et de le débiter sous les dénominations qui sont devenues, dans l'usage, la désignation de ce médicament, à la charge seulement de ne pas induire le public en erreur sur la provenance des produits et de ne pas en faire un moyen de concurrence déloyale (Cass., 29 mai 1861, Paul Gage, *Annales*, 64, 225).

3° Un remède (*le Rob dépuratif de Boyveau Laffecteur*) étant dans le domaine public, tous les pharmaciens sont autorisés non-seulement à le débiter, mais encore, par voie de conséquence, à l'annoncer sous la dénomination qui sert, dans l'usage, à le désigner, à la charge toutefois de ne pas induire le public en erreur sur l'individualité du fabricant et la provenance des produits (Cass., 30 déc. 1863, *Annales*, 64, 337).

4° Si, en droit, tout pharmacien peut exploiter les produits pharmaceutiques sous la qualification qui leur a été donnée par leur premier préparateur, lors même que le nom de celui-ci entre dans cette qualification (*Sirop et pastilles de Tamarin Bruc*), les étiquettes et prospectus doivent au moins contenir les indications nécessaires pour éviter toute confusion sur la provenance de ces produits (Trib. civ. Lyon, 4 déc. 1867, Bruc, *Annales*, 69, 92).

127. Nouveauté de la dénomination. — Pour que la dénomination soit protégée, il ne suffit pas qu'elle soit arbitraire ou de fantaisie, il faut naturellement qu'elle soit nouvelle. Mais la nouveauté doit s'entendre ici dans un sens relatif. Une dénomination vulgaire et répandue dans un certain commerce, peut faire l'objet d'un droit privatif quand elle est appliquée à d'autres produits, dans une industrie différente. Bien plus, une dénomination employée autrefois, mais abandonnée depuis longtemps, peut devenir la propriété de celui qui, le premier, l'a fait sortir de l'oubli où elle était tombée et l'emploie dans la même industrie. La dénomination peut, en effet, dans ces circonstances, reprendre, malgré l'usage antérieur qui en a été fait, le caractère de nouveauté relative et de fantaisie nécessaire pour constituer la propriété privative. Il y a là naturellement une question de fait abandonnée à l'appréciation souveraine des tribunaux (1).

128. Une dénomination de fantaisie peut tomber dans le domaine public. — Nous avons vu que le nom commercial, dans certaines circonstances, peut tomber dans le domaine public ; c'est ce qui arrive lorsque, soit par suite du consentement de son propriétaire, soit par suite d'un long usage sans protestation, le nom s'est si bien incorporé au produit lui-même qu'il est impossible de le désigner autrement (2). Il en est de même pour la dénomination arbitraire ou de fantaisie qui, dans les mêmes circonstances et aux mêmes conditions, peut être considérée comme tombée dans le domaine public, bien qu'à l'origine, elle ait fait l'objet d'un droit privatif.

Il a été jugé à cet égard que : Une dénomination arbitraire et de fantaisie (*Charbon de Paris*) doit être considérée comme tombée dans le domaine public, lorsque, dans un intervalle de sept

(1) Rendu, n° 27 ; — Pouillet, n° 24.
(2) V. *Suprà*, n°s 14 et suiv.

ans écoulés depuis l'expiration du brevet qui garantissait le produit, le nom de ce dernier est entré dans les habitudes du commerce comme un nom vulgaire et commun et s'est en quelque sorte incorporé au produit (Cass., 8 fév. 1875, Brousse, Le Hir, 77, 2, 89).

129. Usurpation ; différences. — Pour que son usurpation constitue une concurrence déloyale, il n'est pas nécessaire que la dénomination soit copiée servilement. Souvent l'imitateur essaie de masquer la fraude derrière des différences plus ou moins habilement calculées. Si ces différences ne sont pas suffisantes pour empêcher la confusion, la concurrence déloyale existe et doit être réprimée.

Il a été jugé que : 1° Le mot *Byrrh* peut faire l'objet d'un droit privatif, mais on ne saurait voir une usurpation de cette propriété dans l'emploi du mot *Birkin* (Bordeaux, 10 juin 1885, *Journ. Arr. Bordeaux*, 85, 1, 302).

2° La dénomination *Gaufres princesse* n'est pas l'imitation frauduleuse de la dénomination *Gaufres duchesse* (Trib. civ. Lille, 4 avril 1887, Gali, *Annales*, 88, 254).

3° Les mots *Eau d'or* employés pour désigner une eau à nettoyer les cuivres constituent une dénomination de fantaisie. Il faut voir une imitation illicite dans les mots : *Eau des mines d'or* employés pour désigner un produit similaire (Trib. civ. Seine, 2 juillet 1888, Naigeon, *Annales*, 89, 98).

130. Usage de la dénomination en pays étranger. — *Jugé que* : Il y a concurrence déloyale dans le fait d'annoncer un produit sous la dénomination de fantaisie que lui a donnée l'inventeur, encore bien que ces annonces n'auraient eu lieu qu'en pays étranger, s'il est établi que cette publicité peut réagir sur la vente du produit en France (Paris, 9 mai 1863, *Annales*, 63, 252).

Section II. — Formes et couleurs.

§ 1. — *Enveloppes et récipients.*

131. Imitation des enveloppes et récipients. — 132. Forme. — 133. Contenance.

131. Imitation des enveloppes et récipients. — Les enveloppes ou récipients destinés à renfermer des produits peuvent constituer des marques de fabrique ou de commerce, lorsqu'ils présentent un caractère de nouveauté et de spécialité suffisant pour faire l'objet d'un droit privatif. L'industriel ou le commerçant qui les imite commet un délit et se rend en même temps coupable d'une concurrence déloyale qui peut être poursuivie devant les tribunaux de commerce. Cette voie est seule ouverte lorsque les enveloppes ou récipients n'ont pas été déposés comme marques ; elle est dans tous les cas souvent préférable lorsque l'imitation n'est pas assez caractéristique pour constituer le délit prévu et puni par la loi du 23 juin 1857.

Il a été jugé à cet égard que : 1° Se rend coupable d'une concurrence déloyale le fabricant qui renferme ses produits dans des enveloppes de même dimension et de même couleur que celles d'un concurrent, et qui appose en outre sur ses enveloppes des étiquettes rectangulaires et de même dimension, avec des signes circulaires imitant les médailles obtenues par l'autre fabricant (Trib. comm. Seine, 11 janv. 1855, Ménier, Le Hir, 55, 2, 223).

2° Se rend coupable de concurrence déloyale le commerçant qui, pour la vente de ses produits, emploie des enveloppes ayant une analogie de forme, couleur et dimension avec les enveloppes dont un autre s'est attribué la propriété, en opérant le dépôt conformément à la loi (Trib. comm. Seine, 4 avril 1856, *Annales*, 56, 363).

3° Lorsqu'un fabricant a adopté, pour la vente de ses produits, une enveloppe d'une forme, d'une couleur et d'une dimension déterminées, il y a concurrence déloyale dans le fait de celui qui emploie, pour des produits analogues, des enveloppes semblables pouvant entraîner une confusion (Paris, 10 déc. 1856, *Annales*, 57, 123).

4° Il y a concurrence déloyale dans le fait d'abuser d'une similitude de noms pour établir une confusion entre deux établissements rivaux, et d'employer pour la marque et le débit de marchandises de même nature des paquets de même forme, taille et couleur (Paris, 27 août 1859, Groult, *Annales*, 59, 284).

5° Il y a concurrence déloyale dans le fait d'imiter servilement la forme, la couleur et les dispositions des boîtes d'un autre fabricant, de manière à établir une confusion entre les produits (Paris, 5 janv. 1865, Dollfus, *Annales*, 65, 109).

6° Il y a concurrence déloyale dans le fait d'un fabricant qui adopte pour ses produits un certain genre d'étiquettes et un certain genre d'empaquetage employés par un autre fabricant, alors même qu'il différencierait ses étiquettes par l'indication de sa raison de commerce (Trib. comm. Seine, 6 avril 1865, Vinit et Cie, *Annales*, 65, 349).

132. Forme du récipient. — La forme d'un récipient, d'un flacon par exemple, constitue un des éléments dont la réunion concourt à lui donner une physionomie distinctive, mais cette forme peut-elle, à elle seule, faire l'objet d'un droit privatif? Oui, si elle est suffisamment caractéristique et si elle se distingue nettement des formes employées pour les mêmes récipients. Dans le cas contraire, nul, on le conçoit, ne peut confisquer à son profit une forme banale ne présentant aucun caractère d'originalité (1).

Il a été jugé que : 1° Celui qui adopte la même forme de bouteille, de cachet, et la même couleur de cire qu'un concurrent,

(1) Rendu, n° 54 ; — Pouillet, n°s 41 et 486 ; — Bert, p. 79.

et cela dans l'intention évidente de faire confusion, se rend
coupable de concurrence déloyale et se voit avec raison interdire l'usage des signes entraînant la confusion ; toutefois il suffit d'ordonner les mesures nécessaires pour empêcher que les
marchandises ne soient confondues, sans qu'il faille interdire
l'emploi, par exemple, d'une forme de bouteille dont l'usage
est pour ainsi dire universel (Lyon, 21 août 1851, Dalloz, *Journ.
Pal.*, 51, 2, 643).

2º La forme d'une boîte ne constitue un droit au profit de
celui qui l'emploie qu'autant qu'elle est nouvelle, distinctive,
caractéristique (Paris, 16 nov. 1864, Carpentier, *Annales*, 66,
354).

3º Il y a concurrence déloyale dans le fait d'un commerçant
qui imite la forme d'un flacon adoptée par un concurrent, dans
le but d'établir une confusion entre les produits des maisons rivales (Paris, 17 nov. 1865, Laverdet, *Annales*, 66, 268) (1).

4º Le fait d'appliquer un récipient d'une forme connue et
déjà employée pour divers usages à une marchandise qu'il n'avait
jamais contenue, constitue une idée nouvelle qui permet à son
auteur de revendiquer le droit exclusif de cet usage spécial à
l'encontre de ses concurrents. — Il y a en conséquence concurrence illicite de la part de négociants qui, dans un but de confusion, emploient le même récipient pour enfermer un produit
similaire (Trib. civ. Valence, 11 août 1886, Velten, *Annales*,
88, 246).

5º Une simple forme purement géométrique, la forme rec-
tangulaire par exemple, adaptée par un fabricant de conserves
de sardines à ses boîtes de conserve, peut, abstraction faite
même de tout dessin et de toute ornementation extérieure,
être revendiquée par ce fabricant comme marque de fabrique
(Cass. civ., 30 avril 1889, Saupiquet, Le Hir, 89, 2, 255).

Jugé toutefois que : 1º La forme carrée d'un flacon ne constitue pas, à elle seule, au profit de celui qui en a fait le premier

---

(1) Il s'agissait d'une forme de flacon caractérisée surtout par un étrangle-
ment à vive arête au bas du goulot, lequel permettait de verser et de mesurer
goutte à goutte le collodion sur le verre photographique.

usage, une marque-emblème servant à constater l'origine et l'identité de ses produits. On ne saurait donc voir une concurrence déloyale dans le fait d'employer la même forme de flacon, lorsque des étiquettes, des capsules différentes, et l'indication visible du lieu de fabrication, rendent impossible toute méprise entre les produits des deux concurrents (Paris, 8 nov. 1855, Tissier, *Annales*, 55, 190).

2° S'il est vrai que ni la couleur du papier, ni l'emploi de telle ou telle forme considérée isolément, ne peut constituer une propriété commerciale proprement dite, leur réunion peut néanmoins faire l'objet d'une jouissance exclusive à laquelle d'autres commerçants ne peuvent porter atteinte volontairement, sans blesser les règles de bonne foi qui doivent régner dans le commerce ; ce fait d'usurpation, quand il a lieu dans le but de procurer un bénéfice illicite au préjudice d'un commerçant, tombe sous l'application de l'article 1382 du Code civil (Paris, 2 juin 1854, Abraham, *Le Droit*, 6 juin).

3° Il ne saurait y avoir concurrence déloyale à imiter la forme d'un récipient employé par un concurrent, alors, d'une part, que cette forme est vulgaire et, d'autre part, qu'on a pris soin d'éviter toute confusion en se servant d'étiquettes absolument différentes (Aix, 1ᵉʳ fév. 1887, Velten, *Annales*, 88, 237).

133. Contenance d'un récipient. — *Jugé que* : La contenance d'un récipient quelconque ne peut constituer une propriété exclusive, et toute personne peut fabriquer des récipients de la même contenance que celui dont un autre fait usage le premier, surtout lorsque cette contenance se traduit par une mesure légale (des fréquins contenant 20 kilogrammes net pour la vente des beurres d'Isigny) (Trib. civ. Hâvre, 3 juin 1859, Levigoureux, *Annales*, 59, 279).

§ 2. — *Forme du produit.*

134. La forme du produit est protégée. — 135. Forme produisant un résultat industriel. — 136. Modèle de fabrique. — 137. Surmoulage.

134. La forme du produit est protégée. — Quand le produit n'est pas renfermé dans une enveloppe ou dans un récipient, il peut affecter une forme spéciale et caractéristique qui le distingue des produits similaires. Cette forme est protégée au même titre et de la même manière que celle de l'enveloppe ou du récipient (1).

C'est ce qui a été jugé : pour la forme d'un fer à repasser, donné à des tablettes de bleu pour azurer le linge (Trib. civ. Seine, 14 juillet 1858, Boilley, Le Hir, 58, 2, 572; et Lyon, 14 mai 1857, *Annales*, 57, 253); — pour une forme de tablettes de chocolat (Trib. corr. Seine, 10 mars 1858, Bleuze, *Annales*, 58, 219).

Jugé aussi que : 1° La forme cylindrique appliquée à la vente du papier à cigarettes, comme toute autre forme géométrique considérée isolément, ne peut constituer une propriété commerciale et l'imitation de cette forme n'est pas un fait de concurrence déloyale (Trib. com. Seine, 29 avril 1864, Prudhon et Cie, *Annales*, 64, 239 et Paris, 24 juin 1865, *Annales*, 65, 443).

2° La forme spéciale d'un produit ne saurait, alors même qu'elle serait nouvelle et qu'elle aurait fait l'objet d'un dépôt, constituer par elle-même une marque de fabrique protégée par la loi de 1857. En conséquence, si l'usurpation de cette forme peut, dans certaines circonstances, donner ouverture à une action, cela ne peut être que par application de l'article 1382 du code civil et non à titre de contrefaçon de marque de fabrique (Paris, 23 mars 1870, Willcox, *Annales*, 71, 31).

(1) Rendu, n° 54; — Pouillet, n° 41; — *Contrà*, Pataille, 57, 256; — Bédarride, n° 841; — Calmels, n° 35.

135. Forme produisant un résultat industriel. — Il peut arriver que la forme produise un résultat industriel ; dans ce cas elle constitue une invention brevetable protégée par la loi du 5 juillet 1844 (1). Si elle a été brevetée, elle tombe dans le domaine public avec le brevet ; si elle ne l'a pas été, elle ne saurait faire l'objet d'aucun droit privatif. Il est inadmissible en effet que l'inventeur d'une forme nouvelle et brevetable soit protégé indéfiniment lorsqu'il n'a point pris de brevet, alors qu'il serait garanti seulement pendant 15 années s'il s'était fait breveter.

136. Modèle de fabrique. — Lorsque la forme consiste dans une combinaison de lignes et de contours ayant pour but d'orner un objet, de lui donner une physionomie propre, un cachet d'originalité, elle constitue un modèle de fabrique protégé par la loi du 18 mars 1806. Mais cette protection n'existe qu'autant que l'objet a été déposé au secrétariat du conseil des Prud'hommes. Si le modèle n'a fait l'objet d'aucun dépôt, son imitation ou sa copie ne constitue ni une contrefaçon, ni une concurrence déloyale.

137. Surmoulage. — Si la copie d'un modèle de fabrique non déposé est licite, en est-il de même du surmoulage ? Le modèle qui n'a fait l'objet d'aucun dépôt étant dans le domaine public, il faut en conclure que chacun a le droit de le reproduire par tous les moyens possibles. Sans doute le surmoulage, comme le décalque pour les dessins, est un mode de reproduction qui dispense de tout effort et de tout travail personnel ; mais le droit de copier un modèle qui appartient au domaine public est absolu et il nous

____

(1) V. notre *Traité des brevets d'invention*, t. I, n° 27.

11

paraît impossible de faire une exception pour le surmoulage. Ce mode de reproduction ne deviendrait illicite que s'il était pratiqué sur des moules appartenant au créateur du modèle et détournés de leur destination. Il faudrait voir là un véritable abus de confiance. Le surmoulage serait également répréhensible s'il était fait par un employé sur des modèles appartenant à son patron (1).

Il a été jugé que : 1° La reproduction, même servile, de dessins tombés dans le domaine public, ne constitue pas le délit de contrefaçon (Rouen, 17 mars 1859, Girard et Cie, *Rec. Rouen*, 59, 194).

2° Il n'y a ni contrefaçon, ni concurrence déloyale dans le fait de surmouler un modèle de fabrique qui n'a pas été régulièrement déposé (Paris, 20 février 1866, Pigis, *Annales*, 66, 290).

3° Lorsque des modèles de fabrique n'ont pas été déposés, il n'y a dans leur surmoulage ni contrefaçon ni concurrence déloyale (Paris, 13 juillet 1865, Bauchot, *Annales*, 65, 337).

4° La reproduction faite sans fraude, même par surmoulage, d'un objet tombé dans le domaine public ne peut constituer une concurrence déloyale ni devenir le principe de dommages-intérêts. Il en est ainsi alors même que le surmoulage aurait été fait par le fondeur qui avait exécuté les modèles ou moules en bois pour le compte du demandeur, s'il est établi qu'il n'avait pas conservé ces modèles lors de la commande faite par le défendeur (Trib. civ. Seine, 13 avril 1866, Reveilhac, *Annales*, 66, 292).

5° Des produits industriels appartenant au domaine public peuvent être surmoulés et copiés sans que ce fait constitue une concurrence déloyale (Paris, 17 août 1866, Petitpas, *Annales*, 66, 366).

6° Un fabricant n'est pas fondé à se plaindre d'abus de confiance contre un ancien employé ou commissionnaire qui a surmoulé ou fait surmouler ses modèles et en fait l'objet d'un

____

(1) V. Pouillet, *Dessins et modèles de fabrique*, n° 141.

commerce, alors qu'il n'est pas établi que ce surmoulage ait eu lieu pendant l'accomplissement de son mandat (Paris, 23 déc. 1868, Chancel, *Annales*, 69, 59).

7° Si en principe le surmoulage d'un modèle non déposé est licite, il en est autrement s'il est pratiqué par un employé sur des modèles appartenant à son patron (Trib. civ. Seine, 10 juillet 1875, Héricé, *Annales*, 76, 46).

Jugé toutefois que : L'imitation d'un modèle qui ne constitue pas une propriété privée, ne saurait constituer un acte de concurrence déloyale, qu'autant que l'on aurait eu recours au surmoulage ou à un moyen frauduleux analogue (Paris, 19 déc. 1862, Delaunay, *Annales*, 62, 438).

§ 3. — *Couleur.*

138. **Couleur de l'enveloppe ou du produit.** — De même que la forme, la couleur peut constituer un des éléments dont la réunion donne au produit ou à son enveloppe, une physionomie caractéristique. Mais la couleur peut-elle, comme la forme, constituer à elle seule l'objet d'un droit privatif? La raison de douter vient de ce que le nombre des couleurs est limité ; en conséquence si un ou plusieurs commerçants ont adopté pour leurs produits chacun une couleur différente, il peut se faire que le nouveau venu dans la même industrie ne trouve plus une couleur distinctive pour les produits qu'il a le droit de vendre comme ses concurrents. L'objection n'est pas décisive, car si une pareille hypothèse se présentait, ce qui sera bien rare, il serait toujours possible de varier la nuance ou de prévenir toute confusion en ajoutant à la couleur un signe distinctif quelconque. Toutefois, lorsqu'il s'agit d'une couleur uniforme, le droit privatif ne doit être admis qu'avec une extrême réserve, et dans des cas tout à fait exceptionnels. Mais il en est autrement d'une combinaison de couleurs différentes qui, susceptible de varier à l'infini, peut donner aux produits les physionomies les plus diverses et par conséquent doit être protégée contre l'imitation (1).

Il a été jugé à cet égard que : 1° Si l'emploi d'une forme connue ainsi que de la couleur du papier ou de l'enveloppe considérés isolément, ne peuvent constituer une marque de fabrique proprement dite, la réunion de ces divers éléments est du moins de nature à former une marque pour celui qui en fait usage (Alger, 10 juillet 1869, Prudhon et Cie, *Annales*, 70, 282).

2° Une couleur peut devenir un signe distinctif et par cela même une marque de fabrique, soit par l'adoption de dispositions spéciales, soit par son application à certaines parties d'un produit, quelle que soit d'ailleurs la simplicité de la combinaison. Spécialement, constitue une marque valable, un fil de couleur introduit dans l'intérieur des mèches du mineur, encore bien que ce fil ne soit apparent qu'à ses extrémités ou lorsqu'on coupe la mèche par fragments (Nîmes, 22 fév. 1877, Davey, *Annales*, 81, 81).

3° Si une couleur ne peut en elle-même, indépendamment de toute forme, substance ou disposition particulière, suffire pour constituer une marque de fabrique, il en est autrement quand cette couleur est appliquée à un objet de forme déterminée et mise en opposition avec des couleurs localisées elles-mêmes suivant des lignes spéciales et des dessins particuliers, et que cet objet, par la combinaison intentionnelle des couleurs employées et par l'agencement des divers éléments dont il est composé, forme un ensemble nettement caractérisé (Douai, 30 avril 1881, *Annales*, 84, 335).

4° Un propriétaire de voitures de louage est en droit d'interdire à un concurrent d'imiter la livrée de ses cochers et la peinture de ses véhicules qu'il a adoptées pour distinguer son ma-

___

(1) V. Pouillet, n° 42.

tériel et attirer l'attention du public. Il importe peu qu'un examen attentif permette de distinguer les voitures des deux concurrents, si la confusion est possible et si en fait elle a existé (Angers, 26 fév. 1885, Cie des petites voitures d'Angers, *Annales*, 89, 14).

CHAPITRE II

139. Titre d'ouvrage; usurpation. — Le titre d'un ouvrage constitue sans aucun doute une propriété; mais de quelle nature est son usurpation? Faut-il y voir une véritable contrefaçon littéraire, le titre étant considéré comme une partie de l'ouvrage? Nous pensons qu'elle a seulement le caractère d'une concurrence déloyale ayant pour but de tromper et de détourner les acheteurs de l'œuvre. M. Pouillet n'hésite pas à reconnaître que le titre en lui-même, considéré isolément, ne constitue pas une propriété littéraire. « C'est plutôt, dit-il, une enseigne,
» une sorte de marque de fabrique; c'est la dénomination
» de la marchandise, s'il est possible d'employer de pareil-
» les expressions pour désigner des ouvrages de littérature.
» En copiant ce titre, on ne s'approprie pas l'œuvre elle-
» même, on détourne seulement les acheteurs qu'elle at-

» tirait et qui s'adressaient à elle, c'est-à-dire qu'on com-
» met un acte de concurrence déloyale » (1).

140. Titre de journal. — Le titre d'un journal est une
propriété de la même nature que celle du livre ; c'est une
sorte d'enseigne dont l'usurpation constitue une concurrence déloyale.

141. Comment s'acquiert la propriété du titre. —
S'il s'agit d'un ouvrage, la propriété du titre est acquise
à l'auteur par le fait seul de la publication, qui révèle son
existence. Mais il ne s'ensuit pas qu'il soit permis de prendre le titre d'un ouvrage non encore publié. Supposons, par
exemple, que le manuscrit soit tout prêt entre les mains
de l'auteur ou bien qu'il soit en cours d'impression : une
personne n'aurait assurément pas le droit de s'approprier
ce titre qu'une indiscrétion lui aurait fait connaître. L'auteur pourrait s'opposer à cette usurpation, à la condition
bien entendu d'établir son droit de priorité, ce qui sera
toujours assez difficile lorsque le titre n'a pas encore été
connu par la publication. Ce que nous disons d'un ouvrage
d'un livre quelconque, s'applique à l'œuvre dramatique
dont le titre doit être protégé pendant les répétitions, avant
que les représentations publiques ou les affiches aient
affirmé son existence.

Pour les journaux, le titre se révèle par la publication
du premier numéro, mais sa propriété est également antérieure à cette publication. Supposons, par exemple,

(1) Pouillet, n° 631 ; — Blanc, p. 388 ; — Gastambide, p. 215 ; — Renouard,
p. 339 ; — Ruben de Couder, v° *Prop. litt.*, n° 117 ; — Paris, 25 fév. 1880,
Schlosser, *Annales,* 80, 219 ; — *Contrà* Merlin, *Quest.* v° *Prop. litt.*, § 1er ;
— *Conf.* Huard et Mack, n° 1470.

qu'une société soit constituée pour l'exploitation d'un journal, nul n'aurait le droit, avant que la société fonctionne et que le premier numéro ait paru, de prendre le titre qui figure dans les statuts déposés conformément à la loi. Dans tous les cas, la propriété du titre est acquise par le fait du dépôt au Parquet du Procureur de la République, prescrit par l'article 7 de la loi du 29 juillet 1881.

Il a été jugé (1) (antérieurement à cette loi), *que* : 1° La propriété du titre d'un journal appartient à la personne qui, la première, a versé le cautionnement et déposé à la préfecture de police la déclaration écrite exigée par la loi (Trib. civ. Seine, 3 mai 1877, *Gaz. Trib.*, 20 mai).

2° Entre deux personnes qui déposent le même titre de journal, le droit de priorité, entraînant le droit exclusif de faire usage de ce titre, appartient non à celle qui a fait la première paraître son journal, mais à celle qui avait la première manifesté son intention et pris possession du titre, en déposant le cautionnement et en faisant à la préfecture la déclaration prescrite par la loi (Paris, 8 août 1879 et Cass., 13 juillet 1880, Vigien, Dalloz, 1881, 1, 24).

3° La publicité faite pour annoncer un ouvrage qui va paraître, et dont le titre est indiqué, crée un droit d'antériorité à la propriété du titre, si l'ouvrage est ensuite mis en vente dans le délai moral nécessaire à sa préparation (Trib. com. Seine, 16 nov. 1885, *La nouvelle Revue, Annales*, 90, 26).

Jugé toutefois que : 1° La priorité d'un titre de journal ne peut être revendiquée par celui qui s'est borné à déclarer au ministère son intention de publier un journal sous ce titre, et à faire paraître un numéro prospectus, s'il n'a donné d'ailleurs aucune suite à cette publication (Trib. comm. Seine, 6 nov. 1849, Dutacq, Le Hir, 1850, 2, 147).

2ʳ Le fait d'avoir introduit devant le Conseil d'État une instance à l'occasion d'un titre de journal dont l'autorisation a été

____

(1) *Conf.* Paris, 28 juin 1847, Borel d'Hauterive, Blanc, p. 373.

retirée, ne peut être considéré comme une prise de possession de ce titre, permettant de le revendiquer contre un tiers, lors même qu'il aurait été émis quelques prospectus non suivis de publication (Trib. civ., 4 mars et 20 avril 1864, Gondon, *Annales*, 64, 298, et Paris, 6 fév. 1865, *Annales*, 65, 147).

3° Le dépôt seul d'un nom ou titre de journal, revue ou écrit périodique, ne confère pas un droit privatif à celui qui l'a opéré, s'il n'a été suivi d'une publication courante et effective. Spécialement, il n'est pas possible d'admettre que le dépôt d'un certain nombre de titres, fait au parquet aux termes de la loi de 1881, permette au déposant de monopoliser les titres qui s'appliquent à une matière déterminée, de manière à empêcher la libre concurrence (Trib. civ. Seine, 10 juin 1886, Bocquet, *Le Droit*, 23 juin 1886).

142. Le titre ne doit pas être générique. — Pour faire l'objet d'un droit privatif, le titre doit être nouveau, c'est-à-dire qu'il doit n'avoir jamais été employé pour un ouvrage ou un journal publié antérieurement. Il faut en outre qu'il ne soit pas générique, de telle sorte qu'il ne constitue pas la désignation nécessaire de l'ouvrage ou du journal. Mais, cette condition a besoin d'être bien précisée. Quand il s'agit de la dénomination d'un produit, l'arbitraire et la fantaisie peuvent se donner libre carrière. Il en est de même pour certains ouvrages, par exemple, les romans ou les pièces de théâtre dont le titre parfois n'a aucune relation avec la donnée de l'œuvre ou tout au moins ne la rappelle que d'une façon tout à fait indirecte. Mais il existe certains ouvrages, par exemple, ceux qui touchent à la science, à l'histoire, à l'enseignement, etc., etc... dont les titres rappellent nécessairement la nature et l'objet. On ne pourrait pas contester à l'auteur la propriété du titre qu'il a choisi, sous le prétexte que ce titre éveille la pensée de l'ouvrage et annonce le sujet traité. Il suffit, pour être protégé, que ce titre, tout en étant en rapport avec l'œuvre, présente un caractère nouveau et spécial qui le distingue de tous les titres précédemment donnés aux ouvrages du même genre. Pour bien préciser la règle, nous ne saurions mieux faire que de passer en revue les décisions judiciaires qui en ont fait l'application.

143. Titres d'ouvrages dont la propriété a été reconnue :

Almanach comique et *Almanach prophétique* (Nancy, 26 juillet 1852, Blanc, p. 376).

Biographie universelle ancienne et moderne (Orléans, 10 juillet 1854, Thoisnier-Desplaces, *Annales*, 55, 128) (1).

Heures musicales (Trib. civ. Seine, Girod, *Annales*, 58, 188).

Mémorial de Saint-Hélène (Trib. civ. Seine, 24 fév. 1860, Las-Cases, *Annales*, 60, 164).

Encyclopédie du XIXe siècle (Trib. com. Seine, 18 août 1869, Larousse, Teulet, 19, 175).

Paris brûlé (Trib. civ. Seine, 20 déc. 1871, Plon, *Annales*, 73, 159).

Le Roi carotte (Trib. civ. Seine, 14 fév. 1873, Choudens, *Annales*, 73, 168).

Les vingt-huit jours d'un réserviste (Paris, 24 nov. 1886, Vanier, *Annales*, 87, 316).

144. Titres de journaux dont la propriété a été reconnue :

La Mode (Paris, 15 fév. 1834, Dufougerais, Dalloz, 34, 2, 53).

L'Illustration (Trib. com. Seine, 14 fév. 1845, Dubochet, *Le Droit*, 16 fév.) (2).

---

(1) L'arrêt déclare que les mots *Biographie universelle* constituent un terme générique que nul ne peut s'approprier.

(2) Id. Paris, 7 janvier 1884, Marc et Cie, *Le Droit*, 7 mars 84.

Magasin des demoiselles (Trib. com. Seine, 28 déc. 1848, Desrey, Le Hir, 48, 2, 115).

Journal des fiancés (Trib. com. Seine, 13 oct. 1859, Dubedat, *Annales*, 59, 401).

Le Progrès (Trib. civ. Seine, 24 juin 1864, Chanoine, *Annales*, 64, 299).

Les Petites Affiches (Paris, 2 juin 1866, Lambert, *Annales*, 69, 223).

Moniteur universel (Trib. com. Seine, 28 déc. 1868, Panckoucke, *Annales*, 69, 5).

La Presse (31 mars 1869, Halbronn, *Annales*, 69, 142).

Le Capitaliste (Trib. com. Seine, 7 avril 1881, Dalloz, 82, 3, 96).

L'Indépendant français (Trib. com. Seine, 18 juin 1881, Dalloz, 82, 3, 96).

L'Orchestre (Trib. com. Seine, 18 juillet 1885, *Annales*, 89, 339).

Le Matin (Trib. com. Seine, *Annales*, 86, 82).

Le Petit Journal (Paris, 11 nov. 1887 et 1er mai 1888, *Annales*, 89, 337).

L'Artiste; *Revue de Paris* (Trib. com. Seine, 14 juin 1888, *Annales*, 89, 344).

145. Titres d'ouvrages dont la propriété n'a pas été reconnue :

Histoire financière de la France (Paris, 22 juillet 1830, Bresson, Blanc, p. 384).

Biographie universelle (Paris, 8 fév. 1834, Furne, Sirey, 34, 2, 258).

Dictionnaire de médecine usuelle (Paris, 6 fév. 1835, Blanc, p. 384).

Encyclopédie catholique (Paris, 8 oct. 1835, Forfelier, Blanc, p. 374).

Le Jardin des Plantes (ouvrage descriptif de l'établissement public portant ce nom) (Paris, 21 déc. 1841, Blanc, p. 377).

La France (titre donné à un atlas) (Trib. com. Seine, 14 juin 1843, Aubrié, Blanc, p. 376).

La Petite Pologne (titre donné à un drame) (Trib. civ. Seine, 3 août 1860, *Annales*, 60, 449) (1).

Bibliothèque libérale (titre donné à une collection d'ouvrages ayant un caractère libéral) (Trib. com. Seine, 25 août 1869, *Gaz. Trib.*, 26 août).

Guide itinéraire (Trib. Seine, 7 janv. 1879, Dentu, *Gaz. Trib.*, 8 janv. 79).

146. Usurpation du titre ; confusion. — Qu'il s'agisse d'un ouvrage ou d'un journal, l'usurpation n'a pas besoin d'être servile pour constituer une concurrence déloyale. Il sera bien rare d'ailleurs que le titre soit littéralement copié ; le plus souvent l'imitateur prendra soin de le modifier au moyen d'additions ou de retranchements. Si la modification est telle qu'aucune confusion ne soit possible entre les deux ouvrages ou les deux journaux, il ne saurait y avoir de préjudice, et par conséquent pas de concurrence déloyale ou illicite. Que si au contraire, malgré les changements, les deux publications peuvent être confondues l'une avec l'autre, l'auteur de l'ouvrage ou le propriétaire du journal est en droit de s'adresser aux tribunaux pour demander, suivant les circonstances, soit la suppression complète du titre usurpé, soit des modifications nécessaires pour empêcher la confusion.

147. Exemples de titres usurpés. — La jurisprudence a eu maintes fois l'occasion d'appliquer la règle que nous avons posée dans le paragraphe précédent. Voici un certain nombre de décisions rendues à cet égard ; nous les citons

---

(1) Le jugement constate qu'il avait été déjà fait usage de ce titre dans d'autres ouvrages littéraires ou dramatiques.

en indiquant le titre usurpé et en mettant en regard le titre considéré comme une usurpation :

Le Constitutionnel. — *Le Constitutionnel de 1830* (Trib. com. Seine, 2 mars 1832, Blanc, p. 387).

Les Petites Affiches. — *Les Petites Affiches du commerce, de l'industrie et des arts* (Trib. com. Seine, 14 fév. 1834, *Gaz. Trib.*, 19 fév.).

La Mode. — *La Mode de Paris* (Paris, 15 fév. 1834, Dufougerais, Dalloz, 34, 2, 53).

Journal des Débats. — *Journal des Débats industriels et littéraires* (Trib. com. Seine, 8 nov. 1843, Bertin, Blanc, p. 387).

Magasin des demoiselles. — *Magasin des dames; Moniteur des demoiselles* (Trib. com. Seine, 28 déc. 1848, Desrey, Le Hir, 48, 2, 115) (1).

Almanach prophétique; Le Dragon rouge. — *Almanach prophétique* (Nancy, 26 juillet 1852, Plon, Blanc, p. 382).

Le Théâtre. — *Nouveau journal des Théâtres* (Paris, 8 août 1853, Chavet, *Le Droit*, 18 août).

Heures musicales. — *Heures musicales des salons* (Trib. com. Seine, 15 oct. 1857, Girod, *Annales*, 58, 188).

Figaro. — *Figaro-Revue* (Trib. civ. Seine, 6 mai 1859, Naquet, *Le Droit*, n° 108) (2).

Petites Affiches. — *Petites Affiches diurnes et nocturnes* (Trib. com. Seine, 13 sept. 1862, Guillebout, *Annales*, 62, 403).

Moniteur Universel. — *Moniteur Officiel* (Trib. com. Seine, 28 déc. 1868, Panckoucke, *Annales*, 69, 5).

La Presse. — *La Presse libre* (Trib. civ. Seine, 31 mars 1869, Halbronn, *Annales*, 69, 142).

Les Pompiers de Nanterre. — *Les Beaux Pompiers de Nanterre* (Paris, 30 mai 1872, Philibert, *Annales*, 73, 165).

---

(1) Le tribunal constate que le titre est disposé de manière à ce que les mots « *des demoiselles* » frappent davantage les yeux, et il ordonne la suppression de ces mots.

(2) V. aussi Trib. com. Nice, 3 mars 1880 (*Le Nouveau Figaro*), (*Annales*, 80, 174).

Le Journal de Vienne. — *La Vienne* (Poitiers, 18 déc. 1873, Dupré, *Annales*, 74, 134).

Le Messager de la Pharmacie. — *Le Moniteur de la Pharmacie et la Ruche pharmaceutique* (Trib. com. Seine, 29 nov. 1876, Masson, *Le Droit*, 17 déc.).

Le Capitaliste. — *Le Petit capitaliste* (Trib. com. Seine, 7 avril 1881, Dalloz, 82, 3, 96).

L'Indépendant français. — *L'Indépendant* (Trib. com. Seine, 18 juin 1881, Dalloz, 82, 3, 96).

Le Voyageur de commerce. — *Le Journal des voyageurs de commerce* (Trib. com. Seine, 4 août 1881, Castex, *Annales*, 81, 254).

L'orchestre. — *Le Monsieur de l'orchestre* (Trib. com. Seine, 18 juillet 1885, *Annales*, 89, 339).

Le Matin. — *Le Matin français* (Trib. com. Seine, 15 sept. 1884, *Annales*, 86, 82).

Le Moniteur Universel. — *Le Moniteur Universel des voyageurs* (Paris, 23 mars 1885, *La Loi*, 5 juillet 85).

Le Petit Journal. — *Le Petit Journal Financier* (Paris, 11 nov. 1887 et 1er mai 1888, *Annales*, 89, 337) (1).

L'Illustration. — *L'Illustration Européenne* (Paris, 1er mai 1888, *Annales*, 89, 334) ; *L'Illustration nationale* (Trib. com. Seine, 5 mai 1888, *Annales*, 89, 333) ; *L'Illustration Dauphinoise* (Trib. com. Grenoble, 23 nov. 1888, *Annales*, 89, 335) (2).

L'artiste, Revue de Paris. — *L'artiste, Revue de Paris et de St-Pétersbourg* (Trib. com. Seine, 14 juin 1888, *Annales*, 89, 341).

148. Titres dont l'usurpation n'a pas été reconnue. — En regard du titre dont la propriété était revendiquée, nous plaçons le titre qui a été considéré comme ne constituant pas une usurpation :

Le Voleur, Gazette des journaux. — *Le Voleur politique et lit-*

(1) V. aussi Paris, 20 juillet 1880 (*Petit Journal du soir*), (*Annales*, 80, 365).

(2) V. aussi Paris, 22 mai 1845, Dubochet (*Illustration de la Jeunesse*), Blanc, p. 382 ; — Trib. com. Seine, 20 nov. 1881, Marc et Cie (*Illustration de Beauvais*), *Le Droit*, 21 déc. 1881.

téraire (Paris, 30 mars 1830, Rosier, *Gaz. Trib.*, 4 mars) (1).

Almanach du peuple, des villes et des campagnes. — *Calendrier de France, Almanach du peuple* (Trib. corr. Seine, 18 mars 1835, Leclerc, *Gaz. Trib.*, 19 mars).

Écho de la Presse. — *Magasin parisien, Écho de la Presse française* (Trib. com. Seine, 17 janv. 1843, Duchet, Blanc, p. 388).

Annuaire de la Noblesse. — *Almanach de la Noblesse de France* (Paris, 28 juin 1847, Borel, Blanc, p. 373).

Journal des fiancés. — *Moniteur des fiancés* (Trib. com. Seine, 13 oct. 1859, Dubedat, *Annales*, 59, 401).

L'Exposition universelle de 1867 illustrée. — *L'Exposition populaire illustrée* (Trib. civ. Seine, 3 août 1866, Ducuing, *Annales*, 67, 352) (2).

Le Gravillais, avec le sous-titre de *Courrier d'Avranches, de Coutances et de la Côte.* — *Le Courrier d'Avranches* (Caen, 15 nov. 1878, Cagnant, *Annales*, 78, 143) (3).

Almanach du département de l'Eure. — *Almanach annuaire de l'Eure* (Rouen, 5 août 1873, Quettier, *Annales*, 74, 341) (4).

Figaro. — *Figaro algérien* (Trib. com. Alger, 30 juin 1881, Dalloz, 82, 3, 96).

L'acclimatation. — L'éleveur (avec le sous-titre *acclimatation*) (Trib. com. Seine, 20 mai 1887, Deyrolle, *Annales*, 90, 60).

Il y a concurrence déloyale dans le fait d'imiter le titre d'une chansonnette en vogue et de faire crier dans les rues la nou-

---

(1) L'arrêt constate qu'en raison de la dissemblance des formats et des matières traitées, toute confusion était impossible.

(2) Les journaux, comme le constate le jugement différaient de format, de caractères, de papier et de prix et ne s'adressaient pas au même public.

(3) L'arrêt déclare que la propriété du titre s'applique seulement au nom sous lequel le journal est connu et désigné, c'est-à-dire aux mots écrits en très grands caractères, en tête de la première page, et non aux qualifications qui suivent, imprimées en caractères beaucoup moins grands, en seconde et troisième ligne, servant à indiquer, soit la ligne politique que suivra le journal, soit la circonscription à laquelle il s'adresse, lesquelles sont dans le domaine public (*Contrà*, Trib. com. Seine, 14 fév. 1834, Sirey, 34, 2, 247 ; — Trib. com. Seine, 19 déc. 1835, *Gaz. Trib.*, 20 déc. 1835 ; — Trib. com. Seine, 14 juin 1883, *Annales*, 89, 341).

(4) L'arrêt constate que, à raison du prix, du format et de la couleur de la couverture, il ne pouvait y avoir aucune confusion entre les deux ouvrages.

velle chansonnette en omettant les mots qui différencient les deux titres (*Derrière l'omnibus* et *En chantant derrière l'omnibus*) (Trib. civ. Seine, 1ᵉʳ mai 1884, Le Bailly, *Gaz. Trib.*, 2 mai 1884).

149. Titres d'ouvrages de genres différents. — Deux titres ne peuvent, par leur similitude ou leur analogie, produire une confusion que s'ils sont appliqués à des ou-vrages de même genre. Le titre d'un journal, par exemple, ne saurait faire une concurrence préjudiciable au titre d'un livre. Toutefois il en serait autrement s'il s'agissait d'une publication périodique dont les livraisons sont réunies en volume, à la fin de l'année. De même encore un roman peut, sans inconvénient, emprunter son titre à un livre d'éducation ou bien à un ouvrage historique. Aucune con-currence et aucune confusion ne pouvant se produire entre ces ouvrages de nature différente, la similitude de leurs titres ne saurait être sérieusement incriminée. Mais il ne serait pas permis de donner à une œuvre dramatique, un titre qui appartient à un roman. Comme le dit avec raison M. Pouillet : « Il s'agit là de deux ouvrages d'imagination, » s'adressant au même public, pouvant par suite entraîner » une confusion, sans compter qu'il n'est pas rare que l'au- » teur d'un roman lui donne ensuite la forme dramati- » que » (1).

Il a été jugé à cet égard que : 1° Le propriétaire d'une revue hebdomadaire illustrée peut prendre le titre de *L'ami de la maison* donné déjà à un livre d'éducation (Trib. com. Seine, 9 avril 1856, *Le Droit*, 10 avril).

2° Lorsqu'une publication parue en feuilleton a pour titre *Les Reines de la main gauche ; Galerie complète des favorites des*

____

(1) Pouillet, n° 643.

rois de France, on ne saurait voir une usurpation dans le fait de donner comme premier titre : *Les Reines de la main gauche*, à un ouvrage publié en quinze volumes se diversifiant par le nom du personnage historique qui forme le sujet de chaque étude (Trib. civ. Seine, 8 mars 1867, Delacroix, *Annales*, 67, 76) (1).

3° Un titre tel que : les *Mystères de l'Internationale*, ne fait pas confusion avec celui de *Histoire de l'Internationale*, alors du moins que les deux ouvrages sont différents (l'un était un roman, l'autre un ouvrage historique), ne satisfaisant ni aux mêmes besoins, ni aux mêmes préoccupations intellectuelles et ne s'adressent pas dès lors aux mêmes lecteurs (Trib. civ. Seine, 16 juillet 1874, Bunel, *Gaz. Trib.*, 17 juillet).

4° Un éditeur de musique n'a pas le droit d'appliquer à des quadrilles ou autres compositions musicales le titre (*Binettes contemporaines*) adopté par un auteur pour une publication littéraire (2) (Trib. comm. Seine, 15 avril 1858, Commerson, *Annales*, 58, 223).

5° L'éditeur du journal les *Petites Affiches* ne peut se plaindre de ce qu'un journal politique, comme la *Liberté*, publie à sa quatrième page, une partie de ses annonces sous le titre de *Petites affiches de la Liberté* (Trib. comm. Seine, 10 juin 1868, *Petites Affiches*, *Annales*, 68, 217).

6° Le fermier d'annonces d'un journal ne peut se plaindre de l'usage que fait un entrepreneur d'annonces, sur cartons reliures, du nom de ce journal auquel les cartons sont destinés à servir de couvertures dans les cafés ou autres lieux publics ; les cartons ne peuvent faire naître aucune confusion avec le mode de publicité employé par le fermier d'annonces, ni dans l'esprit de ceux qui recourent, pour leurs annonces, à la publicité des journaux, ni même dans l'esprit de ceux qui lisent ces annonces dans les cafés ou dans d'autres lieux publics (Paris, 1er juillet 1858, Estibal, *Annales*, 58, 334).

---

(1) Le titre incriminé avait été employé pendant 8 ans sans protestation et il avait été supprimé avant le procès.

(2) En même temps que le titre, l'éditeur de musique avait reproduit des portraits empruntés à la publication littéraire.

7° Le point de savoir si l'adoption pour un ouvrage nouveau, d'un titre déjà porté par un ouvrage ancien, a ou non un caractère licite, est essentiellement une question de fait subordonnée aux circonstances et soumise à l'appréciation du juge. Il est nécessaire, pour que la demande en suppression soit fondée, qu'une confusion soit possible dans l'esprit du public et qu'il soit justifié d'un préjudice. Ainsi l'auteur d'un roman intitulé *Le chasseur d'hommes*, ne peut demander la suppression du titre *Les chasseurs d'hommes* donné à un ouvrage postérieur, lorsqu'il résulte des circonstances qu'aucune confusion n'est possible entre les deux ouvrages (Trib. civ. Seine, 27 janv. 1869, Gonzalès, *Annales*, 69, 44).

8° Le fait, par un éditeur, d'adopter pour la publication d'un livre, le même titre (*La science pour tous*) que celui d'un journal hebdomadaire dont les livraisons sont réunies en volume à la fin de chaque année, constitue une concurrence déloyale dont il est dû réparation (Trib. civ. Seine, 21 juill. 1871, Sauzca, Le Hir, 76, 2, 54).

150. Réfutation ; parodie. — Celui qui réfute ou bien qui parodie une œuvre a-t-il le droit d'en prendre le titre ? Nous ne le pensons pas ; car autrement le public serait induit en erreur et celui qui veut acheter l'œuvre elle-même pourrait être trompé en recevant sa parodie ou sa réfutation.

Il a été jugé en ce sens que : 1° Lorsqu'un ouvrage est intitulé : *Les paroles d'un croyant*, un éditeur ne saurait en publier la réfutation sous le titre de *Paroles d'un croyant, revues, corrigées et augmentées par un catholique* (Paris, 27 nov. 1834, Renduel, Blanc, p. 387).

2° La parodie d'une chanson est licite ; mais le parodiste ne peut mettre en gros caractères le titre de la chanson de manière à induire l'acheteur en erreur et lui faire croire qu'il achète la chanson elle-même (Trib. com. Seine, 26 août 1886, Le Bailly, *Annales*, 89, 352).

Jugé toutefois que : Le fait de reproduire le titre d'une œuvre littéraire, en tête d'une brochure destinée à lui servir de réfutation, ne saurait constituer une usurpation de titre, ni un acte de concurrence déloyale, alors que le second ouvrage ne peut remplacer le premier et que la confusion n'est pas possible (Trib. com. Seine, 17 mai 1861, Gaume, *Annales*, 61, 255).

151. Titres de journaux paraissant dans des localités différentes. — Deux journaux qui paraissent dans des localités différentes n'ont pas les mêmes lecteurs et par conséquent ne se font pas concurrence. Une similitude de titres ne peut donc être préjudiciable à l'un ou à l'autre. Toutefois il en est autrement lorsqu'il s'agit de journaux qui pénètrent en dehors de la localité où ils sont publiés. Tels sont par exemple les journaux de Paris et même certaines feuilles de province qui sont répandues dans toute une région. Les propriétaires de ces journaux peuvent avoir intérêt à empêcher l'imitation de leur titre par des journaux paraissant dans d'autres localités.

Il a été jugé à cet égard que (1) : 1° Le propriétaire d'un journal publié à Lyon, et intitulé *Le Progrès*, peut exiger qu'un journal de Paris, traitant les mêmes matières et s'adressant aux mêmes lecteurs, ne prenne pas le même titre sans le faire suivre des mots « *de Paris* » (Trib. civ. Seine, 24 juin 1864, Chanoine, *Annales*, 64, 299).

2° La publication à Alençon d'un journal ayant pour titre le *Petit normand de l'Orne*, ne porte pas atteinte aux droits du propriétaire d'un journal antérieurement publié à Rouen sous le titre de *le Petit normand*, si la disposition typographique des titres, le format et l'impression des deux journaux sont de nature à éviter toute confusion (Caen, 25 mars 1886, Boissieu, *Annales*, 89, 345).

(1) V. aussi Trib. civ. Seine, 28 mars 1873, Dupont-Dussauty (*L'ordre* de Paris et *L'ordre* d'Arras), *Le Droit*, 30 mars 1873.

152. Nom de localité servant de titre à un journal. —
Un journal peut faire entrer dans son titre le nom de la
ville ou du département dans lequel il est publié. Il en est
ainsi, alors même que ce nom ferait partie d'un journal
plus ancien paraissant dans la même localité ; mais la
nouvelle feuille doit prendre toutes les mesures nécessaires
pour qu'aucune confusion ne puisse se produire entre les
deux publications (1).

153. Comment s'éteint la propriété du titre. — Quand
il s'agit d'un ouvrage, d'un livre, par exemple, le droit sur
le titre dure autant que la propriété de l'œuvre elle-
même (2). Mais le jour où l'œuvre tombe dans le domaine
public, le titre partage le même sort ; chacun est libre d'en
faire usage selon sa fantaisie en l'appliquant à un ouvrage
de sa composition. Sans doute il peut en résulter une confusion regrettable pour le public ; mais l'œuvre dont le
titre est usurpé n'appartenant plus à personne, nul ne peut
se plaindre du plagiat.

Pour les journaux, la propriété du titre dure autant que
le journal lui-même. Si sa publication vient à cesser, son
titre peut être pris par un autre, pourvu que l'interruption
ait été assez longue pour faire présumer l'abandon. Il y a
là une question de fait que les tribunaux apprécient souverainement.

Il a été jugé que : 1° La suppression d'un journal arrivée par
un fait volontaire ou forcé fait tomber dans le domaine public

(1) Trib. com. Havre, 14 nov. 1868, *Journal le Havre* c. *Le Havre, Annales*, 69, 350 ; — Riom, 27 août 1874, *Le Moniteur du Puy-de-Dôme* c. *Le Journal du Puy-de-Dôme, Annales*, 74, 347 ; — *Contrà*, Poitiers, 18 déc. 1873,
Journal de la Vienne c. *La Vienne, Annales*, 74, 134.

(2) Huard et Mack, *Répertoire de la Prop. litt. et art.*, n° 1449.

le titre qui avait été adopté. L'ancien concessionnaire perd dès lors le droit de s'opposer à ce que ce titre soit adopté par un autre (Trib. civ. Seine, 3 août 1864, Laurent Pichat, *Annales*, 65, 145).

2° Le titre d'un journal dont la suppression a été ordonnée tombe, par cela même, dans le domaine public et peut dès lors être repris par un nouvel éditeur, mais à condition d'éviter toute confusion avec l'ancien (Trib. comm. Seine, 17 juin 1868, De Villemessant, *Annales*, 68, 218).

3° Dans les usages constants de l'administration et de la Société des gens de lettres, tout propriétaire de journal qui est resté un an sans publier un seul numéro, doit être considéré comme ayant renoncé au titre du journal (Trib. com. Seine 1er sept. 1874, *Annales*, 74, 373).

4° Un titre de journal ne peut être revendiqué par celui qui en a fait pour la première fois usage, lorsqu'il a laissé s'écouler une période de plusieurs années sans faire aucune protestation contre l'emploi de ce titre par un autre éditeur, et lorsque la première publication avait d'ailleurs cessé au bout de quelques jours (Trib. com. Seine, 31 mars 1881, *Le Citoyen de Marseille*, Dalloz, 82, 3, 95).

Jugé toutefois que : Malgré les interruptions et les irrégularités qu'il a pu y avoir dans la publication d'un journal, un tiers ne saurait s'approprier son titre du moment qu'il n'est pas établi que le propriétaire originaire du titre ait renoncé au droit qui lui appartenait, et qu'il justifie au contraire, en reprenant la publication de son journal, avoir eu l'intention formelle de conserver son droit privatif (Caen, 25 mars 1886, de Boissieu, Dalloz, 87, 2, 139).

154. Couverture, format, caractères, etc. — Indépendamment de son titre, l'ouvrage peut se distinguer par la physionomie particulière que lui donnent sa couverture, son format, ses caractères typographiques et même la couleur de son papier. Faut-il voir une concurrence déloyale dans le fait d'imiter l'ensemble de ces dispositions ou quelques-unes d'entre elles? Oui, sans aucun doute, si l'imitation a été combinée dans le but de produire une confusion. Il appartient aux tribunaux de rechercher si cette confusion est possible et aussi de faire la part du domaine public, en tenant compte de l'usage qui rend certaines dispositions banales et par suite non susceptibles d'appropriation privée.

L'usurpation du titre, à peine avons-nous besoin de le dire, est aggravée par l'imitation des divers éléments qui donnent à l'ouvrage un aspect particulier.

Il a été jugé à cet égard que : (1) 1° Il y a concurrence déloyale à publier un ouvrage dans lequel les titre, couverture, couleur du papier de la couverture, l'impression et le frontispice, forment un ensemble préparé pour opérer, aux yeux du public, une confusion calculée avec un ouvrage déjà existant ; il en est ainsi surtout lorsque l'on désigne faussement, comme lieu de publication du nouvel ouvrage, la même ville que celle où le premier ouvrage s'imprime et s'édite (Trib. com. Seine, 29 déc. 1853, Pagnerre, *Le Droit*, 4 janv. 1854).

2° Les ressemblances qui peuvent exister entre deux collections d'ouvrages du domaine public ne sauraient donner ouverture à une action en concurrence déloyale qu'autant qu'il serait établi qu'il peut y avoir confusion entre les deux publications. Tel n'est pas le cas, lorsque les collections diffèrent par le choix des ouvrages et par les caractères typographiques. On ne saurait incriminer l'imitation du format, lorsque ce dernier est depuis longtemps dans le domaine public, ni la similitude du papier employé journellement par les éditeurs (Trib. com. Seine, 19 mai 1858, Jannet, *Annales*, 58, 302).

3° Lorsque l'imitation du titre, du plan et de l'aspect d'un

______

(1) *Conf.* Paris, 22 déc. 1881, Brochard, *Annales*, 82, 295 ; — Paris, 24 nov. 1886, Vanier, *Gaz. Trib.*, 27 nov. 1886).

journal peuvent amener une confusion avec un autre journal, il y a là une concurrence déloyale justifiant une demande en dommages-intérêts (Trib. civ. Seine, 16 janv. 1883, Piégu, *Annales*, 89, 317).

4° Lorsque, par suite de la différence de leurs titres, aucune confusion ne peut être faite entre deux journaux, la ressemblance des caractères d'impression, des titres des articles et de la couleur du papier, ne saurait être considérée comme élément de concurrence déloyale (Trib. com. Seine, 15 sept. 1884, *Le Matin*, *Annales*, 86, 82).

TROISIÈME PARTIE

CONCURRENCE DÉLOYALE AYANT POUR BUT DE DÉTOURNER LA CLIENTÈLE SANS PRODUIRE DE CONFUSION.

CHAPITRE PREMIER

MÉDAILLES ET RÉCOMPENSES.

155. Usurpation de médailles et récompenses industrielles. — Les médailles et récompenses, distribuées dans les expositions ou concours publics, recommandent à la clientèle les produits des industriels qui les ont obtenues. Aussi leurs titulaires ont-ils l'habitude de les mentionner dans leurs prospectus et autres papiers de commerce, sur leurs enseignes et même sur leurs produits. Ils ont naturellement intérêt à empêcher que ces récompenses ne soient usurpées par des concurrents ; et d'une façon générale tout industriel, récompensé ou non lui-même, se trouve atteint par le fait d'un concurrent qui, pour capter la confiance du public, se pare de médailles qui ne lui ont pas été décernées. Mais en l'absence d'une loi spéciale, ces usurpations ne pouvaient constituer que des actes de concurrence déloyale. Les tribunaux avaient eu, à maintes reprises, l'occasion de les réprimer au moyen de condamnations purement pécuniaires, lorsque le législateur, trouvant que cette sanction était insuffisante, a érigé en délit l'usurpation de médailles et récompenses industrielles. Tel est l'objet de la loi des 30 avril-12 mai 1866 dont nous allons étudier les dispositions.

156. Les médailles sont personnelles. — Aux termes de l'article 1ᵉʳ de la loi : « L'usage des médailles, diplômes, » mentions, récompenses ou distinctions honorifiques » quelconques décernés dans des expositions ou concours, » soit en France, soit à l'étranger, n'est permis qu'à ceux » qui les ont obtenus personnellement, et à la maison de » commerce en considération de laquelle ils ont été décer- » nés ». Celui-là seul qui a obtenu la récompense peut donc s'en prévaloir, et il n'a pas le droit de la céder à un tiers soit à titre gratuit, soit à titre onéreux. Une pareille cession serait absolument nulle et le cessionnaire qui ferait usage d'une médaille ou récompense dans ces conditions serait exposé à des poursuites correctionnelles (1).

(1) V. Pouillet, *Marques de fabrique*, nº 528.

Il avait été jugé en ce sens (avant la loi des 30 avril-12 mai 1886) que : 1° Les médailles honorifiques, par exemple les médailles décernées dans un concours, sont personnelles et intransmissibles par voie d'achat, soit de la médaille, soit du produit récompensé. Spécialement le boucher qui a acheté d'un éleveur les bestiaux à raison desquels celui-ci a obtenu des médailles et ces médailles elles-mêmes, ne peut les faire figurer soit sur ses factures, soit sur sa boutique, ou sur la voiture de sa maison de commerce. Les commerçants, auxquels l'usage de cette médaille par leur concurrent porterait préjudice, ont le droit d'en demander la cessation avec dommages-intérêts (Paris, 12 mai 1865, Duval, *Annales*, 65, 342).

2° Les médailles obtenues dans une exposition sont personnelles à ceux qui les obtiennent ; il s'ensuit qu'elles ne peuvent être cédées à titre onéreux ou même gratuit, dans le but de permettre aux tiers de se les approprier comme si elles leur eussent été délivrées. — Le cessionnaire n'est même pas fondé à s'en prévaloir encore qu'il certifierait avoir été le collaborateur de la personne qui a obtenu la médaille (Toulouse, 25 mars 1885, Provost, *Annales*, 86, 24) (1).

157. Médailles décernées à une maison. — Il peut arriver que les médailles et récompenses soient décernées, non à une personne, industriel ou commerçant, mais à une maison, un établissement : à qui appartient, dans ce cas, le droit d'en faire usage ? L'article 10 du projet de loi accordait ce droit aux représentants de la maison de commerce récompensée. Mais ces mots ont paru peu clairs et ils ont été remplacés par la disposition de l'article 1er, aux termes duquel l'usage des récompenses n'est permis qu'à la maison de commerce en considération de laquelle elles ont été décernées. « Dans ce cas, disait M. Bozérian, rap-

____

(1) V. Trib. com. Seine, 18 déc. 1860, Peltier, *Annales*, 61, 117 ; — Lyon, 8 nov. 1865, Michon, *Annales*, 65, 439.

» porteur de la loi au Sénat, c'est en réalité à une per-
» sonne, à la personne morale, qui s'appelle la maison de
» commerce, que la récompense est accordée ; il était donc
» juste que ceux en qui cette personne s'incarne puissent
» en faire usage ». Quel que soit le représentant de la
maison, directeur, gérant, associé, il est bien évident qu'il
ne pourra se servir des récompenses que dans l'intérêt de
la maison elle-même. S'il en faisait usage dans son intérêt personnel, il commettrait une infraction à l'article 1er
de la loi de 1886.

Il a été jugé en ce sens que (1) : L'usage des médailles ou
distinctions honorifiques obtenues dans des expositions et concours étant permis non-seulement au titulaire, mais à la maison de commerce en considération de laquelle elles ont été décernées, il s'ensuit que le titulaire peut, en cédant cette maison
de commerce, transmettre accessoirement à son successeur le
droit de se prévaloir de ces récompenses. Les juges du fond
décident souverainement, par interprétation de la commune intention des parties, que ce droit a été, en effet, transmis au cessionnaire de la maison de commerce. — Ce droit doit être considéré comme ayant été transmis lorsque la marque de fabrique,
cédée en même temps que la maison de commerce, consiste
dans une médaille contenant les initiales du cédant et la mention des expositions où il a été obtenu des récompenses (Paris,
29 fév. 1888 et Cass., 16 juillet 1889, Vve Michaux, Dalloz, 91,
1, 61).

**158. Vente du fonds de commerce ; droit du cession-
naire sur les récompenses.** — Les médailles ou récompenses, obtenues dans des expositions ou concours publics,
ne peuvent être cédées. Nous avons vu qu'un semblable
trafic était interdit même avant la loi de 1886. Mais si une

(1) *Conf.* Trib. civ. Seine, 6 avril 1879, Bruet, *Annales*, 79, 226.

récompense, en raison de son caractère personnel, ne saurait être vendue isolément, peut-elle être comprise dans la vente du fonds de commerce ou de l'établissement de celui qui l'a obtenue ? Une distinction nous semble nécessaire. Si la récompense a été décernée à l'industriel lui-même, en considération de ses mérites personnels, pour reconnaître les progrès que, par son intelligence et son génie inventif, il a réalisés dans son industrie ; dans ce cas, la récompense doit être considérée comme personnelle à son titulaire et le successeur ne peut pas en faire usage. Que si au contraire, et ce sera le cas le plus fréquent, la récompense est décernée à la maison elle-même : si par exemple, comme il arrive souvent, elle est accordée à raison d'un produit, le successeur a le droit de s'en servir. L'article 1er de la loi de 1886 lui reconnaît expressément cette faculté en décidant que l'usage des médailles et récompenses est permis à la maison de commerce en considération de laquelle elles ont été obtenues. Le successeur représente et continue la maison qu'il a le droit de recommander à la clientèle comme le faisait son cédant, lorsque ce dernier l'y autorise (1).

Il a été jugé en ce sens que : 1° Le cessionnaire d'une maison de commerce qui a acheté la propriété des marques et étiquettes de cette maison, qui portent la mention de récompenses honorifiques obtenues par elle dans diverses expositions, a le droit de se prévaloir, soit dans des marques ou étiquettes, soit dans des réclames de journaux, de ces récompenses, alors surtout qu'elles paraissent avoir été accordées plutôt au produit qu'à la personne qui les a obtenues (Bordeaux, 1er juin 1887, Hardy, *Journ. Arr. Bordeaux*, 87, 1, 394).

2° Le successeur, qui a acheté tous les droits de la maison de

(1) V. Pouillet, *Marques de fabrique*, n° 530.

commerce qui a obtenu une médaille, a le droit de faire figurer cette médaille sur ses circulaires, factures et imprimés (Trib. com. Seine, 3 août 1888, Casse, *Annales*, 90, 127).

3° L'industriel qui, dans une exposition ou dans un concours, a obtenu des médailles ou distinctions honorifiques, peut, accessoirement à la vente de la maison de commerce en considération de laquelle ces récompenses lui ont été décernées, transmettre à son successeur le droit de s'en prévaloir (Cass., 16 juil. 1889, Vve Michaux, *Annales*, 89, 233).

4° Les médailles et distinctions honorifiques, décernées à raison d'un produit, doivent être considérées comme faisant partie de la maison de commerce qui les a obtenues, plutôt que comme étant la propriété personnelle de celui qui, alors qu'elles ont été obtenues, dirigeait l'exploitation. En conséquence, la vente du fonds implique la cession du droit à l'usage desdites médailles et distinctions honorifiques, comme étant un accessoire nécessaire de la marque des produits fabriqués par cette maison (Trib. corr. Seine, 17 juillet 1890, Anthoine, *La Loi*, 21 et 22 juill. 1890).

159. Droit de l'ancien associé. — Lorsqu'une récompense a été décernée à une société, celle-ci étant dissoute, qui a le droit d'en faire usage ? Les associés qui fondent une maison nouvelle, ne peuvent assurément pas se prévaloir de récompenses décernées à la société dont ils ont fait partie, mais à laquelle ils sont devenus étrangers. La récompense ayant été décernée à la société, personne morale, ceux-là seuls sont autorisés à s'en servir, qui représentent et continuent la société, qui peuvent en conséquence se dire ses successeurs. Si tous les associés s'étaient réservé le droit de se dire les successeurs de la maison dissoute, chacun d'eux pourrait faire usage de la récompense, à la condition bien entendu de ne pas laisser croire que cette récompense a été décernée à lui-même, ce qui constituerait une concurrence déloyale à l'égard de ses anciens co-associés (1).

Lorsque le fonds de commerce de la société dissoute est cédé ou adjugé à un tiers, celui-ci peut, comme tout cessionnaire d'un établissement industriel ou commercial, être autorisé, soit par l'acte de cession, soit par le procès-verbal d'adjudication, à faire usage des récompenses obtenues par la société. Il n'en serait autrement qu'au cas où il s'agirait d'une récompense personnelle à l'un des associés (2).

Il a été jugé que : L'usage des médailles et récompenses décernées dans des expositions et concours étant permis tant à ceux qui les ont obtenues personnellement qu'à la maison de commerce en considération de laquelle elles ont été décernées, on ne saurait contester à l'ancien associé d'une maison de commerce qui en est devenu, à la suite de la dissolution de la société, le seul et véritable propriétaire, le droit de se servir des médailles et récompenses décernées en considération de ladite maison (Trib. comm. Seine, 3 août 1888, Casse, *Annales*, 88, 341).

Mais Un ancien associé en nom collectif n'a pas le droit de faire usage d'une médaille décernée à la société dissoute, c'est-à-dire à un établissement qui n'a pas eu de successeur, à un être moral qui n'existe plus (Paris, 30 oct. 1890, Trouvé, *La Loi*, 8 et 9 déc. 1890).

160. Récompenses auxquelles s'applique la loi de 1886. — L'article 1er de la loi vise l'usage des « médail-» les, diplômes, récompenses, ou distinctions honorifiques » quelconques décernés dans les expositions ou les con-» cours, soit en France, soit à l'étranger ». Donc, quelle que soit la forme ou la dénomination de la récompense,

(1) Paris, 20 nov. 1846, Dupuy, *Journal du Palais*, 46, 2, 731.
(2) Trib. civ. Seine, 18 juil. 1884, Lebrun, Le Hir, 84, 2, 385.

dans quelque concours, dans quelque pays qu'elle ait été délivrée, son usage est réglementé par la loi de 1886 dont l'article 1er contient l'énumération la plus large. A ne consulter que le titre de la loi, il semble qu'elle soit relative seulement aux médailles et récompenses industrielles, mais l'article 3 punit ceux qui, sans droit et frauduleusement, se seront prévalus publiquement de récompenses, distinctions ou approbations accordées par des corps savants ou des sociétés scientifiques. Avant la loi de 1886, l'usurpation de ces récompenses était considérée comme une concurrence déloyale (1).

161. Approbation des remèdes par l'Académie de médecine. — Les lois sur la pharmacie ne permettent que la vente des remèdes inscrits au Codex, des remèdes magistraux, c'est-à-dire préparés suivant l'ordonnance d'un médecin, et des remèdes approuvés par l'Académie de médecine. Tout médicament qui ne rentre pas dans l'une de ces trois catégories est réputé remède secret et sa vente est interdite. Il en résulte que l'approbation par l'Académie de médecine, comme l'inscription au Codex, donne une existence légale au remède, et on s'est demandé, avant la loi de 1886, si le pharmacien, autorisé à vendre le remède, avait le droit de mentionner l'approbation de l'Académie de médecine, obtenue par le premier préparateur. M. Pouillet ne le pense pas. « L'effet de l'approbation du » corps savant, dit-il, est de permettre à tout pharmacien » de fabriquer le médicament approuvé ; chacun d'eux » peut donc le fabriquer librement sans craindre aucune » poursuite ; quant à l'approbation en elle-même, elle

(1) V. Pouillet, *Marques de fabrique*, n° 331.

» demeure personnelle au premier préparateur qui a pré-
» senté le médicament à l'Académie et dont la formule a
» été approuvée. Sans cela, que resterait-il au premier
» préparateur ? L'inventeur d'un médicament ne peut être
» protégé par un brevet et notre loi, dans l'intérêt de la
» santé publique, refuse tout privilège en cette matière.
» L'inventeur n'a d'autre ressource que de présenter sa
» découverte à l'Académie de médecine et d'obtenir son
» approbation. Il est donc bien juste qu'elle lui reste.
C'est le moins qu'on puisse faire (1) ». Nous partageons
entièrement cet avis, nous bornant à observer que, depuis
la loi de 1886, la question ne peut faire le moindre doute.
En effet, l'article 3 punit le fait de se prévaloir sans droit
de distinctions ou approbations accordées par les corps
savants ou les sociétés scientifiques, et comme il ne fait
aucune distinction, aucune réserve, il est bien évident
qu'il s'applique aux approbations de remèdes accordées
par l'Académie de médecine.

**162. Les récompenses tombent-elles dans la com-
munauté ?** — Si la récompense a été décernée à la maison et à ses produits plutôt qu'à la personne même de l'industriel ou du commerçant, elle tombe dans la communauté
avec les avantages pécuniaires qui en résultent. La communauté étant dissoute, l'usage de la récompense peut
être permis à la personne qui devient propriétaire du fonds
de commerce et qui continue la maison. Il en serait autrement s'il s'agissait d'une récompense ou distinction
ayant un caractère personnel. La communauté n'aurait,

____

(1) *Marques de fabrique*, n° 531.

dans ce cas, aucun droit à une récompense dont le titulaire seul est autorisé à se prévaloir.

Il a été jugé à cet égard que : Ne tombent pas dans la communauté des époux les médailles, croix, signes distinctifs accordés par le gouvernement ou une association légalement autorisée, à titre d'honneur et de récompense pour services rendus à l'État ou à la société (Trib. civ. de Rambouillet, 21 juin 1861, Guibout, *Annales*, 61, 391).

163. Obligation d'indiquer exactement la récompense. — L'industriel à qui une récompense d'un ordre inférieur a été décernée dans une exposition, peut être tenté d'en grossir l'importance. De même s'il a obtenu une première récompense dans un petit concours régional, il peut être désireux de faire croire qu'il a été diplômé dans une exposition universelle. Ou bien encore, une médaille lui ayant été délivrée dans une ancienne exposition, il peut essayer de la rajeunir en changeant sa date. La loi de 1886, dans son article 1er, prévoit et interdit toutes ces fraudes, en imposant, à celui qui se sert d'une récompense, l'obligation de faire connaître sa date, sa nature, l'exposition ou le concours où elle a été obtenue et l'objet récompensé. Cette prescription de la loi peut paraître rigoureuse, car la multiplicité des mentions risque de rendre impossible l'usage de la récompense, surtout lorsqu'il s'agit de la rappeler sur les produits eux-mêmes, dont la dimension est parfois très restreinte.

164. Fausse application de la récompense. — Comme nous venons de le voir, l'article 1er de la loi de 1886 oblige celui qui se sert d'une récompense à indiquer l'objet récompensé. Dans le même ordre d'idées, l'article 2 punit

le fait d'appliquer des récompenses à d'autres objets que
ceux pour lesquels elles avaient été obtenues. Le rappor-
teur de la loi au Sénat, M. Bozérian, rappelait l'exemple
d'un industriel, médaillé pour avoir exposé un dogue de
belle race à une exposition canine, qui avait appliqué cette
médaille sur des conserves alimentaires de sa fabrication.

Le législateur devait naturellement réprimer de pareils
abus qui ont pour résultat de tromper la confiance du
public et de discréditer les récompenses obtenues dans les
expositions industrielles. L'article 2 n'a fait d'ailleurs
qu'ajouter une sanction pénale à la règle établie par la
jurisprudence antérieure, qui considérait comme un acte
de concurrence déloyale, la fausse application des récompenses industrielles (1).

Il a été jugé (avant la loi de 1886) *que* : Un mécanicien qui
a obtenu une médaille pour une machine à graver n'a pas le
droit de mentionner cette médaille sur des prospectus et adresses s'appliquant exclusivement à des machines à coudre. Il y a
là un fait de concurrence déloyale qui donne ouverture à une action au profit des concurrents qui ont été spécialement récom-
pensés pour les machines de ce genre (Paris, 11 nov. 1859,
Callebaut, *Annales*, 60, 21) (2).

Il a été jugé (sous l'empire de la loi de 1886) *que* : 1° Constitue la fausse application d'une récompense industrielle, réprimée par l'article 2, § 2 de la même loi, le fait, par un marchand
de produits et appareils pour la photographie, de reproduire,
dans une annonce et sur des cartes, une médaille avec la mention : diplômes et médailles aux Expositions universelles 1878
et 1879, alors que le négociant en question a obtenu seulement
une mention honorable à l'Exposition universelle de 1878 pour

____

(1) V. Pouillet, *Marques de fabrique*, n° 525.
(2) V. Trib. com. Seine, 18 déc. 1860, Peltier, *Annales*, 61, 117 ; — Pau,
23 fév. 1863, Bastiat, Teulet, 13, 191.

des produits de parfumerie et une médaille de bronze pour un élixir dentifrice en 1879 à l'Exposition des sciences appliquées à l'industrie (Paris, 25 janv. 1888, Société centrale de produits chimiques, *Annales*, 88, 263).

2° L'article 2 de la loi du 30 avril 1886 qui prohibe l'application des distinctions honorifiques commerciales et industrielles à des objets autres que ceux pour lesquels elles ont été obtenues, ne vise pas seulement le cas où ces fausses indications ont été matériellement apposées sur les objets eux-mêmes. En conséquence, tombe sous l'application de la loi l'industriel qui expose en public un tableau contenant le fac-simile de sept médailles ou récompenses dont deux seulement ont été accordées pour le produit annoncé par le tableau (Trib. corr. Hâvre, 26 juil. 1887, Picon et Cie, Le Hir, 88, 2, 180; *Annales*, 88, 260).

165. Délits prévus par la loi de 1886. — L'article 2 de la loi de 1886 prévoit quatre délits distincts passibles de la même peine. Voici dans quels termes il est conçu :
« Seront punis d'une amende de 50 à 6.000 francs et d'un
» emprisonnement de trois mois à deux ans ou de l'une de
» ces deux peines seulement : 1° ceux qui, sans droit et
» frauduleusement, se seront attribué publiquement les
» récompenses ou distinctions mentionnées à l'article 1er ;
» 2° ceux qui, dans les mêmes conditions, les auront appli-
» quées à d'autres objets que ceux pour lesquels elles au-
» raient été obtenues ou qui s'en seront attribué d'imagi-
» naires ; 3° ceux qui les auront indiquées mensongèrement
» sur leurs enseignes, annonces, prospectus, factures, let-
» tres ou papiers de commerce ; 4° ceux qui s'en seront
» indûment prévalus auprès des jurys des expositions ou
» concours ».

166. Publicité. — Quelle que soit la forme sous laquelle se présente l'usurpation de médailles, il faut, pour être punissable, qu'elle soit publique. Elle offrira nécessairement ce caractère lorsqu'elle consistera dans une indication sur des enseignes, annonces, prospectus, factures, lettres ou papiers de commerce ; le délit est consommé du moment où l'enseigne est exposée aux yeux du public et où les prospectus, factures et autres papiers ont été mis en circulation. Si un commerçant, dans une correspondance privée, dans une conversation particulière, s'attribuait une récompense qu'il n'a pas obtenue, ce fait pourrait, selon les circonstances, constituer une concurrence déloyale, et même une escroquerie, dans le cas où il serait accompagné de manœuvres frauduleuses ; mais en l'absence de toute publicité, il ne tomberait pas sous l'application de la loi de 1886. Celui-là au contraire serait passible des peines édictées par la loi qui, sans employer ni enseignes, ni prospectus ou autres papiers de commerce, se prévaudrait d'une récompense qu'il n'a pas obtenue, au moyen d'annonces verbales ou de propos tenus en public, par exemple sur un champ de foire. Cette forme d'usurpation est prévue et punie par le paragraphe 1er de l'article 2.

167. Manœuvres employées à l'égard des jurys. — Il existe un cas dans lequel l'usurpation de récompense constitue un délit indépendamment de toute publicité ; c'est l'hypothèse prévue par le paragraphe 4 de l'article 2, aux termes duquel sont punis ceux qui se sont indûment prévalus de récompenses auprès des jurys des expositions ou concours. Le législateur a voulu réprimer les manœuvres auxquelles certains individus peuvent avoir recours pour induire les jurys en erreur sur la nature et même l'existence de distinctions antérieures dont ils se prévalent afin d'en obtenir de nouvelles. L'exposant qui emploie de semblables manœuvres se garde bien entendu d'agir au grand jour et la loi ne l'aurait pas atteint si elle eût exigé la publicité dans ce cas.

168. Fait isolé d'usurpation. — Le projet de loi ne considérait l'usage illicite de récompenses comme délictueux, que lorsqu'il était public et habituel. Cette dernière condition n'a pas été maintenue dans le texte définitif de la loi. Il faut en conclure qu'un seul fait d'usurpation, pourvu qu'il soit public, est punissable, sauf bien entendu aux juges à se montrer moins rigoureux dans l'application de la peine.

169. Mauvaise foi. — La loi ne punit l'usage illicite de récompenses que lorsqu'il est fait de mauvaise foi, frauduleusement. Cette dernière expression, qui se trouve dans l'article 1er, montre bien que le législateur n'a pas entendu déroger au droit commun suivant lequel l'intention frauduleuse est un élément essentiel de tout délit. Aucun doute ne peut s'élever à cet égard, quand il s'agit de l'usurpation de récompenses ou de leur fausse application (1). Mais faut-il décider de même pour l'omission des indications énumérées dans l'article 1er (date, nature de la récompense, exposition ou concours où elle a été obtenue et objet récompensé) ? Ne doit-on pas au contraire voir dans ce fait une contravention, ou tout au moins une sorte de délit contraventionnel punissable indépendamment de toute intention frauduleuse ? L'article 4, qui renferme la sanction

(1) Paris, 25 mai 1889 et Cass., 20 déc. 1889, Rousseau, *Annales*, 90, 122.

de cette infraction spéciale, est ainsi conçu : « L'omission
» des indications énumérées dans le second paragraphe de
» l'article 1ᵉʳ sera punie d'une amende de 25 à 3.000 fr. ».
A la différence de l'article 2, cette disposition ne parle
nullement d'intention frauduleuse, et il est permis d'en
conclure que le législateur a entendu punir le fait matériel
lui-même, indépendamment de toute mauvaise foi (1).

170. Droit de poursuite. — Les délits prévus par la
loi de 1886 peuvent être déférés aux tribunaux correctionnels, soit d'office par le parquet, soit sur la plainte des
personnes intéressées à la poursuite, soit même sur citation
directe des parties lésées. La loi n'apporte à cet égard aucune dérogation au droit commun. Quelles personnes peuvent se dire lésées par le délit et ont, à ce titre, le droit,
soit de saisir directement la juridiction répressive, soit de
se porter parties civiles dans une poursuite intentée par le
parquet ? En première ligne, il faut placer ceux qui ont
réellement obtenu la récompense usurpée ; la fraude en
effet les atteint de la façon la plus directe et leur intérêt à
poursuivre sa répression est incontestable. Ceux qui, ayant
exposé dans le même concours, ont obtenu des récompenses différentes, sont également lésés par l'usurpation ; car,
fût-elle d'un degré inférieur, la médaille annoncée sans
droit peut déprécier les récompenses réellement obtenues
dans la même exposition.

Il a été jugé en ce sens que : 1° Le fabricant qui a obtenu une
médaille pour ses produits à une exposition étrangère (l'Exposition universelle de Londres), est autorisé à demander qu'un
concurrent supprime sur ses étiquettes, factures ou tableaux,

(1) Paris, 25 mai 1889 et cass. 20 déc. 1889, Rousseau. *Annales.* 90, 122.

tous signes et indications tendant à faire supposer qu'il a obtenu une médaille semblable (Bordeaux, 20 déc. 1853, Sandoval, Le Hir, 54, 2, 196).

2° Le fait, par un commerçant, de s'attribuer, sur ses enseigne et prospectus, une médaille ou une récompense honorifique à laquelle il n'a pas droit, constitue une concurrence déloyale donnant ouverture à une action en suppression et en dommages-intérêts au profit de ceux à qui elle peut préjudicier, spécialement de ceux qui ont obtenu une récompense à cette exposition (Lyon, 4 mai 1854, Robert Verly, *Annales*, 65, 436) (1).

171. Personnes non récompensées dans la même exposition. — Les personnes qui n'ont pas exposé, ou bien qui n'ont obtenu aucune récompense dans un concours, sont-elles recevables à se plaindre de l'usage illicite fait, par un concurrent, d'une récompense qu'il prétend avoir obtenue dans cette exposition ? Nous le croyons ; car l'industriel, qui se prévaut mensongèrement d'une récompense, a pour but de capter la confiance du public et d'attirer à lui la clientèle. Il cause donc un préjudice à toutes les personnes qui exercent la même industrie et qui sont victimes de cette supériorité apparente donnée par ce concurrent déloyal à sa maison et à ses produits. L'usurpation de médailles et de récompenses constituant un délit, il convient d'appliquer l'article 1er du Code d'instruction criminelle, aux termes duquel : « L'action en réparation du » dommage causé par un crime, par un délit ou par une » contravention, peut être exercée par tous ceux qui ont » souffert de ce dommage » (2).

____

(1) V. Trib. com. Seine, 1er mars 1867, Mirio et Cie, *Annales*, 67, 383.

(2) *Annales* de Pataille, 1865, 437 obs. ; — Sirey, 65, 2, 129, *la note* ; — Pouillet, *Marques de fabrique*, n° 527.

Il a été jugé (avant la loi de 1886) *que* : Il appartient à tout concurrent de se plaindre d'une usurpation de médaille ou récompense industrielle, le fait de se prévaloir faussement d'une distinction ayant pour effet d'attirer la clientèle et de nuire ainsi aux autres commerçants (Toulouse, 25 mars 1885, Provost, *Annales*, 86, 24).

Jugé toutefois que : Un industriel n'est pas recevable à se plaindre de ce qu'un concurrent se prévaut d'une récompense qu'il n'a pas obtenue, lorsque lui-même n'a pas été récompensé dans l'exposition ou le concours mentionné à tort par son concurrent (Bordeaux, 9 janv. 1865, Durand, *Annales*, 65, 437).

172. Peines ; circonstances atténuantes. — Les quatre délits prévus par l'article 2 sont punis d'une amende de 50 à 6.000 francs et d'un emprisonnement de trois mois à deux ans. Le délit prévu par l'article 4 n'est puni que d'une amende de 25 à 3.000 francs. Le projet de loi voté par le Sénat écartait l'application de l'article 463 du Code pénal sur les circonstances atténuantes ; mais la Chambre des députés a ajouté au projet l'article 6 ainsi conçu : « L'article 463 » du Code pénal est applicable aux délits prévus et punis » par la présente loi ». Cette disposition acceptée par le Sénat a été maintenue dans la loi définitive. Les juges peuvent donc, quelle que soit la nature du délit, ne condamner le prévenu qu'à un franc d'amende.

173. Confiscation. — L'article 5 dispose que les tribunaux peuvent prononcer la destruction ou la confiscation, au profit des parties lésées, des objets sur lesquels les fausses indications ont été appliquées. Cette mesure est simplement facultative ; et la confiscation ne peut être prononcée que dans le cas où la récompense usurpée appartient réellement au plaignant ou à la partie civile. Autrement la confiscation n'aurait ni raison d'être, ni base juridique, et on ne comprendrait pas qu'elle pût être prononcée au profit d'une personne n'ayant aucun droit sur la récompense dont il est fait un usage illicite.

Lorsque la destruction ou la confiscation est prononcée, elle frappe les objets sur lesquels les fausses indications ont été appliquées ; elle s'exerce donc non-seulement sur les enseignes, prospectus ou autres papiers, mais encore sur les produits eux-mêmes qui peuvent être revêtus des indications mensongères.

174. Affichage et insertions. — L'affichage et les insertions dans les journaux sont des mesures utiles et parfois nécessaires pour réparer le mal causé par la concurrence déloyale, sous quelque forme qu'elle se présente. L'article 5 permet aux tribunaux de l'ordonner en matière d'usurpation de récompenses.

175. Prescription. — Les délits prévus par la loi de 1886 se prescrivent, suivant le droit commun, par trois ans. Si les fausses indications sont appliquées sur des prospectus, factures, ou bien sur des produits, la prescription commence à courir à partir du moment où les produits et papiers de commerce sont répandus dans le public. Chaque distribution de prospectus, chaque vente de produits constitue un délit distinct, soumis à une prescription de trois ans. Si la fausse indication est appliquée sur une enseigne, un tableau, le délit se continue tant que le tableau ou l'enseigne est exposé aux yeux du public et la prescription ne commence à courir que du jour de sa disparition.

CHAPITRE II

176. Titre d'inventeur. — Pendant la durée de son brevet, l'inventeur jouit d'un double avantage : il a le monopole de la fabrication et de la vente des produits brevetés ; en outre il a seul le droit de prendre le titre d'inventeur. Après l'expiration du brevet, le monopole disparaît, mais il en est autrement du titre qui appartient toujours et exclusivement à l'inventeur, alors même qu'il ne se serait pas fait breveter. Celui qui usurpe ce titre se rend coupable d'une concurrence déloyale (1).

Il a été jugé que : 1° Le titre d'inventeur, même après l'expiration du brevet, appartient exclusivement à l'auteur de la découverte ou à ses héritiers qui peuvent en interdire l'emploi par d'autres ; il n'appartient pas à celui qui n'a fait que perfectionner l'invention primitive (Rennes, 12 mars 1855, Peyre, *Annales*, 55, 183).

2° Il y a concurrence déloyale de la part d'un commerçant qui prend la qualité d'inventeur d'un perfectionnement industriel dont un autre est l'auteur (Paris, 10 nov. 1887, Truffault, *Annales*, 89, 115).

(1) Pouillet, n° 516.

177. Perfectionnement de l'invention primitive. — Celui qui perfectionne une invention a le droit de prendre un brevet : mais il ne peut pas se dire inventeur et faire croire qu'il est l'auteur de la découverte primitive. Il commettrait ainsi une concurrence déloyale au préjudice de l'inventeur originaire.

Jugé que : Nul n'a le droit de se dire inventeur d'un objet ou d'un procédé auquel il n'a fait qu'apporter des modifications et améliorations qui n'en changent pas la base (Paris, 3 déc. 1859, Debain, *Annales*, 59, 411) (1).

178. Titre de breveté. — L'usurpation du titre de breveté constitue un délit prévu et puni par l'article 33 de la loi du 5 juillet 1844. L'inventeur dont le brevet est tombé dans le domaine public commettrait un acte de concurrence déloyale en faisant croire qu'il est toujours investi de son monopole.

Il a été jugé en ce sens que : Celui qui, concessionnaire d'un brevet tombé dans le domaine public et d'un autre brevet encore en vigueur, répand des circulaires et se livre à des agissements qui annoncent et tendent à faire croire qu'il est seul investi du droit de fabriquer et de vendre des produits, objet des deux brevets, commet un acte de concurrence déloyale, vis-à-vis des personnes qui usent du droit de reproduction du brevet tombé dans le domaine public (Douai, 20 mars 1886, Brasseur, Dalloz, 87, 2, 102).

179. Qualité de seul fabricant d'un produit. — Sans prendre le titre d'inventeur ou de breveté, un industriel peut essayer de faire croire qu'il possède un monopole de fait en se disant seul fabricant de tel produit. Une pareille allé-

____

(1) Rennes, 12 mars 1855, Peyre, *Annales*, 55, 183.

gation a pour but et peut avoir pour résultat de détourner la clientèle des autres fabricants qui vendent des produits similaires. Elle constitue donc une concurrence déloyale ou tout au moins un acte illicite, donnant ouverture à une action en réparation du dommage qui peut en être la conséquence.

Il a été jugé à cet égard que : 1° Il n'est pas permis à un négociant de publier des circulaires où, contrairement à la vérité, il se prétend *seul* propriétaire des principales carrières d'un pays ; le concurrent à qui ce fait porte dommage est en droit de demander la réparation du préjudice que lui cause cette concurrence déloyale (Paris, 18 fév. 1852, Gaillard, 60, 2, 137).

2° Il y a concurrence déloyale de la part du marchand qui, sur son enseigne, indique les objets de son commerce comme vendus *seulement* dans son magasin, alors qu'au contraire les mêmes objets se vendent dans le magasin voisin ; le mot *seulement* tend, en effet, à faire croire, contrairement à la vérité, qu'il n'a pas de concurrent pour cet article (Paris, 3 mai 1852, Sangnier, Le Hir, 61, 2, 318).

3° Il y a, sinon concurrence déloyale, du moins acte dommageable dans le fait, par un fabricant, de publier par la voie des journaux, et contrairement à la vérité, que le procédé qu'il emploie est le seul de son système (Nîmes, 8 mai 1865, Debriel, Le Hir, 65, 2, 466).

4° Un horticulteur n'a pas le droit de prendre le titre de *seul* établissement spécial pour la multiplication d'un produit (dans l'espèce, les asperges d'Argenteuil), alors qu'il existe, dans la même localité, un autre horticulteur qui se livre à la culture du même produit (Paris, 14 déc. 1889, Lhérault, *Gaz. Trib.*, 10 fév. 1889).

5° Un distillateur n'a pas le droit de prendre le titre de seul fabricant d'une liqueur (dans l'espèce, le guignolet de Touraine), alors que, dans la même localité, tous les distillateurs et liquoristes la fabriquent et la vendent sous la même dénomination (Trib. com. Tours, 11 juil. 1890, Baudin, *Gaz. Trib.*, 31 août 1890).

180. Titre de dépositaire. — Le titre de dépositaire implique l'existence d'un lien direct entre le fabricant et celui qui prend cette qualification. C'est un moyen d'appeler la confiance de la clientèle et, par suite, il faut voir un acte de concurrence déloyale dans le fait de se dire sans droit *dépositaire* ou, à plus forte raison, *seul dépositaire* de tel fabricant (1).

Il a été jugé que : 1º Lorsqu'un libraire annonce, contrairement à la vérité, qu'il est seul dépositaire d'un ouvrage, les autres libraires de la même localité ont une action pour lui faire interdire cette qualification mensongère (Dijon, 13 août 1860, Mulcey, *Annales*, 61, 25) (2).

2º Se rend coupable de concurrence déloyale, à l'égard des personnes exerçant le même commerce, le dépositaire unique de la Compagnie des allumettes pour un arrondissement, qui se présente, dans ses annonces, comme l'intermédiaire nécessaire entre les débitants et la Compagnie. Le commerçant qui se plaint de ces annonces commet, de son côté, un acte abusif, en faisant croire lui-même aux acheteurs qu'il est le dépositaire de la Compagnie (Paris, 8 déc. 1886, Quentin, *Annales*, 87, 90).

181. Titre de représentant. — Constitue une concurrence déloyale le fait, par un marchand de machines à coudre, de faire croire qu'il est le représentant d'une maison rivale en apposant sur sa boutique la marque de fabrique de cette dernière (Trib. civ. des Andelys, 3 mars 1886, Compagnie Singer, *Annales*, 87, 103).

182. Sous-traitant. — Il n'y a pas concurrence déloyale

(1) Pouillet, nº 516.
(2) V. aussi Trib. com. Seine, 22 avril 1854, Chanel, *Gaz. Trib.*, 24 avril; — Trib. com. Seine, 8 août 1855, Estibal, *Le Droit*, 15 août.

de la part de celui qui, ayant travaillé en qualité de sous-traitant pour le compte d'un entrepreneur, rappelle ce fait dans une
circulaire au moment où il s'établit pour son compte et annonce
qu'il travaillera à des prix inférieurs à ceux demandés par cet
entrepreneur (Rennes, 26 nov. 1884 et Cass., 2 déc. 1885, Tchoffen, *Annales*, 86, 271).

183. Titre d'imprimeur. — Un imprimeur lithographe
n'a pas le droit de s'intituler *imprimeur*, qualité qui ne s'applique qu'aux imprimeurs en lettres. Il peut donc être contraint
d'ajouter au mot imprimerie le mot *lithographie* sur son enseigne, ses factures et ses annonces afin d'empêcher toute confusion entre son établissement et celui d'un imprimeur en lettres
situé dans le voisinage (Paris, 26 déc. 1845, Malvin, Le Hir,
1846, 2, 78).

184. Titre de vétérinaire. — Si l'art de guérir les ani-
maux peut être exercé par toute personne, le titre de vétérinaire ne doit être pris que par ceux qui ont obtenu le diplôme
institué par l'article 19 de l'ordonnance du 22 sept. 1625. A
défaut de sanction de la loi, ceux qui usurpent le titre de vétérinaire peuvent être condamnés, en vertu de l'article 1382 du
Code civil, à des dommages-intérêts vis-à-vis du vétérinaire breveté. Toutefois on ne saurait voir une usurpation de ce genre
dans le fait, par un maréchal-ferrant, de mettre sur son enseigne « *Atelier de maréchalerie-vétérinaire* »; cette expression
indiquant qu'il ferre les chevaux d'après les principes de l'art
vétérinaire et ne permettant pas au public de croire qu'il
exerce la profession de vétérinaire (Toulouse, 22 déc. 1886,
Buscaillon, *Annales*, 89, 164).

185. Titre d'agréé. — Les agréés ne peuvent obtenir de
dommages-intérêts contre une personne ayant usurpé leur titre
que s'ils établissent d'une manière directe et formelle l'existence
d'un préjudice certain et appréciable pour chacun des défen-

deurs (Trib. civ. Lyon, 30 janv. 1886, Agréés de Lyon, *Annales*, 89, 63). '

186. Usurpation de qualités diverses. — Il faut voir une concurrence déloyale dans le fait de prendre faussement un titre, une qualité quelconque pour attirer la confiance du public.

C'est ce qui a été jugé pour les titres suivants :

Pharmacien de l'ambassade anglaise (Trib. civ. Seine, 7 janvier 1841, O'grady, *Le Droit*, p. 27.

Dentiste des collèges de Paris (Trib. civ. Seine, 18 mars 1846, Delmont, *Gaz. Trib.*, 19 mars).

Membre de l'Académie nationale (Trib. com. Seine, 20 mai 1858, Fournier, *Annales*, 59, 158).

Hors concours (Trib. com. Seine, 23 sept. 1875, *Annales*, 76, 237).

Il a été jugé dans le même sens que : 1° Il faut voir une concurrence déloyale dans le fait d'annoncer dans des prospectus, que l'administration vient d'adopter, pour le costume de la magistrature, le modèle proposé par l'auteur de l'annonce, lorsque c'est au contraire le modèle proposé par d'autres fabricants qui a été adopté (Trib. com. Seine, 14 déc. 1852, Schwartz, Le Hir, 53, 2, 51).

2° Se rend coupable d'une concurrence déloyale le fabricant d'un produit pharmaceutique qui l'annonce faussement comme étant le seul admis dans les hôpitaux et le seul récompensé dans une exposition (Paris, 23 juillet 1883, Defresne, *Annales*, 86, 28).

3° Agit déloyalement le représentant d'une Compagnie d'assurances sur la vie qui dit au public que les opérations de la Compagnie sont garanties par l'État, qu'il est lui-même un véritable fonctionnaire et qu'il s'engage à donner des primes fixes aux assurés (Cass., 13 juillet 1885, Le Conservateur, *Annales*, 89, 281).

187. Attestations. — Certains industriels ont l'habitude, pour faire valoir leurs produits, de publier les attestations élogieuses qui leur ont été délivrées. Rien n'est plus légitime. Ces attestations constituent la propriété de celui qui les a obtenues et nul ne peut se les approprier sans commettre un acte de concurrence déloyale.

Jugé que : 1° Se rend coupable de concurrence déloyale le pharmacien qui, vendant un produit dont la préparation est dans le domaine public, reproduit dans ses prospectus les attestations délivrées à un autre pharmacien ; qui se dit seul préparateur de ce produit, et qui, faisant partie d'une académie qui n'a aucun rapport avec la médecine ou la thérapeutique, prend le titre de membre de l'Académie nationale (Trib. com. Seine, 20 mai 1858, Fournier, *Annales*, 59, 158).

2° Alors que deux associés se sont séparés, l'un conservant la maison et l'autre fondant une maison rivale, constitue une concurrence déloyale de la part du dernier, l'envoi de prospectus énonçant que la profession de l'autre associé n'avait aucun rapport avec l'industrie de la société et reproduisant des attestations d'acheteurs adressées à la société et demeurées par suite la propriété de celui qui conserve la maison (Paris, 12 janv. 1887, Saulé, *Annales*, 89, 16).

CHAPITRE III

188. Il n'est pas permis de dénigrer un concurrent. — 189. Dénigrement de la personne. — 190. Dénigrement de la fabrication ou des produits. — 191. Recommandation de ne pas confondre telle maison avec telle autre. — 192. Comparaison du chiffre d'affaires. — 193. Exposition des produits d'un concurrent. — 194. Indication d'hôtels dans un guide. — 195. Exactitude de l'allégation. — 196. Mauvaise foi. — 197. Désignation du concurrent. — 198. Critique permise. — 199. Dénigrements réciproques. — 200. Contre qui l'action peut-elle être dirigée?

188. Il n'est pas permis de dénigrer un concurrent. — Tout industriel a le droit de vanter son établissement et ses produits ; l'exagération de ses louanges n'a d'autre sanction que l'incrédulité du public mis parfois en défiance par l'abus de la réclame. Mais nul ne peut dénigrer la personne ou les produits d'un concurrent. Lorsque le dénigrement s'adresse à la personne elle-même, il peut prendre le caractère d'une véritable diffamation ; s'il vise les produits, il constitue un acte de concurrence déloyale.

189. Dénigrement de la personne. — Si les imputations dirigées contre un commerçant sont de nature à porter atteinte à son honneur et à sa considération, elles constituent une diffamation passible de peines correctionnelles ; mais le commerçant ainsi attaqué, peut s'adresser à la juridiction commerciale pour obtenir la réparation du préjudice causé par le délit dont il est victime. Cette voie seule lui est ouverte lorsque les imputations ne présentent pas un caractère de gravité suffisante pour être délictueuses, ou bien lorsqu'elles ne se sont pas produites dans des conditions de publicité nécessaires pour constituer la diffamation. Le dénigrement dont un industriel peut être l'objet de la part d'un concurrent peut prendre les formes les plus diverses. Tantôt, on dira qu'il est dans une situation précaire, à la veille de cesser ses paiements, tantôt qu'il ne s'occupe pas de son établissement ou bien même que sa maison n'existe plus. Que ces allégations se produisent dans des journaux, des prospectus ou même par de simples propos, elles ont pour but de détourner la clientèle, et elles constituent au premier chef une concurrence déloyale.

Il a été jugé à cet égard que : 1° Un commerçant n'a pas le droit de publier un avis dans lequel il dit qu'un de ses concurrents ne tiendra pas les engagements pris par lui vis-à-vis du public : spécialement un libraire ne peut publier qu'un autre libraire, son concurrent, ne complètera pas l'ouvrage qu'il a commencé de publier par souscription (Rouen, 7 fév. 1851, Dion, *Journ. Pal.*, 53, 1, 701).

2° Il y a délit de diffamation dans le fait d'imputer à un commerçant, dans un article de journal, qu'il reçoit ses pratiques d'une manière presque inconvenante, que ses prix sont exorbitants et qu'il est parti sans donner son adresse et en laissant à un tiers le soin de faire payer ses factures (Trib. corr. Seine, 12 avril 1864, Worth et Bobegh, *Annales*, 65, 143).

3° Constitue une concurrence déloyale le fait, par une compagnie d'assurances, d'obtenir la souscription de polices, en faisant croire aux assurés que la compagnie avec laquelle ils avaient traité n'existe plus (Douai, 7 juillet 1879, *La Patrie*, Le Hir, 79, 2, 239).

4° Il est interdit à un établissement commercial d'exalter les mérites des titres émis par lui au détriment de ceux d'un établissement rival, même par voie de simple comparaison, de parallèle ou d'assimilation (Trib. comm. Seine, 31 mai 1880, *Banque hypothécaire*, Dalloz, 81, 3, 38).

5° Il y a concurrence déloyale dans le fait, par un commerçant, de tenir des propos malveillants sur la situation pécuniaire d'un de ses concurrents, de dire notamment qu'il n'a pas deux sous vaillant, qu'il est mal dans ses affaires et qu'il va bientôt les cesser (Bordeaux, 21 mai 1889, Delperrier, *Journ. des Arr. Bordeaux*, 1889, 409).

6° *Mais*, Ne constitue pas une concurrence déloyale le fait par un industriel, d'annoncer à ses clients qu'il livrera ses produits à de meilleures conditions que telle autre maison, cette promesse pouvant s'appliquer non-seulement à la qualité, mais encore au prix et aux facilités de paiement, toutes choses qu'autorise la libre concurrence (Trib. comm. Marseille, 10 oct 1879, Angelvin, Le Hir, 80, 2, 194).

190. Dénigrement de la fabrication ou des produits. — Le plus souvent, au lieu de viser la personne même du commerçant ou de l'industriel, le dénigrement s'adresse à ses produits qu'on présente comme étant de qualité défectueuse ou inférieure. Ces allégations, sous quelque forme qu'elles se produisent, donnent ouverture à une action en concurrence déloyale.

Il a été jugé que (1) : 1° Il n'est permis à personne de dénigrer publiquement les produits d'un concurrent ; s'attaquer nominativement à une fabrication rivale, désigner par leur dénomination industrielle les produits de cette fabrication comme inférieurs aux siens propres, constitue un mode de publicité qui

____

(1) V. encore Trib. civ. Seine, 21 juin 1859, Sorlin, *Annales*, 59, 367 ; — Trib. com. Seine, 17 janv. 1867, *Annales*, 67, 63 ; — Trib. com. Seine, 16 mai 1866, Bardou, *Annales*, 68, 140 ; — Trib. com. Nantes, 30 juil. 1887, Draillard, *Jur. com. Nantes*, 87, 1, 406.

dépasse la concurrence licite (Paris, 27 juil. 1850, Mothes, Dalloz, 51, 2, 168).

2° Il y a concurrence déloyale dans le fait d'écrire que la marchandise livrée par un commerçant rival n'est ni de la provenance, ni de la qualité pour lesquelles il l'a vendue (Trib. com. Seine, 1er juin 1860, Beauverand, Teulet, 9, 322).

3° Un fabricant de papier à cigarettes n'a pas le droit de mettre sur l'enveloppe de son papier cette inscription : *guerre à Job ; papier très supérieur à celui connu sous le nom de Job*, inscription dans laquelle il a soin de mettre en vedette le mot *Job*, qui est le nom sous lequel un concurrent désigne son papier ; il y a lieu, en ce cas, de faire défense audit fabricant de faire usage à l'avenir du mot de *Job* sur ses produits et prospectus (Paris, 23 avril 1869, Bardou, *Annales*, 69, 115).

4° Il ne saurait être permis à un concurrent de répandre dans sa clientèle des circulaires dans lesquelles il déprécie les marchandises d'un concurrent, en les qualifiant de secondaires (Aix, 12 mars 1870, Turbin, *Annales*, 73, 205).

191. Recommandation de ne pas confondre telle maison avec telle autre. — Un commerçant a le droit et même le devoir de prendre toutes les mesures, toutes les précautions nécessaires pour éviter une confusion entre son établissement et celui d'un rival. Mais peut-il recommander au public, dans des annonces ou prospectus, de ne pas confondre sa maison avec celle d'un concurrent qu'il désigne ? L'établissement visé de la sorte se trouve, on le conçoit, présenté au public comme étant, vis-à-vis de l'autre, dans une situation inférieure. C'est donc un dénigrement indirect d'autant plus dangereux qu'il est plus habilement dissimulé, et il faut y voir un acte de concurrence déloyale (1).

(1) *Conf.* Bert, p. 88.

Il a été jugé à cet égard que : 1° Il y a concurrence déloyale dans le fait d'insérer dans des prospectus et étiquettes une mention portant qu'on est prié de ne pas confondre avec telle maison de commerce désignée, alors surtout que c'est cette maison qui a été fondée la première (Paris, 31 déc. 1860, Colas, *Annales*, 61, 159).

2° Constitue une concurrence déloyale le fait, par un commerçant, de désigner nominativement, dans ses prospectus et annonces, un établissement rival, avec recommandation de ne pas le confondre avec le sien. Il en est ainsi, même au cas où cette annonce aurait été faite sans intention mauvaise et dans le but d'éviter la confusion des deux établissements, à raison de la similitude des noms (Douai, 21 mars 1866, Devos, 20 juillet 1866, Leblondel, *Annales*, 68, 21).

Jugé toutefois qu'un commerçant a le droit de faire insérer, dans un annuaire, qu'il ne faut pas confondre un établissement voisin avec le sien, alors d'ailleurs que cette mention pure et simple n'implique aucune indication de nature à nuire au crédit de la maison désignée, et ne fait qu'établir une distinction naturelle et nécessaire (Trib. com. Seine, 24 avril 1862, Millet, Teulet, 12, 6),

192. Comparaison du chiffre d'affaires. — *Jugé que* : 1° Un commerçant peut, dans le but d'obtenir la préférence sur ses concurrents, faire imprimer et distribuer des circulaires indiquant le nombre des affaires faites par lui comparativement à celui des affaires faites par les autres maisons se livrant au même genre d'opérations. Une semblable publication ne peut donner lieu à une condamnation en des dommages-intérêts, si les indications données dans la circulaire sont reconnues exactes (Douai, 5 janv. 1855, Petit, Le Hir, 55, 2, 295).

2° On ne saurait voir une concurrence déloyale dans le fait, par un industriel, d'annoncer que tous ses concurrents réunis ne font pas dans une année un chiffre d'affaires qui dépasse ce qu'il fait lui-même en un seul jour (Paris, 11 juin 1885, Decauville, *Annales*, 86, 129).

193. Exposition des produits d'un concurrent. — *Jugé que* : Un fabricant n'a pas le droit d'exposer, dans le but de la déprécier, la machine de son concurrent, mais il peut établir dans son magasin l'appareil rival afin de faire apprécier les différences qui existent entre cet appareil et le sien, pourvu bien entendu que l'appareil du concurrent n'ait pas été altéré (Paris, 15 fév. 1875, *Annales*, 75, 379).

194. Indication d'hôtels dans un guide. — Les guides de voyageurs ont l'habitude d'indiquer les hôtels des différentes localités comprises dans le cadre de leur itinéraire. Tantôt ils mentionnent seulement certains hôtels ; tantôt ils les énumèrent tous dans un ordre déterminé, en recommandant d'une manière spéciale l'un ou quelques-uns d'entre eux, soit par une mention, soit par un signe quelconque, comme un astérique. Aucune critique ne saurait être soulevée contre cette façon d'agir, par les hôteliers dont les établissements sont omis ou bien indiqués en seconde ligne. Mais l'auteur du guide n'aurait pas le droit de détourner le voyageur d'un hôtel en le dénigrant. Il outrepasserait ainsi les droits que comporte la publication d'un ouvrage ayant pour but de fournir des renseignements sur les localités, et l'intérêt du voyageur ne suffirait pas à justifier un pareil abus.

Il a été jugé que : 1° Constitue un quasi-délit, relevant de la compétence des tribunaux consulaires, et pouvant motiver une demande de dommages-intérêts, le fait d'annoncer dans un guide, qu'il n'y a dans telle localité qu'un hôtel recommandable (Caen, 1ᵉʳ déc. 1875, Bataille, *Annales*, 88, 23).

2° Un guide de voyageur ayant parlé d'un hôtel dans des termes défavorables, le propriétaire de cet hôtel n'a pas besoin, pour exercer une action en dommages-intérêts, d'établir que l'auteur du guide a agi dans l'intention de nuire. Mais sa demande doit être rejetée s'il ne justifie d'aucun préjudice, et si l'énonciation désobligeante contenue dans une ancienne édition a été supprimée avant toute réclamation (Paris, 14 déc. 1862, Rivaud, *Annales*, 63, 286).

195. Exactitude de l'allégation. — Il peut se faire que, en dénigrant les produits d'une maison rivale, en les présentant comme étant de qualité inférieure, le concurrent allègue un fait exact dont la preuve serait facile à fournir. La concurrence déloyale n'en existerait pas moins. Il faut admettre ici la même règle qu'en matière de diffamation. La vérité du fait allégué ne fait pas disparaître le quasi-délit, et la preuve n'est pas admissible.

Il a été jugé en ce sens que : 1° Un négociant n'a pas le droit de déprécier dans un prix courant; les produits d'un fabricant, sous prétexte que quelques envois qu'il aurait reçus de ce fabricant auraient laissé à désirer ; en supposant que ces plaintes soient justifiées, il n'a pas pour cela le droit de l'annoncer par des avis imprimés à sa clientèle ; un tel fait le rend passible de dommages-intérêts (Trib. com. Seine, 28 août 1849, Lamouroux, Le Hir, 51, 2, 91).

2° Constitue une concurrence déloyale le fait de publier, dans des annonces, qu'il a été constaté judiciairement que les produits vendus par un industriel sont de mauvaise qualité. Il en est de même pour le fait de publier un compte rendu incomplet des débats d'une affaire en concurrence déloyale (Trib. civ. Seine, 21 juin 1859, Sorlin, *Annales*, 59, 367).

3° Donne ouverture à une action en dommages-intérêts le fait d'avoir, dans un but de concurrence, délivré un certificat constatant, en termes outrageants, que la marchandise vendue par un négociant à un tiers n'est pas de la qualité annoncée. En pareil cas, il n'y a pas lieu à admettre le défendeur à établir la sincérité de sa déclaration (Trib. com. Seine, 1er juin 1860, Beuverand, *Annales*, 60, 398).

196. Mauvaise foi. — Pour que le dénigrement des produits d'un industriel constitue une concurrence déloyale, il n'est pas nécessaire qu'il soit accompagné de mauvaise foi. Il suffit qu'il soit préjudiciable au commerçant contre lequel il est dirigé. La bonne foi peut sans doute atténuer dans une certaine mesure la responsabilité, mais elle ne la fait pas disparaître. C'est là d'ailleurs une règle générale applicable à toutes les actions qui ont leur fondement dans l'article 1382 du Code civil (1).

197. Désignation du concurrent. — Un commerçant ne peut se plaindre d'une critique adressée dans des termes généraux soit à son industrie, soit au genre de produits qu'il débite. Pour être recevable à exercer une action, il faut qu'il soit désigné expressément ou tout au moins d'une façon assez claire pour qu'on puisse le reconnaître aisément dans l'annonce incriminée.

De même un industriel a le droit de dire que ses produits sont les meilleurs, les mieux fabriqués, les moins chers. Ces allégations, quelque exagérées et inexactes qu'elles soient, ne sauraient être considérées comme des agissements de concurrence déloyale. Elles ne prendraient ce caractère que si, en vendant ses produits, l'industriel les comparait à ceux d'un concurrent, qu'il affirmerait être de qualité inférieure. Le concurrent ainsi visé serait recevable à se plaindre du dénigrement dont il est l'objet.

Il a été jugé que : 1° Le fait par un industriel de critiquer, dans des annonces et prospectus, certains produits, ne peut constituer une concurrence déloyale et donner ouverture à une

____

(1) Paris, 14 déc. 1862, Rivaud, *Annales*, 63, 286 ; — Douai, 21 mars 1866 et 21 juil. 1866, *Annales*, 68, 21. — *Contrà*, Bert, p. 87.

action au profit d'un autre industriel qu'autant que celui-ci aurait été suffisamment désigné ou qu'il établirait être le seul à exploiter le produit dénigré par son concurrent (Paris, 1er mai 1860, Sorlin, *Annales*, 60, 277).

2º Il faut être nommé ou désigné dans un article pour avoir le droit de se plaindre des appréciations plus ou moins injustes et malveillantes qu'il contient contre toute une catégorie de personnes (Trib. civ. Seine, 19 août 1863, Baron Taylor, *Annales*, 64, 328).

3º On ne saurait voir une concurrence déloyale dans un prospectus qui n'attaque un industriel ni dans son honorabilité, ni dans son industrie, et qui ne le vise même ni directement ni indirectement (Paris, 31 janv. 1865, Piault, *Annales*, 65, 139).

4º Un commerçant ne peut se plaindre d'une annonce dans laquelle un concurrent, sans faire aucune désignation de personne, recommande au public de se méfier des produits fabriqués par d'autres maisons ; il en est ainsi alors même que ce commerçant aurait fait également des annonces dans ces mêmes journaux et à la même époque, si rien n'indique qu'il y ait de ce chef autre chose qu'une simple coïncidence (Douai, 29 juin 1887, Des Cressonnières frères et Cie, *Annales*, 88, 24).

198. Critique permise. — Il ne faut pas confondre le dénigrement avec la critique ; cette dernière, dans le domaine de l'industrie comme dans celui de l'art, est permise à la condition de ne pas dépasser certaines limites. Si nul n'a le droit de dénigrer les produits d'un concurrent, il est loisible à chacun de se livrer à la critique générale d'un système, d'une combinaison, d'un genre de produits. Admettre le contraire, ce serait, on le conçoit, rendre difficile et même impossible toute discussion scientifique ou industrielle. Il appartient aux tribunaux de décider si la critique sort de son rôle pour dégénérer en dénigrement.

Il a été jugé à cet égard que : 1° Quand un auteur, usant de son droit incontestable, se livre, dans des termes dont la justice n'a à juger ni l'équité, ni la convenance, à la critique d'une œuvre de science, on ne saurait accueillir l'action dirigée contre l'éditeur de cette critique. La publication étant destinée à un public qui s'occupe de la science, et les appréciations qu'elle contient n'étant lues par lui qu'à un point de vue purement littéraire, le but mercantile attribué à l'éditeur ne suffirait pas pour rendre saisissable un préjudice pécuniaire dont les éléments échappent à la justice (Trib. com. Seine, 30 janv. 1857, *Annales*, 57, 37).

2° On ne saurait voir le délit de diffamation donnant ouverture à une action correctionnelle dans un article de journal qui, loin de s'attaquer à la personne même d'un inventeur, se borne à critiquer d'une manière générale certains produits, discussion théorique et scientifique qui rentre spécialement dans la mission de ce journal. En admettant que l'article incriminé fut de nature à porter à l'inventeur un préjudice appréciable, les tribunaux correctionnels, en l'absence de tout délit, ne peuvent accorder des dommages-intérêts à la partie civile (Trib. corr. Rennes, 12 juin 1862, Boutin, *Annales*, 62, 237).

3° Le fait par un journal d'avoir annoncé qu'un objet offert en prime par un autre journal, moyennant un certain prix, était démodé et se vendait partout à un prix inférieur, ne donne pas ouverture à une action de la part du fabricant, alors qu'il résulte de l'ensemble de l'article incriminé qu'il avait pour but de critiquer non l'objet lui-même, mais la combinaison commerciale en vertu de laquelle on l'offrait comme prime d'abonnement (Trib. civ. Seine, 5 août 1868, May, *Annales*, 68, 220).

199. Dénigrements réciproques. — Lorsqu'un commerçant est dénigré, soit dans sa personne, soit dans ses produits, il peut s'adresser aux tribunaux pour faire cesser cette concurrence déloyale et obtenir la réparation qui lui est due. Mais il cède quelquefois à la tentation de suivre l'exemple de son concurrent pour le dénigrer à son tour;

s'il s'est fait ainsi justice lui-même, il ne peut plus s'adresser aux tribunaux (1).

Il a été jugé que : 1° S'il n'est pas permis au chef d'un établissement de publier ou faire publier des articles dénigrant un établissement rival, il y a lieu de les déclarer respectivement non recevables lorsque tous deux ont eu recours à ce genre de publicité (Trib. com. Seine, 1ᵉʳ juillet 1863, Déjean, *Annales*, 64, 143).

2° L'industriel qui recourt à la publicité pour faire valoir les objets de son commerce se soumet, par là même, aux appréciations critiques de la presse et ne saurait se plaindre d'articles plus ou moins ironiques qui ne contiennent aucune imputation injurieuse pour sa personne (Trib. corr. Seine, 8 fév. 1867, Charbonnier, *Annales*, 67, 96).

200. Contre qui l'action peut-elle être dirigée ? — *Jugé que* : Quand un industriel fait publier dans un journal un article dans lequel il dénigre les produits d'un concurrent, celui-ci peut agir en concurrence déloyale à la fois contre le journal et contre l'industriel (Trib. com. Seine, 18 avril 1859, Lemonnier Jully, *Annales*, 59, 252).

____

(1) *Conf.* Pouillet, nᵒ 623 ; — Bert, p. 90.

CHAPITRE IV

201. Vente au rabais par le fabricant. — Le fabricant peut vendre ses produits au prix qui lui convient. Si son outillage et la modicité de ses frais généraux lui permettent de vendre moins cher que ses concurrents ; s'il lui plaît de se contenter d'un prix peu rémunérateur et même de vendre à perte, nul ne peut se plaindre, car il est seul juge de son intérêt. Sans doute les autres fabricants peuvent souffrir de la situation qui leur est ainsi faite et de la nécessité où ils se trouvent eux-mêmes de baisser leurs prix, sous peine de ne pouvoir écouler leurs produits ; mais c'est là un effet naturel de la liberté de l'industrie et de la concurrence (1).

202. Vente par le détaillant. — Le marchand de gros ou de détail peut-il revendre au prix qui lui convient les produits achetés au fabricant ? Si le marchand s'est interdit de vendre au-dessous d'un certain prix, il est bien évident que cette convention doit être exécutée sous peine de dommages-intérêts. Lorsque le prix est marqué sur le produit lui-même, on peut en déduire la présomption que la vente en détail est interdite à un prix inférieur. Mais

(1) V. Pouillet, n° 626 ; — Bert, p. 91.

que faut-il décider en l'absence de toute convention ou de prix marqué? En principe, il nous paraît impossible de refuser au marchand le droit de vendre à sa fantaisie les produits qu'il a achetés et dont il est par conséquent devenu propriétaire. Le fabricant ne pourrait se plaindre d'une vente au rabais que si elle était accompagnée d'agissements impliquant l'intention de nuire et par suite constituant une concurrence déloyale (1).

Il a été jugé à cet égard que : 1° Le débitant qui annonce et vend des marchandises à des prix inférieurs aux tarifs du fabricant, ne se rend ainsi coupable, vis-à-vis de ce dernier, d'aucune concurrence déloyale, lorsque le fabricant ne lui a pas imposé l'obligation de ne pas vendre au-dessous d'un certain prix (Bordeaux, 28 mai 1861, Christofle et Cie, *Annales*, 62, 377).

2° Les commerçants d'une ville ou d'un quartier ne sauraient se plaindre de la concurrence que leur fait une grande compagnie industrielle telle qu'une compagnie de chemin de fer, en vendant à ses employés et ouvriers des marchandises et denrées pour leur usage personnel, encore bien qu'elle les leur céderait au prix de revient, c'est-à-dire au-dessous du cours (Paris, 14 nov. 1864, Saintin, *Annales*, 65, 42).

3° On ne saurait contester à un acheteur le droit d'afficher et de revendre à un prix quelconque la marchandise qu'il a achetée et payée, alors que le vendeur n'a fait aucune réserve pour lui enlever cette faculté (Paris, 2 déc. 1869, Lamoureux, *Annales*, 70, 60).

4° On ne saurait qualifier de concurrence déloyale le fait d'avoir acheté ou s'être procuré, dans une maison rivale, la marchandise de celle-ci pour la revendre, même à un prix inférieur, alors qu'il n'a été changé ni son nom, ni sa qualité, et que la vente de la marchandise produit à celui qui en a la

(1) V. Pouillet, nº 626 ; — Ruben de Couder, vº *Concurrence déloyale,* nº 117.

propriété originaire ou le dépôt exclusif, le bénéfice qu'il a entendu se réserver (Trib. com. Seine, 17 fév. 1887, Pilter, *Gaz. Trib.*, 12 mars 1887).

203. Annonce de rabais. — Le droit de vendre des marchandises au-dessous du cours implique naturellement le droit d'annoncer ce rabais. Toutefois une annonce de cette nature pourrait prendre le caractère d'une concurrence déloyale si elle était mensongère, par exemple, si le commerçant qui la publie était dans l'impossibilité de livrer les produits offerts au-dessous du cours, ou bien si les circonstances indiquées comme permettant cette réduction de prix étaient purement imaginaires.

Il a été jugé que : 1° Se rend coupable de concurrence déloyale le libraire qui, ne se bornant pas à annoncer dans son catalogue la vente au rabais de quelques exemplaires d'occasion d'un ouvrage édité par un autre libraire, le fait en outre offrir par l'entremise de ses commis-voyageurs à un prix réduit, de manière à faire croire au public qu'il peut en livrer un grand nombre d'exemplaires neufs à ce prix (C. Paris, 13 janv. 1857, *Annales*, 57, 1).

2° S'il est fâcheux de voir une maison de commerce recourir à des annonces mensongères pour faire croire qu'elle peut vendre au-dessous du cours, néanmoins c'est là un fait qu'il appartient au public de juger par lui-même et qui ne saurait créer une action en dommages-intérêts au profit des maisons rivales, alors d'ailleurs qu'elles ne sont pas désignées dans les annonces (Trib. com. Strasbourg, 21 juin 1861, Simon, *Annales*, 61, 280).

3° Un marchand de livres d'occasion a le droit de les offrir au public par des catalogues ou annonces à des prix réduits, et ce droit s'applique même aux volumes d'un ouvrage qui n'a pas encore entièrement paru, mais pour lequel le marchand est détenteur d'un bulletin de souscription à l'édition complète (Paris, 8 fév. 1875, Palmé, Le Hir, 76, 2, 373).

4° Constitue une concurrence déloyale le fait par un commerçant de faire croire au public par des allégations fausses et mensongères, qu'il est le liquidateur d'une faillite, chargé d'en réaliser l'actif et qu'il se trouve dans des conditions toutes spéciales pour offrir aux acheteurs des avantages exceptionnels de bon marché (Trib. com. Rouen, 4 juin 1877, Lévy, Jacob et Legrand, Le Hir, 77, 2, 230).

5° S'il est permis à un commerçant de publier des circulaires et d'y développer les avantages de sa fabrication, il ne saurait s'arroger le droit de prendre le nom d'un concurrent, d'imprimer son tarif sur ses prospectus et de faire ressortir, par un tableau comparatif contenant même de fausses énonciations, que sa maison offre les mêmes produits à un prix notoirement inférieur (Trib. com., 21 sept. 1882, Regnault, *Gaz. Trib.*, 6 oct. 1882).

6° Le libraire qui met en vente au rabais un exemplaire de l'ouvrage édité par un concurrent, sans faire précéder du mot *occasion*, l'annonce qu'il le vend au-dessous du prix marqué, et sachant bien qu'il ne peut se procurer à prix réduit autant d'exemplaires de cet ouvrage qu'on lui en demanderait, commet un acte de concurrence déloyale (Trib. com. Nevers, 26 nov. 1883, Michot, *Annales*, 88, 139).

7° Fait acte de concurrence déloyale le commerçant qui a recours à une publicité contenant des énonciations mensongères et ambiguës de nature à tromper le public, telle que l'annonce d'une vente au rabais par suite de saisie, de marchandises en énorme quantité, alors qu'il n'y a eu qu'un simulacre de saisie et que la quantité de marchandises est loin d'être ce qu'il a annoncé (Trib. com. Amiens, 5 fév. 1889, *Journ. d'Amiens*, 89, 78).

Mais, A défaut de préjudice, les négociants d'une ville ne sauraient obtenir l'insertion dans les journaux et la fermeture d'un établissement, en raison d'un déballage de marchandises et d'annonces mensongères ayant pour but de faire croire que ces marchandises provenaient d'une maison en faillite (Dijon, 21 juin 1889, Caïn et consorts, *Le Droit*, 8 juil. 1889).

204. Désignation d'un concurrent. — L'annonce de la vente au rabais d'un produit n'est pas permise lorsqu'elle est accompagnée d'une comparaison avec les prix d'une maison rivale. Si un commerçant peut dire qu'il vend ses marchandises au-dessous du cours, il n'a pas le droit d'ajouter que ses prix sont inférieurs à ceux d'un concurrent nommément désigné. C'est là une manœuvre qui a pour but de détourner la clientèle de la maison ainsi visée, et qui constitue en conséquence une concurrence déloyale. A plus forte raison, le commerçant s'exposerait-il à une demande de dommages-intérêts, si son annonce de vente au rabais était accompagnée de critiques malveillantes pour les produits de son concurrent.

Il a été jugé que : 1° Constitue un acte de concurrence déloyale le fait par un commerçant d'annoncer qu'il offre de livrer à un prix inférieur, des marchandises de même qualité que celles vendues par tel ou tel marchand désigné. — En vain ce commerçant objecterait-il qu'il n'a fait qu'user de représailles s'il est établi que son concurrent, en annonçant le premier qu'il vendait au-dessous du cours, n'a désigné personne (Bordeaux, 8 mars 1859, Hesse, *Annales*, 60, 276).

2° Il y a concurrence déloyale de la part du commerçant qui, à l'annonce faite par le propriétaire gérant d'un journal, qu'il offre en prime à ses abonnés tel objet à un prix déterminé, répond en faisant publier que les mêmes objets sont vendus chez lui à un prix inférieur, et cherche ainsi à faire croire au public que la prime offerte est un leurre (Besançon, 24 nov. 1880, Damelit, *Annales*, 82, 258).

3° Fût-il vrai que la vente d'un produit en laisse à l'acheteur, après paiement du prix, la libre et absolue disposition, et même le droit de revendre ce produit à un prix inférieur, il y a dans tous les cas concurrence déloyale de la part de celui qui, à cet avilissement du prix, ajoute des critiques malveillantes destinées à discréditer le produit de son concurrent (Besançon, 25 avril 1877, Tichot, *Annales*, 77, 152).

CHAPITRE V

205. Protection des secrets de fabrique. — Il arrive
souvent qu'un industriel, au lieu de faire breveter un procédé nouveau de son invention, préfère l'exploiter en secret
dans ses ateliers. C'est d'ailleurs la seule garantie qu'il
puisse s'assurer lorsqu'il s'agit de tours de main non susceptibles d'être brevetés. Le concurrent qui, par l'intermédiaire d'ouvriers infidèles, surprend et emploie ce secret
de fabrique, se rend coupable d'une concurrence déloyale.
Il se rend en même temps complice d'un délit prévu et
puni par l'article 418 du Code pénal.

206. Article 418 du Code pénal. — Cet article est
ainsi conçu : « Tout directeur, commis, ouvrier de fabri-
» que, qui aura communiqué ou tenté de communiquer à
» des étrangers ou à des Français résidant en pays étran-
» ger, des secrets de la fabrique où il est employé, sera
» puni d'un emprisonnement de deux ans à cinq ans et
» d'une amende de 500 à 20.000 francs. Il pourra en outre

» être privé des droits mentionnés en l'article 42 du pré-
» sent Code, pendant cinq ans au moins et dix ans au plus,
» à compter du jour où il aura subi sa peine. Il pourra
» aussi être mis sous la surveillance de la haute police
» pendant le même nombre d'années. Si ces secrets ont
» été communiqués à des Français résidant en France, la
» peine sera d'un emprisonnement de trois mois à deux
» ans et d'une amende de 16 francs à 200 francs. Le maxi-
» mum de la peine prononcée par les paragraphes 1 et 2
» du présent article sera nécessairement appliqué s'il s'agit
» de secrets de fabrique d'armes et de munitions de guerre
» appartenant à l'État ».

207. Quels procédés peuvent constituer des secrets de fabrique ? — Tout procédé, susceptible d'être protégé par un brevet d'invention, constitue un secret de fabrique, lorsque son inventeur, à la garantie temporaire du brevet, préfère la protection illimitée résultant de l'usage tenu secret. — Mais s'ensuit-il qu'un procédé ne puisse être considéré comme secret de fabrique qu'autant qu'il présente le caractère d'une invention brevetable ? Assurément non ; si le législateur avait entendu renfermer le secret de fabrique dans ces limites, il n'aurait pas manqué de le dire expressément ; et en l'absence d'une définition limitative, il faut décider que tout procédé brevetable ou non, par exemple le simple tour de main, constitue un secret de fabrique (1).

Il a été jugé que : 1° Il faut considérer comme secrets de fabrique les précautions spéciales observées pour la conduite d'un procédé breveté, les détails de fonctionnement dont les articles 5 et 6 de la loi du 5 juillet 1844 n'exigent pas la des-

____
(1) Pouillet, n° 768.

cription dans la demande de brevet. En conséquence l'article 418 du Code pénal punit la divulgation de ces détails, faite par les ouvriers qui les possèdent en cette qualité et qui, comme tels, sont chargés de faire fonctionner les appareils brevetés (Paris, 15 fév. 1856, Chevallet-Appert, *Annales*, 56, 90).

2° Constitue un secret de fabrique, dans le sens de la loi pénale, tout procédé ou moyen de fabrication qui n'est pas connu. En conséquence, se rend coupable du délit de révélation prévu et puni par l'article 418 du Code pénal, l'ouvrier qui fait connaître à un autre fabricant les moyens particuliers employés par son patron. En pareil cas, doit être condamné comme complice le fabricant qui, par dons et promesses, a provoqué l'ouvrier à lui faire cette révélation (Paris, 4 nov. 1859, Mourey, *Annales*, 59, 406).

3° Il n'est pas nécessaire pour constituer le délit de révélation de secret de fabrique prévu par l'article 418 du Code pénal, que le secret communiqué ait été l'objet d'un brevet d'invention. Au contraire, les procédés brevetés étant divulgués par la prise du brevet et le mémoire descriptif qui l'accompagne, ne peuvent plus constituer un secret ni donner lieu à la poursuite de l'article 418. — La question de savoir si le procédé communiqué constitue un secret est un point de fait dont l'appréciation appartient exclusivement aux juges du fait (Paris, 16 mai 1861 et Cass., 10 janv. 1862, Sérigiers, *Annales*, 62, 221).

4° Il y a révélation de secrets de fabrique dans le fait, de la part d'un ou plusieurs ouvriers, d'avoir fait connaître à un tiers le résultat des recherches faites par leur patron pour arriver à construire une machine destinée à fabriquer mécaniquement un produit qui, tel que la dentelle, ne s'obtenait antérieurement qu'à la main. Il en est ainsi encore bien que le chef de la fabrique aurait déjà laissé tomber l'idée première de cette machine dans le domaine public, dès l'instant qu'il est établi qu'il a continué à chercher les améliorations jugées nécessaires pour rendre cette machine d'un usage plus pratique et qu'il était, en tout ou en partie, arrivé à ce résultat. Les tribunaux, en pareil cas, n'ont pas à rechercher si la nouvelle machine était ou non brevetable, mais uniquement si les révélations ont porté sur des procédés et moyens particuliers et non encore connus (Paris, 20 fév. 1863, Sival, *Annales*, 63, 363).

5° Constitue un secret de fabrique, dans le sens de la loi pénale, tout procédé de fabrication qui n'est pas connu. Spécialement est juridiquement motivé l'arrêt qui constate que les procédés révélés donnaient une supériorité incontestable aux produits, et que cette supériorité ne résultait pas d'un simple tour de main, mais bien de l'association nouvelle de certains éléments déterminés et d'une série d'opérations bien définies, encore bien qu'on offrirait de prouver que ces éléments étaient connus et employés antérieurement (Cass., 24 avril 1863, Collomb, *Annales*, 63, 356).

Jugé toutefois que : Ne constituent pas un secret de fabrique les modifications d'ordre très secondaire, apportées par un fabricant à l'outillage nécessaire pour la confection de produits suivant un mode connu et exécuté de très ancienne date, tel que la contexture, à points noués, de tapis veloutés (Douai, 11 juin 1890, Rombeau, *Annales*, 91, 160).

208. Nouveauté. — Pour que le secret de fabrique soit protégé, il faut avant tout que le procédé qui en fait l'objet soit nouveau. — Un industriel serait non recevable à poursuivre devant les tribunaux correctionnels la divulgation d'un procédé qui serait d'un usage courant dans les autres ateliers, ou même qui, sans être aussi répandu, aurait été pratiqué auparavant, à une époque ou dans un pays quelconque. La nouveauté doit s'apprécier ici comme en matière de brevet d'invention ; et la personne poursuivie pour révélation de secret de fabrique peut, comme le prévenu de contrefaçon, invoquer des antériorités qui font disparaître le délit (1).

(1) Chauveau et Faustin-Hélie, *Théorie du Code pénal*, t. 7, p. 456 ; — Rendu, n° 322 ; — Pouillet, n° 469.

209. Divulgation d'un procédé connu. — Nous venons
de voir qu'un procédé connu ne peut pas faire l'objet d'un
secret de fabrique et que par conséquent sa révélation ne
constitue pas le délit prévu et puni par l'article 418 du Code
pénal. La divulgation d'un semblable procédé, par un ouvrier à qui la confidence en avait été faite, doit-elle être
cependant considérée comme un acte illicite donnant ouverture à une action en dommages-intérêts, en vertu du
principe écrit dans l'article 1382 du Code civil ? Sans doute
l'ouvrier manque aux lois de la délicatesse en communi-
quant à des tiers les procédés quels qu'ils soient, nouveaux
ou non, dont il a eu connaissance en travaillant dans les
ateliers de son patron ; mais si le procédé était connu, si
d'autre part sa divulgation n'est accompagnée d'aucune
manœuvre, nous ne croyons pas que le patron puisse exercer une action en dommages-intérêts soit contre l'ouvrier,
soit contre le concurrent qui profite de la révélation. Il faut
voir là un fait analogue au surmoulage d'un modèle de
fabrique, ou bien à l'imitation d'un procédé non breveté,
qui échappe à toute sanction pénale ou civile (1).

Jugé toutefois que : De ce qu'un brevet est nul, il ne s'ensuit
pas qu'on puisse innocenter la communication faite, par suite
de l'abus et de l'infidélité d'un élève, au préjudice de son patron,
du mode de fabrication adopté par ce dernier, à un individu
son complice qui en a profité pour faire une concurrence déloyale. Un pareil fait rentre évidemment sous l'application du
principe d'équité naturelle écrit dans l'article 1382 du Code
civil (Rouen, 27 juin 1856, Lecomte, *Annales*, 56, 345) (2).

____

(1) Pouillet, n° 669.

(2) L'élève ne s'était pas borné à communiquer à un concurrent le procédé
de son patron ; il lui avait fait connaître les dépositaires et les correspondants
de ce dernier, circonstance qui explique et justifie la décision.

210. Le plaignant est-il tenu de faire connaître son secret ? — Le patron qui se plaint de la communication d'un secret de sa fabrique est-il tenu de faire connaître, dans ses détails, le procédé révélé à son préjudice ? L'obliger à livrer son secret dans des débats publics, ce serait, on le conçoit, aggraver singulièrement le dommage résultant de l'indélicatesse dont il poursuit la réparation. Au lieu d'être connu d'un seul, son procédé serait connu de tout le monde après le procès, et le remède qu'il a cherché serait pis que le mal lui-même. Aussi pensons-nous que le patron est tenu seulement d'établir que le procédé présente bien les caractères d'un secret de fabrique. Cette preuve faite, le tribunal doit condamner l'auteur et les complices de la révélation du secret, sans avoir besoin de connaître et sans avoir le droit d'exiger les détails du procédé.

Il a été jugé en ce sens que : Celui qui prétend posséder un secret de fabrique, consistant dans une proportion particulière de drogues pour teinture, n'est pas tenu de la faire connaître, ce qui serait pour lui une cause de ruine et irait à l'encontre du but de la loi ; il suffit qu'il soit établi par le juge du fait que les moyens de fabrication, objets de la communication, sont bien des secrets, qu'ils appartiennent à la fabrique, ont été inventé pour elle et lui ont été spécialement appliqués (Douai, 21 mars 1883 et Cass., 15 mars 1884, Broways, *Annales*, 88, 358).

211. Quelles personnes peuvent être condamnées pour révélation de secret de fabrique ? — L'article 418 du Code pénal vise le directeur, le commis, l'ouvrier, c'est-à-dire toute personne employée à un titre quelconque, dans la fabrique dont le procédé secret est divulgué. L'élève ou l'apprenti doit être assimilé à l'ouvrier, bien que la loi ne le mentionne pas expressément. Il remplit en effet dans l'atelier une fonction analogue à celle de l'ouvrier, et s'il est souvent initié d'une façon plus intime aux secrets de fabrication de son maître, il est d'autant plus coupable quand il abuse de sa situation pour révéler les procédés mis en œuvre sous ses yeux (1).

212. Ancien ouvrier. — L'ouvrier qui divulgue un secret de fabrique, après avoir quitté les ateliers de son patron, commet-il le délit prévu par l'article 418 du Code pénal ? La divulgation ainsi faite est assurément aussi grave et aussi dangereuse que celle dont se rend coupable l'ouvier encore en fonction ; il semble donc qu'elle doive être punie au même titre. Mais nous sommes en présence d'une disposition pénale qu'il faut interpréter strictement et qu'il n'est pas permis d'étendre d'un cas à un autre. Or l'article 418 est formel : il punit tout directeur, commis, ouvrier de fabrique qui aura communiqué ou tenté de communiquer *des secrets de la fabrique où il est employé*. Pour que le délit existe, il faut donc que l'ouvrier soit, au moment de la divulgation, employé dans la fabrique dont il révèle le secret ; s'il en est sorti, l'article 418 cesse d'être applicable (2).

Toutefois l'ouvrier devrait être condamné, alors même que, au moment où il a fait la révélation du secret de fabrique, il aurait cessé d'être employé dans l'établissement de son ancien patron, si les démarches et pourparlers, ainsi que les dons et promesses qui l'ont déterminé, avaient précédé sa sortie (3). Le fabricant qui débauche

(1) Rendu, n° 525 ; — Pouillet, n° 775 ; — *Contrà* Calmels, *De la contref.* n° 68.

(2) Blanc, *Propr. ind.* n° 21 ; — Rendu, n° 526 ; — Pouillet, n° 526.

(3) Cass., 24 avril 1863, Collomb, *Annales,* 63, 356.

ainsi l'ouvrier d'un établissement rival pour profiter de ses secrets de fabrication, se rend complice du délit puni par l'article 418 du Code pénal (1).

Mais l'ancien ouvrier, établi à son compte, ne commet aucun délit en utilisant, pour son profit personnel, les connaissances qu'il a acquises dans l'usine de son ancien patron (2). Ce dernier n'a qu'une ressource pour se mettre en garde contre une semblable concurrence, c'est de faire breveter ses procédés de fabrication avant le départ de son ouvrier, ou bien d'imposer à celui-ci une interdiction de s'établir dans la même industrie.

213. Concurrence déloyale commise par l'ancien ouvrier. — Si, en principe, la révélation d'un secret de fabrique faite par un ancien ouvrier ne constitue pas un délit, elle peut présenter le caractère d'une concurrence déloyale lorsqu'elle est accompagnée ou précédée d'agissements dont l'appréciation souveraine appartient aux tribunaux (3). M. Rendu estime que la concurrence déloyale existe dans tous les cas, soit que l'ancien ouvrier emploie le secret de fabrique pour son compte, soit qu'il le communique à autrui. « La révélation faite à l'ouvrier, dit-il, dans » un but déterminé, d'un secret qu'il n'aurait pas pn étré » autrement, constitue un véritable quasi-contrat, dont la » violation doit donner lieu à des dommages-intérêts pro- » portionnés au préjudice causé » (4).

Cette opinion nous paraît trop absolue. Sans doute l'ouvrier qui, établi à son compte, emploie les secrets de fabrique de son ancien maître, peut commettre un acte ré-

(1) Paris, 31 juil. 1872, Martin de Lignac, *Annales*, 76, 197.
(2) Paris, 30 juin 1876, Schweitzer, *Annales*, 76, 99.
(3) Pouillet, n° 776.
(4) Rendu, n° 527.

préhensible au point de vue de la morale ; mais nous croyons qu'en agissant de la sorte il relève seulement de sa conscience et qu'il échappe à toute sanction judiciaire, à la condition, bien entendu, qu'il s'abstienne de toute manœuvre pour détourner la clientèle de son ancien patron. Celui-ci, d'ailleurs, n'est jamais désarmé ; il peut, lorsque l'ouvrier entre à son service, stipuler qu'il n'aura pas le droit, en quittant ses ateliers, de faire usage de ses secrets de fabrication ; il peut encore, s'il n'a pas pris cette précaution, faire breveter ses procédés secrets le jour où son ouvrier le quitte. La convention dans le premier cas, le brevet dans le second, lui assurent une garantie aussi complète que possible.

214. Cas où l'ouvrier est l'inventeur du procédé. — Il peut arriver que l'ouvrier soit lui-même l'inventeur du procédé secret employé dans la fabrique de son patron. A-t-il dans ce cas le droit de le révéler ? Est-il propriétaire du secret et peut-il en faire tel usage qui lui convient ? La même question s'élève en ce qui touche la propriété des inventions brevetables. L'ouvrier qui fait une invention dans le cercle de ses attributions, suivant les ordres et sous l'inspiration de son maître, n'a pas le droit de prendre un brevet. L'invention appartient au patron qui seul peut s'en garantir la propriété (1). Il en est de même pour le secret de fabrique qui appartient au propriétaire de l'établissement, lorsque c'est en suivant ses ordres et ses instructions que l'ouvrier l'a découvert. La révélation d'un pareil secret de fabrication tombe sous l'application de l'article 418 du Code pénal.

(1) V. notre *Traité des Brev. d'inv.*, t. 2, nᵒˢ 145 et suiv.

Jugé en ce sens que : Des ouvriers poursuivis pour révélation de secrets de fabrique ne sauraient être admis à invoquer comme moyen de défense qu'ils auraient personnellement cherché et trouvé les procédés et moyens révélés. Le fait fût-il vrai, dès l'instant qu'ils agissaient sous l'inspiration de leur patron et dans le cercle de leurs attributions, les découvertes et améliorations qu'ils pouvaient faire ne leur appartenaient pas. (Paris, 20 fév. 1863, Sival, *Annales*, 63, 363).

215. Ancien associé. — *Jugé que :* Lorsqu'une société a été constituée pour l'exploitation d'un secret de fabrique dont l'un des associés fait apport, et que, lors de la dissolution, il a été convenu que cet associé rentrerait dans la propriété exclusive de ce secret de fabrication, il y a concurrence déloyale de la part de l'autre associé qui, usant de son droit de se rétablir, continue de fabriquer et de vendre le produit dont il a connu le secret pendant la société et se borne à l'annoncer sous un autre nom (Paris, 5 déc. 1887, Parenteau, *Annales*, 88, 289).

216. Tentative. — L'article 418 du Code pénal punit la simple tentative de révélation de secret de fabrique. Si donc l'ouvrier est surpris avant d'avoir complètement fait connaître à un tiers le procédé secret de son patron, il est punissable comme si la révélation était entièrement consommée.

Il a été jugé que : 1° Le fait par un ouvrier d'une fabrique de livrer à un autre fabricant un échantillon du mélange des drogues, dans la proportion desquelles consiste le secret de fabrique, afin qu'il puisse en faire l'analyse et en connaître la composition, constitue le délit lui-même et non une simple tentative (Douai, 21 mars 1883 et Cass., 15 mars 1884, Broways, *Annales*, 88, 357).

2° Constitue non pas la communication du secret de fabrique, mais la simple tentative de ce délit, le fait par un ouvrier d'avoir fait confectionner et porter chez des industriels, concurrents

de son patron, différentes pièces dont le rapprochement devait
former la machine qui constitue un secret de fabrique, alors
qu'il est établi que la machine n'avait pas encore été montée
dans les ateliers des industriels concurrents, et que l'ouvrier
avait seulement préparé ses outils et ses modèles en bois, pièces de modèles pouvant s'appliquer à une machine quelconque
(Paris, 27 juil. 1887, Vve Henry, *Annales*, 88, 183).

217. Complicité. — La plupart du temps, l'ouvrier révèle les procédés secrets de son maître, sous l'instigation
d'un tiers qui lui paie le prix de son indélicatesse. Ce tiers
qui agit soit pour son propre compte, soit dans l'intérêt
d'un concurrent du patron est un complice du délit et doit
être condamné comme tel avec l'ouvrier lui-même. Les
règles sur la complicité sont d'ailleurs applicables ici sans
aucune exception, dans les termes des articles 59 et 60 du
Code pénal.

Il a été jugé à cet égard que : 1° Les conditions essentielles de
la complicité en matière de révélation de secret de fabrique se
trouvent juridiquement constatées par l'arrêt qui déclare que le
prévenu s'est rendu complice du délit de révélation, soit en le
provoquant par dons et promesses, soit en assistant l'auteur du
délit dans les faits qui l'ont préparé, facilité ou consommé. Il
en est surtout ainsi lorsque l'arrêt constate qu'il n'était pas de
bonne foi (Cass., 8 juil. 1863, Sival, *Annales*, 63, 371).

2° La complicité, en matière de révélation de secret de fabrique, est suffisamment établie par la constatation des juges du
fait que le prévenu, afin d'être mis en relation par un tiers, condamné lui-même comme complice, avec l'auteur du délit, a tout
dirigé et que c'est sous sa direction, sur ses instructions, sous
l'influence des promesses faites en son nom, que le liquide, objet
du secret de fabrication, lui a été livré dans la quantité par lui-
même indiquée pour que l'analyse en devînt plus facile (Douai,
21 mars 1883 et Cass., 15 mars 1884 ; *Annales*, 88, 357).

CHAPITRE VI

COALITION.

218. La coalition constitue un moyen de concurrence déloyale. — Lorsque plusieurs fabricants ou marchands se réunissent, se coalisent pour accaparer certains produits, se rendre ainsi maîtres du marché, et déterminer, au gré de leurs intérêts, la hausse ou la baisse de ces marchandises, ils portent un préjudice au consommateur victime de ces variations de cours ; mais leurs manœuvres atteignent aussi les autres fabricants qui, en présence de la coalition, ne peuvent pas lutter dans des conditions de libre concurrence. Envisagée à ce point de vue, la coalition constitue donc une forme de la concurrence déloyale et par suite elle rentre dans le cadre de notre étude.

219. Article 419 du Code pénal. — La coalition est un délit prévu et puni par l'article 419 du Code pénal, dont voici les termes : « Tous ceux qui, par des faits faux ou » calomnieux semés à dessein dans le public, par des sur- » offres faites aux prix que demandaient les vendeurs » eux-mêmes, par réunion ou coalition entre les princi-

» paux détenteurs d'une même marchandise ou denrée
» tendant à ne pas la vendre où à ne la vendre qu'à un
» certain prix, ou qui, par des voies ou moyens fraudu-
» leux quelconques, auront opéré la hausse ou la baisse du
» prix des denrées ou marchandises ou des papiers ou ef-
» fets publics, au-dessus ou au-dessous des prix qu'aurait
» déterminés la concurrence naturelle et libre du com-
» merce, seront punis d'un emprisonnement d'un mois au
» moins, d'un an au plus et d'une amende de 500 francs
» à 10.000 francs. Les coupables pourront de plus être
» mis, par l'arrêt ou le jugement, sous la surveillance de
» la haute police pendant deux ans au moins et cinq ans
» au plus ».

L'article 420 dispose que la peine sera de deux mois au moins et de deux ans au plus et d'une amende de 1.000 fr. à 20.000 francs si les manœuvres ont été pratiquées sur grains, grenailles, farines, substances farineuses, pain, vin, ou toute autre boisson.

220. Caractères de la coalition. — L'article 419 du Code pénal punit d'une manière générale toutes les manœuvres qui ont pour but et pour effet d'opérer la hausse ou la baisse du prix des denrées, marchandises ou papiers ou effets publics au-dessus ou au-dessous des prix qu'aurait déterminés la concurrence naturelle et libre du commerce. Au nombre de ces moyens frauduleux, la loi vise spécialement la coalition qui doit nous occuper d'une façon particulière. Pour que la coalition constitue un délit, il faut qu'elle réunisse deux conditions : elle doit tout d'abord être formée entre les principaux détenteurs de la même marchandise ; elle doit, en second lieu, renfermer, de la part des personnes coalisées, l'engagement de ne pas vendre ou de ne vendre qu'à un certain prix.

Bien que l'article 419 parle des principaux détenteurs d'une même marchandise, il est bien évident qu'il est applicable à la coalition de l'universalité des détenteurs (1). Il importe peu que ces derniers soient des fabricants ou des marchands proprement dits ; la loi ne fait aucune distinction (2). Elle s'appliquerait également aux propriétaires ou fermiers détenteurs de produits agricoles (3).

Il a été jugé que : 1° Le fait pour des chefs d'industrie (des teinturiers) de se grouper et de convenir de ne pas travailler, pendant un certain délai, au-dessous d'un tarif minimum, à peine de dommages-intérêts, ne constitue ni une participation, ni la formation d'un syndicat professionnel, ni une coalition d'ouvriers dans les termes de la loi du 27 mai 1864; mais cette convention, ayant pour but la hausse factice du produit de l'industrie des contractants, est nulle comme contraire à l'ordre public (Trib. com. Seine, 29 juin 1888, Audoire, *Rev. du Dr. com.*, 88, 2, 397).

2° Ne tombe pas sous l'application de l'article 419 du Code pénal et ne présente aucun caractère illicite le syndicat formé par une partie des producteurs d'une certaine région qui se sont concertés au sujet de la fixation de l'importance de leurs produits (des phosphates), en vue d'en assurer l'écoulement et principalement l'exportation, et en vue de la défense de leurs intérêts communs, alors d'ailleurs qu'il n'est articulé à leur charge ni accaparement ni tentative d'accaparement et que la consommation a toujours eu toutes facilités de s'adresser à d'autres producteurs (Paris, 14 avril 1891, Cajot et Cⁱᵉ, *La Loi*, 23 mai 1891).

(1) Chauveau et Faustin-Hélie, t. 5, p. 561.
(2) Cass., 31 août 1838, Le Hir, 40, 2, 362.
(3) Dalloz, *Rép. gén.* v° *Industrie et commerce*, n° 420.

221. Coalition organisée contre un seul individu. — Le plus souvent, la coalition est organisée contre plusieurs industriels ou commerçants ; elle atteint alors toute une industrie en même temps qu'elle porte préjudice au consommateur et elle lèse en conséquence des intérêts généraux ; mais il peut arriver qu'elle vise une seule personne, un fabricant ou bien un marchand dont elle cherche à ruiner l'industrie. La coalition, dans cette hypothèse, tombe encore sous l'application de l'article 419 qui ne comporte, à cet égard, aucune distinction (1).

Il a été jugé en ce sens que : 1° Est nulle comme contraire à l'ordre public la convention par laquelle les principaux détenteurs d'une marchandise (dans l'espèce, de la viande) se sont coalisés contre l'adjudicataire futur des fournitures de viandes pour la troupe de manière à rendre son entreprise impossible ou ruineuse (Cass., 13 janv. 1879, Romanatxo, Dalloz, 79, 1, 77).

2° La coalition pour opérer la hausse et la baisse des marchandises constitue le délit prévu et puni par les articles 419 et 420 du Code pénal, bien qu'elle n'ait fait grief qu'à un seul individu (Paris, 28 fév. 1888, Grandjean, *Annales du Droit commercial*, 1888, 1, 119).

222. Association ; syndicat. — La coalition essaie habituellement de se dissimuler sous la forme d'un syndicat, d'une association. Il appartient aux tribunaux de rechercher si le traité, quelque dénomination qu'on lui donne, ne renferme pas une infraction à l'article 419 du Code pénal. Si le contrat d'association a pour but et pour résultat de concentrer entre les mains d'un certain nombre de détenteurs une marchandise déterminée, d'en fixer le prix et de rendre la concurrence impossible, le traité présente

____

(1) Cass., 7 janv. 1837, De Clairvaux, Le Hir, 37, 2, 236.

un caractère délictueux et il est nul en conséquence. Il est licite et valable au contraire lorsque les opérations de la société ou du syndicat n'impliquent pas l'accaparement absolu de la marchandise et laissent une place à la concurrence.

Il a été jugé à cet égard que : 1° Sont nulles les conventions établissant entre les fabricants d'un produit une association représentée par un syndicat chargé de fixer le prix et la quantité de matières premières que doit acheter chacun des membres de l'union, et de déterminer les prix et les conditions de vente du produit, de manière qu'il ne reste sur le marché qu'un seul acheteur de matières premières et un seul vendeur de produits fabriqués (Cass. req., 11 fév. 1879, Cournery, Le Hir, 79, 2, 434).

2° *Mais* il n'y a pas coalition, dans le sens de l'article 419 du Code pénal, dans le fait des membres d'une société d'avoir, par la réunion de leurs capitaux et de leur industrie et sans employer aucun moyen frauduleux, causé une baisse dans le prix d'une marchandise, une coalition ne pouvant résulter que d'un concert entre plusieurs personnes, et une société commerciale, quel que soit le nombre de ses membres, ne formant légalement qu'une seule personne morale (Cass., 26 janv. 1838, Duroux, Dalloz, *Rép. gén.* v° *Industrie et commerce*, n° 418).

3° Ne constitue pas une coalition le fait, par plusieurs fabricants d'un produit, d'avoir fondé une société à laquelle ils se sont individuellement obligés de vendre exclusivement toute leur production, si cette société forme un être distinct des fabricants qui l'ont fondée, si une partie de ses actions peut devenir la propriété de tiers étrangers à la fabrication, si elle a le droit d'acheter et de vendre d'autres produits que ceux de ses fondateurs et si enfin elle trouve une concurrence non-seulement dans les fabricants des localités étrangères, mais encore dans plusieurs fabricants de la localité même ou elle est établie, qui n'y ont pas adhéré (Trib. com. Marseille, 6 déc. 1878, Jouve, Le Hir, 79, 2, 207).

223. Coalition entre consommateurs. — Supposons que plusieurs consommateurs se réunissent et s'entendent pour ne pas faire usage d'un certain produit. Doit-on voir dans ce fait une coalition illicite ? Assurément une pareille entente conclue entre les consommateurs a pour but et peut avoir pour résultat de déterminer la baisse de la marchandise frappée d'interdit. Mais l'article 419 ne vise et ne punit que la coalition entre détenteurs d'une même marchandise ; il ne s'applique pas en conséquence aux consommateurs ; d'autre part, si le même article punit les moyens employés pour obtenir la hausse ou la baisse factice d'une marchandise, il exige que les moyens employés soient frauduleux. Or on ne saurait attribuer ce caractère de fraude à l'accord intervenu entre les consommateurs, indépendamment de toute manœuvre dolosive.

Jugé en ce sens que : Le fait, par quelques consommateurs, de s'engager à ne plus user d'une marchandise déterminée (du gaz, dans l'espèce), aussi longtemps que le prix n'en aura pas été abaissé, ne constitue, en l'absence de manœuvres frauduleuses, ni le délit de coalition, ni un quasi-délit (Paris, 13 janv. 1887, Société du Gaz de Rambouillet, Dalloz, 87, 2, 151).

224. A quels objets s'applique l'article 419 ? Entreprises de transport. — L'article 419 prévoit la coalition entre plusieurs détenteurs de la même *marchandise ou denrée*. Que faut-il entendre par cette expression ? La marchandise est une chose corporelle susceptible d'être achetée ou vendue : telle est au moins sa définition la plus habituelle. Doit-on l'étendre aux objets de toute nature qui peuvent faire l'objet d'une spéculation ou d'un trafic ? La question s'est présentée notamment à l'occasion des entreprises de messagerie. Un entrepreneur de transport ne peut assurément, dans le sens étroit du mot, être considéré comme un détenteur de marchandises : cependant il se livre à un trafic et, en se coalisant avec d'autres entrepreneurs, il peut se rendre maître des prix de transport. La jurisprudence a été autrefois très divisée sur cette question. Plusieurs arrêts ont décidé que l'article 419 du Code pénal ne s'applique pas aux entrepreneurs de messageries, lesquels ne sauraient être considérés comme des détenteurs d'une marchandise (1). Mais d'autres décisions, notamment des arrêts de la Cour de cassation, ont admis le contraire et c'est en ce dernier sens que la jurisprudence paraît aujourd'hui définitivement fixée (2).

Jugé toutefois que : La coalition pour la hausse ou la baisse des prix ne peut exister entre deux entreprises de transport que lorsqu'elles exploitent le même parcours et non lorsque leurs services sont seulement juxtaposés. Dès lors il n'y a pas lieu de considérer comme constitutive de ce délit la baisse de prix réalisée par une entreprise de transports correspondant avec un chemin de fer, sur un parcours desservi par d'autres entreprises rivales, alors surtout qu'elle n'est pas le résultat d'un concert avec la compagnie qui exploite ce chemin de fer (Cass., 10 avril 1863, Pothier, Dalloz, 64, 1, 56).

225. Assurances. — *Il a été jugé que* : L'article 419 du Code pénal s'applique à tout ce qui, étant l'objet des spéculations de commerce, a un prix habituellement déterminé par la libre et naturelle concurrence du trafic dont s'agit. Il s'applique

(1) Toulouse, 13 juin 1837, Duroux, Le Hir, 37, 2, 297 ; — Trib. corr. St-Omer, 20 juin 1838, *Messageries de l'Aigle*, Le Hir, 38, 2, 189 ; — Trib. corr. Périgueux, 23 déc. 1838, Gaillard et Pénicault, Le Hir, 38, 2, 428.

(2) Cass., 9 déc. 1836, *Messageries Royales*, Le Hir, 37, 2, 35 ; — Cass., 9 août 1839, *Messageries françaises*, Le Hir, 39, 2, 274 ; — Lyon, 24 déc. 1839, *Messageries Royales*, Le Hir, 40, 2, 81 ; — Paris, 17 mai 1850, Duval, Dalloz, 50, 2, 123.

notamment aux assurances et autres contrats concernant le commerce de mer, lorsque la hausse ou la baisse du taux des assurances est opérée par les moyens et de la manière que spécifie l'article 419 (Cass. crim., 16 mai 1845, Mestre, Le Hir, 45, 460 ; Dalloz, 45, 1, 289).

226. Actions des sociétés de commerce. — L'article 419 punit la coalition ou les manœuvres frauduleuses qui ont pour but d'opérer la hausse ou la baisse des papiers ou effets publics. On s'est demandé s'il était applicable aux actions des sociétés de commerce. La jurisprudence paraît fixée dans le sens de la négative.

Il a été jugé à cet égard que : Les syndicats formés entre les détenteurs des actions d'une société commerciale pour opérer la hausse de ces actions sont licites, l'article 419 du Code pénal ne prévoyant que les associations formées dans le but de prescrire la hausse ou la baisse soit des denrées ou marchandises, soit des effets ou deniers publics, ce qui ne comprend pas les actions des sociétés de commerce (Paris, 18 mars 1887, d'Erlanger, Dalloz, 88, 2, 129) (1).

227. Poursuite. — Le délit de coalition peut être déféré aux tribunaux comme tout autre délit, soit d'office par le parquet, soit sur la plainte des parties lésées. Ces dernières ont le droit d'agir par voie de citation directe ou de se porter parties civiles dans une instance introduite par le parquet. Les parties lésées sont les consommateurs ou les fabricants et commerçants victimes de la concurrence illicite résultant de la coalition. Toute personne intéressée et notamment chaque membre de la coalition peut s'adresser aux tribunaux pour faire prononcer la nul-

---

(1) Id. Cass., 30 juil. 1885, Saunier, Dalloz, 86, 1, 389 ; — Bourges, 2 août 1888, Ferrand, Dalloz, 89, 2, 49.

lité d'un contrat formé contrairement aux prohibitions de l'article 419.

Il a été jugé que : Lors même qu'il a été définitivement reconnu par un arrêt émané de la juridiction correctionnelle qu'une coalition ne constituait pas le délit prévu par l'article 419 du Code pénal, par suite de l'absence de l'un des éléments de ce délit, cette décision ne fait point obstacle à ce que la juridiction civile retienne les circonstances de fait relevées par la juridiction correctionnelle pour reconnaître et déclarer qu'elles constituent un délit civil portant atteinte au principe de la liberté du commerce et de l'industrie (Paris, 18 déc. 1890, Liquidateurs de la Société des Métaux, *La Loi*, 31 déc. 1890).

CHAPITRE VII

228. Moyens employés pour détourner la clientèle. — Les manœuvres ayant pour but de détourner la clientèle sont d'une variété infinie et il est impossible de les toutes prévoir. Nous avons indiqué celles qui se présentent le plus fréquemment et qui, offrant un caractère déterminé, peuvent faire l'objet d'une classification. Pour compléter notre travail, nous allons passer en revue d'autres agissements qui tendent au même but, mais qui ne rentrent dans aucune des catégories précédentes.

229. Exécution de commandes destinées à un tiers. — Si un fabricant, au moyen de manœuvres frauduleuses, détourne et s'approprie les commandes destinées à une maison rivale, il commet assurément une concurrence déloyale. Mais en est-il de même lorsqu'il exécute des commandes destinées à un concurrent, qui lui ont été remises par suite d'une erreur? Nous le pensons, car la loyauté commerciale interdit au fabricant de profiter de semblables erreurs, alors même qu'il ne les aurait pas provoquées.

Il a été jugé à cet égard que : 1° Le commissionnaire de transport qui accepte, pour les expédier, des remises faites par erreur dans ses bureaux, commet un acte de concurrence déloyale qui le rend passible de dommages-intérêts envers le commissionnaire de transport auquel les remises étaient destinées (Trib. com. Seine, 30 janv. 1855, Loisel, Le Hir, 55, 2, 568).

2° Se rend coupable de concurrence déloyale l'industriel qui fait vendre ou laisse sciemment vendre ses produits par le représentant d'une maison rivale et sous le nom de cette maison (Douai, 11 juin 1865, Six-Duluve, *Annales*, 66, 303).

3° Un commerçant n'est pas fondé à considérer comme des actes de concurrence déloyale des commandes reçues et exécutées par un autre négociant portant le même nom et exerçant le même commerce, alors que les commandes étaient destinées au premier, mais que celui qui les a reçues n'a pratiqué aucune manœuvre dolosive pour se les procurer. — En conséquence, la victime de la similitude du nom ne peut prétendre faire imposer par la justice, à son concurrent, une modification dans son nom, telle que la confusion soit désormais impossible (Rennes, 12 janv. 1886, Dubois, *Jur. com. Nantes*, 87, 1, 177).

230. **Usage de liste d'adresses et de renseignements.** — Supposons qu'un industriel ou un commerçant se trouve, par suite d'une circonstance quelconque, en possession d'une liste d'adresses ou de renseignements divers appartenant à une maison rivale : pourra-t-il en faire usage dans l'intérêt de son industrie ou de son commerce ? Assurément non ; ces documents qui sont quelquefois le fruit d'une longue pratique commerciale constituent la propriété de celui qui les a réunis. Nul ne peut se les approprier et s'en servir sans se rendre coupable d'une concurrence déloyale. L'usage illicite de ces documents prend un caractère plus grave quand il est fait par un ancien employé, un ancien voyageur qui se les est procurés alors qu'il était au service de son patron.

Il a été jugé que : 1° Un commis, en quittant une maison, ne peut, à peine de tous dommages-intérêts, retenir, ni une copie des noms et adresses des clients de la maison, qu'il se serait abusivement procurée, ni les carnets qui lui servaient dans ses voyages de manière à pouvoir s'en servir dans l'intérêt d'une maison rivale qui, grâce à cela, lui ferait une position avantageuse (Paris, 24 juin 1858, Rault, Teulet, 7, 396).

2° Il n'est pas permis à un employé de commerce ou d'industrie de recueillir subrepticement, dans la maison où il était occupé, les renseignements et les listes d'adresses propres à cette maison et, après l'avoir quittée, de lui susciter, dans sa clientèle, une concurrence personnelle, soit en invoquant la collaboration qu'il lui a donnée, soit en utilisant les documents qu'il a emportés (Paris, 4 août 1881, Durand-Morimbeau, *Annales*, 81, 244).

3° Fait acte de concurrence déloyale l'employé qui, sorti d'une maison de commerce pour en fonder une nouvelle, abuse des renseignements que sa position lui a permis de recueillir pour détourner la clientèle de son patron (Trib. com. Nantes, 24 avril 1880, Vve Raymondière, *Jur. com. Nantes*, 81, 1, 173).

4° Le fait par un commerçant d'user des adresses livrées par le commis d'un concurrent constitue un quasi-délit qui engage sa responsabilité (Aix, 4 avril 1883, Bernon, *Annales*, 86, 127).

231. Usage des prospectus-tarifs d'un concurrent. — Les fabricants ont l'habitude de rédiger des prospectus-tarifs qui présentent, dans un ordre et suivant une classification déterminés, les prix de leurs différents produits. Tous ceux qui exercent la même industrie ont le droit d'avoir des tarifs qui, à raison de la similitude des produits, offrent entre eux une analogie forcée, mais qui néanmoins ne doivent pas être copiés les uns sur les autres. L'imitation d'un prospectus-tarif, combinée de manière à établir une confusion entre les produits de deux établissements rivaux, constituerait une concurrence déloyale (1). A plus forte raison un fabricant n'a-t-il pas le droit, pour obtenir des commandes, de faire usage des tarifs d'un concurrent qu'il présente comme étant ceux de sa propre maison.

Il a été jugé toutefois que : Le fait par un industriel de se procurer un prospectus-tarif de son concurrent, d'en couper l'en-tête qui porte le nom de ce dernier, d'y apposer son propre nom et de le placarder dans son bureau, ne constitue pas un acte illicite, lorsqu'il n'est établi à sa charge aucune manœuvre susceptible d'influencer la clientèle de son concurrent (Rouen, 24 juin 1887, Bigot-Renaux, *Annales*, 88, 65).

232. Suppression du nom du fabricant. — L'intermédiaire qui achète un produit peut-il, avant de le revendre, supprimer la marque ou le nom du fabricant et même y apposer son propre nom ou sa marque de commerce ? Le commissionnaire ou le débitant peut avoir un intérêt sérieux à cette suppression pour éviter que sa clientèle, passant par dessus sa tête, ne s'adresse directement au producteur. Celui-ci d'un autre côté a le légitime désir que le public connaisse la provenance de ses produits, pour établir ou conserver sa réputation industrielle. Comment concilier ces intérêts contradictoires ?

Lors de la discussion de la loi du 23 juin 1857 on s'est demandé s'il fallait voir un délit dans le fait de supprimer la marque du fabricant. Voici dans quels termes s'est expliqué, à cet égard, le commissaire du Gouvernement au

(1) V. Paris, 12 janv. 1887, *Annales*, 89, 16.

Corps législatif : « Le projet de loi est destiné à consacrer
» la propriété de la marque apposée par le fabricant sur
» ses produits ; mais il ne déclare pas la marque obliga-
» toire pour lui. Devait-on la rendre obligatoire vis-à-vis
» des commissionnaires qui achètent en fabrique ? Le Con-
» seil d'État n'a pas cru qu'il en dût être ainsi : il a pensé
» que l'intermédiaire qui aurait acheté un produit pouvait
» avoir intérêt à n'en pas faire connaître l'origine ; dès lors
» la loi ne devait pas s'opposer à ce qu'il pût supprimer la
» marque du fabricant, et même, s'il le jugeait convenable,
» apposer sur les produits ce qu'on appelle une marque de
» commerce ».

« ..... Dans beaucoup de localités, les fabricants ad-
» mettent cette pratique ; quant au public, ce qui lui im-
» porte, ce n'est pas de savoir d'où vient la marchandise,
» mais seulement de savoir que ce qu'il achète est de bonne
» qualité ».

De ces paroles et de la discussion de la loi, il ressort
que la suppression de la marque ou du nom du fabricant
ne constitue pas un délit. Mais faut-il y voir un acte de
concurrence déloyale ? Nous ne le croyons pas, au moins
lorsque la suppression est faite par un intermédiaire qui
n'est pas en concurrence avec le producteur, et ne cherche
pas à s'assurer, par ce moyen, une réputation industrielle.

Le fabricant dont les produits sont écoulés par cet intermédiaire ne peut se plaindre d'un préjudice sérieux ; et
d'ailleurs s'il entendait interdire la suppression de sa marque, rien ne lui était plus facile que de le stipuler d'une
façon expresse en vendant ses produits.

Mais la situation est différente s'il s'agit d'un concurrent
qui, en supprimant le nom du producteur, fait croire au

public que les produits sont de sa propre fabrication. Il s'attribue de la sorte le mérite d'une production qui n'est pas la sienne et il se fait une renommée aux dépens du véritable fabricant. Il faut voir dans ce fait un acte de concurrence déloyale (1).

Il a été jugé à cet égard que: 1° Il y a concurrence déloyale à vendre le produit d'un concurrent tel qu'il le vend lui-même, c'est-à-dire dans les boîtes, enveloppes ou flacons qu'il emploie, alors qu'au nom de ce concurrent on substitue le sien, de façon à faire croire au public qu'on en est soi-même le véritable fabricant (Paris, 9 juil. 1859, Gourbeyres, *Annales*, 59, 250).

2° Un libraire qui a acheté un certain nombre d'exemplaires d'un ouvrage édité par un autre a le droit d'annoncer cet ouvrage et de faire de la publicité à son profit, pourvu que cette publicité ne prenne pas le caractère d'une concurrence déloyale. Mais il n'aurait pas le droit de couvrir le nom de l'éditeur par une bande portant son propre nom et son adresse (Trib. com. Seine, 6 juin 1860, Josse, *Annales*, 61, 27).

3° Lorsqu'un inventeur a fait un traité conférant à un commerçant le dépôt exclusif de ses produits, à la condition de leur conserver les dénominations qu'il leur a données et de le désigner comme inventeur, le dépositaire commet à la fois une contravention au traité et une concurrence déloyale, en vendant ces produits sans faire mention de l'inventeur, et en cherchant ainsi à établir une confusion blâmable entre ses propres produits et ceux de l'inventeur (Paris, 23 juil. 1861, Galy, *Annales*, 62, 374).

4° Se rend coupable de concurrence déloyale le commerçant qui, achetant des appareils pour les revendre, fait buriner sur ses appareils le nom du fabricant et cherche, dans des circulaires, à dénigrer les produits de ce dernier (Trib. com. Seine, 25 janv. 1887, Verlinde, *Annales*, 89, 177).

____

(1) V. Pouillet, n° 373.

233. Tromperie sur la nature de la marchandise. —
Le commerçant qui trompe l'acheteur sur la nature de la
marchandise commet un délit prévu et puni par l'article 423 du Code pénal et par la loi du 27 mars 1851. Mais
l'acheteur, indépendamment de l'action du ministère public,
a seul qualité pour se plaindre de la fraude dont il est victime. En trompant ainsi le public, le commerçant fait plus
de tort à lui-même qu'à ses concurrents, puisque la clientèle désabusée finira toujours par s'éloigner de lui. Toutefois, la tromperie sur la nature de la marchandise prendrait le caractère d'une concurrence déloyale, si elle était
accompagnée d'agissements et d'annonces au moyen desquels le commerçant, pour attirer le consommateur, lui
fait croire que ses produits sont bien de la nature et de la
qualité promises. Les concurrents peuvent alors se plaindre de manœuvres qui ont pour résultat de détourner leur
clientèle et de les mettre dans l'impossibilité de lutter à
armes égales, puisqu'il leur faudrait pour cela tromper le
public et commettre un délit. (1)

Il a été jugé en ce sens que : Un fabricant de conserves qui
emploie le poisson appelé *sprat* n'a pas le droit d'étiqueter *sardines à l'huile*, les boîtes où il renferme le sprat, afin d'amener
une confusion entre cette marchandise et la sardine à l'huile
véritable. Les fabricants de conserves de véritables sardines
ont le droit de se plaindre tout aussi bien de la mise en vente
de la marchandise faussement dénommée que de sa fabrication
et, en conséquence, de poursuivre les détenteurs comme les fabricants (Rennes, 27 déc. 1881, Penanros, *Jur.*, *comm. Nantes*,
82, 1, 356).

234. Vente publique de marchandises neuves. —

(1) Pouillet, n° 664.

Si les commerçants avaient le droit de vendre aux enchères publiques leurs marchandises neuves, il en résulterait un grave préjudice pour les autres négociants de la même localité qui débitent des marchandises similaires et qui ne veulent pas recourir au même moyen pour les écouler. Aussi les ventes au détail des marchandises neuves aux enchères, soit au rabais, soit à prix fixe, sont-elles interdites par l'article 1er de la loi du 25 juin 1841. Il n'est fait exception à cette défense que dans certains cas déterminés : lorsque la vente publique et au détail est ordonnée par les tribunaux civils (art. 945, C. proc. civ.), ou quand elle a lieu après décès, faillite ou cessation de paiements (art. 2 et 5, loi du 25 juin 1841). Le droit de procéder à de telles ventes appartient aux commissaires-priseurs. Si une vente publique de marchandises neuves était autorisée en dehors des cas ou des conditions prévus par la loi, les marchands de la localité pourraient se plaindre de la concurrence qui leur serait ainsi faite.

Il a été jugé à cet égard que : 1° La vente publique de marchandises neuves peut être autorisée par un tribunal de commerce, en cas de cessation de commerce, non-seulement lorsque cette cessation est volontaire, mais encore lorsqu'elle est déterminée par l'état de suspension de paiements du commerçant ; alors d'ailleurs qu'on n'y peut découvrir aucune pensée soit de fraude à l'égard des créanciers, soit de concurrence répréhensible vis-à-vis des autres marchands de la localité (Angers, 7 avril 1879, Porcher, Dalloz, 80, 2, 88).

2° Le tribunal ne peut autoriser une vente publique de marchandises neuves qu'en indiquant le lieu de son arrondissement où la vente peut être faite. En conséquence la vente ne peut avoir lieu dans un autre arrondissement et les négociants faisant commerce de même nature ont le droit de s'opposer à ce que la vente ait lieu (Trib. com. Nantes, 7 août 1880, syndic Mainguet, *Jur. com. Nantes*, 81, 1, 206).

235. Dictionnaire d'adresses ; omission d'un nom. — Un fabricant ou commerçant dont le nom ne figure pas dans un dictionnaire d'adresses peut-il se plaindre de cette omission ? S'il a souscrit à l'ouvrage et si, en échange de la rétribution qu'il a payée, on lui a promis d'insérer son nom et son adresse dans l'annuaire, il est bien évident qu'il est en droit d'exiger l'exécution de cet engagement. Mais dans le cas contraire, sa réclamation ne serait pas fondée. L'éditeur de la publication industrielle ne s'oblige pas à insérer dans son livre les noms de toutes les personnes qui ont intérêt à ce que leur demeure soit connue du public, et il est maître de le composer comme il le juge à propos. Le commerçant dont le nom a été omis ne serait fondé à se plaindre que si cette omission avait eu lieu frauduleusement avec l'intention de lui nuire.

Il a été jugé que : 1° Le silence, spontané ou non, gardé par l'auteur d'une revue industrielle sur une industrie spéciale ou sur certains industriels ne saurait donner une ouverture contre lui à une action quelconque en dommages-intérêts (Paris, 6 fév. 1858, Duchesne, *Annales*, 58, 184).

2° L'éditeur d'un almanach ou dictionnaire d'adresses reste, en l'absence de tout engagement formel et exprès, libre de le composer comme il l'entend. Par suite, il ne saurait, lorsqu'il n'y a de sa part ni fraude, ni intention de nuire, être actionné en dommages-intérêts et en rectification à raison des erreurs ou omissions qu'il a pu commettre (Trib. civ. Seine, 14 mai 1859, Navoit, *Annales*, 59, 255).

3° Se rend coupable de concurrence déloyale celui qui, en vendant au public un ouvrage tel qu'un annuaire ou un agenda, y supprime certaines annonces ou réclames faites par un négociant, dans le but de lui nuire (Trib. com. Seine, 9 juin 1876, Ramé, *Annales*, 77, 47).

4° Constitue une concurrence déloyale le fait, par un entrepreneur de service de bateaux à vapeur, de publier et de répandre sous le titre inexact de *Indicateur général des bateaux à vapeur de tel lieu à tel autre*, un livret ne mentionnant que ses bateaux, en omettant intentionnellement ceux d'une entreprise rivale effectuant le même parcours (Rennes, 4 juin 1883, Rochaïd-Dahdah, *Jur. com. Nantes*, 85, 1, 209).

236. Imitation d'un genre de spectacle. — Le titre d'un spectacle, comme celui d'un ouvrage quelconque, est protégé pourvu qu'il présente un caractère de nouveauté et ne soit pas générique. Mais il en est autrement du genre lui-même, qui appartient au domaine public. Celui qui le premier a imaginé un certain genre de spectacle ne peut s'en attribuer le monopole et en interdire l'imitation par d'autres, quelle que soit d'ailleurs son originalité. Son droit se borne à empêcher ses concurrents, qui donnent le même spectacle, d'employer des manœuvres quelconques pour égarer le public et produire une confusion qui lui serait préjudiciable.

Jugé en ce sens que : Il ne saurait y avoir concurrence déloyale dans le fait, de la part d'un directeur, d'imiter le genre de spectacle d'un autre directeur et spécialement d'annoncer comme lui un lutteur masqué, si d'ailleurs il ne fait rien pour déprécier celui de son concurrent ou pour faire croire que c'est le même (Trib. com. Seine, 2 oct. 1867, Julian, *Annales*, 67, 418).

237. Programme de théâtre. — *Il a été jugé que :* La publication d'un programme de représentations théâtrales ne constitue pas une œuvre d'intelligence susceptible d'être protégée par les lois concernant la propriété littéraire ; mais la reproduction de ce programme peut constituer un fait de concurrence déloyale (Nancy, 31 déc. 1887, Gugenheim, *Annales*, 90, 158).

Il en est de même pour la reproduction d'un programme de courses (Cass., 14 janv. 1885, Champon, *Annales*, 90, 160).

238. Embauchage d'ouvriers ou d'employés. — L'ouvrier ou l'employé peut, en quittant son patron, entrer dans un établissement rival, à moins qu'il ne se soit soumis à une interdiction par laquelle il est lié, lorqu'elle est limitée à un certain temps ou bien à un certain périmètre (1). L'industriel ou le commerçant, qui prend à son service un ouvrier ou un employé quittant son ancien patron, ne commet aucun acte illicite. Il en est ainsi, alors même que l'ouvrier ou l'employé aurait été déterminé à sortir d'une maison pour entrer dans l'autre, par l'appât d'un salaire plus élevé ou d'une situation plus avantageuse. Mais le commerçant ou l'industriel se rendrait coupable de concurrence déloyale, s'il employait des manœuvres pour débaucher l'ouvrier ou l'employé d'une maison rivale, si, par exemple, il exerçait sur lui une pression pour lui faire rompre son engagement, ou bien s'il le prenait à son service dans le but de surprendre les secrets de fabrique de son concurrent. C'est aux tribunaux qu'il appartient de concilier le principe de la liberté de l'industrie avec les règles de la loyauté commerciale.

Il a été jugé à cet égard que : 1° Est passible de dommages-intérêts l'individu qui, après diverses tentatives d'embauchage, détourne un ouvrier des ateliers de son patron en lui faisant

______

(1) V. *infrà*, nᵒˢ 263 et suiv.

espérer un salaire plus fort (Paris, 26 janv. 1856, d'Arlincourt, *Annales*, 56, 125).

2° Il y a concurrence déloyale de la part d'un boulanger qui détourne la porteuse de pain d'un concurrent et s'approprie de cette façon la clientèle de son rival ; il y a lieu, en ce cas, de faire défense à l'auteur de cette concurrence déloyale de conserver ladite porteuse de pain, du moins pour le service que lui demandait son ancien patron (Paris, 21 oct. 1858, Grimault, *Le Droit*, n° 252).

3° Il y a concurrence déloyale dans le fait d'un directeur de café-concert qui s'entend avec un artiste pour lui faire rompre ses engagements avec un établissement rival (Paris, 4 fév. 1865, Lorge, *Annales*, 65, 154).

4° Il y a lieu à dommages-intérêts, lorsqu'un employé, directeur d'une spécialité dans une maison de commerce, débauche, en la quittant, les commis sous ses ordres, pour fonder un établissement rival et s'emparer de la clientèle (Paris, 5 mai 1868, Miccio, Teulet, 18, 169).

5° Il y a concurrence déloyale dans le fait, par un négociant, d'attirer à lui les employés et courtiers qui sont au service d'un concurrent et de tolérer qu'ils se présentent chez les clients de ce dernier en déclarant qu'il a cessé son industrie et qu'ils sont aujourd'hui au service de son cessionnaire, de façon, par ces manœuvres trompeuses, à détourner une partie de la clientèle (Paris, 14 mai 1880, Loffet, *Annales*, 80, 242).

6° L'embauchage des employés et des ouvriers d'une fabrique ou d'une maison de commerce par un concurrent, en vue de surprendre les secrets de fabrication et de s'approprier la clientèle d'un rival, constitue une concurrence déloyale (Trib. com. Nantes, 15 sept. 1888, Serpette, *Jur. com. Nantes*, 88, 1, 346).

Mais 1° Il n'y a pas concurrence déloyale dans le fait, par un industriel, d'avoir offert des salaires plus élevés aux ouvriers de l'un de ses concurrents, s'il n'est pas prouvé qu'il a employé des manœuvres dolosives pouvant constituer une pression sur les ouvriers qu'il a attirés dans ses ateliers (Trib. com. Nantes, 17 mars 1866, Péan, *Jur. com. Nantes*, 66, 1, 110).

2° On ne saurait voir une concurrence déloyale dans le fait, par un commerçant, de s'assurer les services d'un employé qui voyageait précédemment pour une maison rivale et qui connaît, par suite, la clientèle à laquelle il faut s'adresser (Trib. com. Marseille, 10 oct. 1879, Angelvin, Le Hir, 80, 2, 194).

QUATRIÈME PARTIE

CONCURRENCE RÉSULTANT DE LA VIOLATION D'UN CONTRAT.

CHAPITRE PREMIER

INTERDICTION DE S'ÉTABLIR.

Section I. — Liberté de l'industrie.

239. Liberté de l'industrie ; restrictions. — La loi des 2-17 mars 1791, proclamant la liberté du travail, dispose que : « Il sera loisible à toute personne d'exercer tel métier » ou tel négoce qu'elle jugera convenable ». On devrait donc considérer comme radicalement nulle la convention aux termes de laquelle une personne prendrait l'engagement de ne pas exercer un commerce ou une industrie déterminée. Une pareille aliénation de liberté, alors même qu'elle serait consentie en parfaite connaissance de cause, serait contraire à la loi de 1791 et ne pourrait en conséquence être sanctionnée par les tribunaux.

Mais il importe de ne pas exagérer la portée de la loi, et sous prétexte de garantir la liberté du travail, il ne faut pas proscrire d'une façon absolue les conventions qui ont pour objet de restreindre cette liberté dans de certaines mesures.

Ce que le législateur a voulu empêcher, c'est qu'un individu, ouvrier, employé ou commerçant, n'enchaîne sa liberté et ne se prive de son gagne-pain, en s'interdisant
d'exercer à jamais, et dans quelque lieu que ce soit, l'industrie ou la profession qui seule peut-lui convenir en raison
de ses connaissances et de ses aptitudes. Mais si, au lieu
d'être absolue et illimitée, cette interdiction se trouve au
contraire restreinte à un certain temps, à une certaine localité, le danger n'est plus le même, et il n'existe aucune
raison pour proscrire des conventions qui favorisent le
commerce en imposant des limites à la concurrence. Aussi
la doctrine et la jurisprudence sont-elles unanimes pour
décider qu'une personne peut prendre l'engagement de ne
pas exercer un commerce ou bien une profession déterminée, pourvu que cette interdiction ne soit pas absolue et
qu'elle soit renfermée dans de certaines limites de temps et
de lieu (1).

Il a été jugé à cet égard que : 1° Si l'on doit considérer comme
nulle et contraire au principe de la liberté de l'industrie, la
clause d'un acte qui, étant générale et absolue, tendrait à priver un citoyen du droit d'exercer son industrie, à quelque époque et en quelque lieu que ce soit, il ne saurait en être ainsi de
celle qui, malgré la généralité de ses termes, doit être entendue
comme n'ayant fait que limiter les droits des parties (Cass.,
21 fév. 1862, Caumont, *Annales*, 62, 301).

2° N'est pas contraire à la liberté du commerce et de l'industrie la convention par laquelle les concessionnaires de deux
mines contiguës s'attribuent réciproquement, dans l'étendue de
leurs concessions respectives, le droit exclusif de fabriquer certains produits déterminés et s'interdisent réciproquement aussi
le droit d'établir ou de laisser établir, dans la zone de ces mêmes

(1) Pouillet, *Marques de fabrique,* n° 577.

concessions, des fabrications similaires aux produits qu'ils ont réservés à chacun d'eux, l'un des concessionnaires s'engageant en outre à ne pas vendre à une certaine classe de personnes, par exemple aux colporteurs (Colmar, 23 mars 1863, Latil, Dalloz, 63,2,113).

3° Le principe de la liberté de l'industrie ne fait pas obstacle à la convention par laquelle un des contractants se soumet envers l'autre à ne pas exercer une profession ou une industrie déterminées. Une telle interdiction ne deviendrait illicite qu'autant qu'elle serait générale et absolue et quant aux lieux et quant au temps. Elle n'a pas ce caractère lorsqu'elle est imposée en considération des avantages accordés à celui qui s'y soumet volontairement et que, d'une part, elle ne dépasse pas la durée d'un établissement et que, d'autre part, elle est limitée à un département (Cass., 5 juil. 1865, Meurice, *Annales*, 66, 32).

4° Le principe de la liberté du travail et de l'industrie ne fait pas obstacle à ce que les parties contractantes en limitent l'application dans leur intérêt privé ; de semblables stipulations ne sauraient être considérées comme illicites qu'autant qu'elles seraient générales et absolues. En conséquence est valable l'engagement pris par une personne, en considération des avantages consentis à son profit, de ne pas se livrer au commerce des pierres blanches dans un département déterminé (Cass., 1er juil. 1867, Société des granits, *Annales*, 68, 19).

5° Est valable la convention par laquelle différents membres d'une famille s'engagent, les uns envers les autres, à ne plus exercer une certaine industrie dans une ville ou dans un rayon déterminé. Une pareille clause doit être présumée avoir été stipulée dans l'intérêt non seulement du contractant, mais encore de son établissement, et peut dès lors être invoquée par le successeur (Cass., 18 mai 1868, Morin-Mitanchet, *Annales*, 68, 341).

6° Tout engagement contraire au principe de la liberté individuelle a un caractère illicite et, par suite, est nul ; en conséquence une convention n'est pas valable quand elle impose à l'une des parties l'interdiction de s'établir, d'une façon générale et absolue, tout à la fois quant aux lieux et quant au temps (Toulouse, 22 août 1882, Fournil, *Annales*, 83, 43).

7° Est licite la convention par laquelle le propriétaire d'un moulin s'engage à ne pas vendre de farines aux habitants de certaines communes. Cette convention n'affectant que les relations du propriétaire du moulin avec les habitants d'un territoire déterminé, l'interdiction qui en résulte est limitée et ne saurait en conséqeence être considérée comme une atteinte à la liberté du commerce ou de l'industrie (Paris, 2 juin 1883 et Cass., 31 mars 1884, Vallet, Dalloz, 84, 1, 366).

8° L'interdiction de s'établir dans une certaine industrie, bien que n'étant pas limitée à un temps déterminé, disparaîtra toutes les fois que, par cessation de commerce ou tout autre événement, l'exercice d'un commerce semblable à celui cédé ne pourra plus faire concurrence au cessionnaire. En conséquence une pareille interdiction, quoique illimitée quant au lieu, se trouve limitée dans son objet et dans sa durée (Cass., 30 mars 1885, Lippens, Dalloz, 85, 1, 247 ; *Annales*, 91, 5).

9° L'interdiction de s'établir est valable, lorsqu'elle est perpétuelle mais limitée à un lieu déterminé, comme aussi lorsque, s'étendant à tous les lieux, elle ne doit être observée que pendant un certain temps (Bordeaux, 9 fév. 1885 et Cass., 16 mars 1886, Laporte, *Annales*, 86, 276).

10° L'interdiction absolue, introduite dans une convention, de se livrer à une branche d'industrie, par exemple de fabriquer de la serrurerie de *fer élégi*, n'est pas contraire à la liberté du commerce et de l'industrie, car l'exercice de l'industrie de la serrurerie reste libre, sous réserve de cette limitation partielle (Douai, 30 avril 1888, Terrier, *Annales*, 90, 354).

240. Différents cas dans lesquels l'interdiction de s'établir est stipulée. — L'interdiction de s'établir peut être stipulée soit par un ouvrier ou un employé au profit de son patron, soit par le vendeur d'un fonds de commerce au profit du cessionnaire, soit par un associé au profit de ses coassociés. Dans ces différentes hypothèses, celui qui prend l'engagement de ne pas s'établir reçoit, comme contre partie, les avantages que lui procure le contrat passé avec son patron, son acheteur ou ses co-associés. L'interdiction peut également être stipulée par un commerçant ou un industriel au profit d'un concurrent avec lequel il n'est lié par aucun contrat de louage de services, de vente ou d'association. Dans ce cas, il faut que l'engagement de ne pas s'établir ait sa cause dans une obligation contractée par celui qui en bénéficie.

Il a été jugé à cet égard que : 1° Il n'y a pas atteinte portée à la liberté du commerce dans la convention par laquelle deux maîtres de poste, associés pour une entreprise de messageries sur une ligne déterminée, s'obligent à payer à un tiers, dont ils craignent la concurrence, une somme annuelle, pendant tout le temps qu'ils entretiendront leur service journalier sur la route indiquée dans la convention (Colmar, 26 mai 1845, Keller, *Le Hir*, 52, 2, 207).

2° La convention par laquelle un industriel s'engage, au profit d'un autre, à ne pas exercer son industrie dans un lieu déterminé, est nulle comme étant sans cause, si elle ne contient pas en même temps, de la part de ce dernier, une obligation corrélative de faire ou de donner l'équivalent de ce qu'il reçoit (Paris, 14 mai 1861, Davril, *Annales*, 61, 246).

Section II. — Engagement pris par le vendeur d'un fonds de commerce.

241. A quelles conditions l'interdiction de se rétablir est-elle valable ? — 242. Comment doit être limitée l'interdiction ? — 243. Les tribunaux peuvent-ils la limiter ? — 244. La vente entraîne-t-elle par elle-même l'interdiction de se rétablir ? — 245. Premier système. — 246. Deuxième système. — 247. Troisième système. — 248. Vente après faillite. — 249. Interdiction limitée à un périmètre. — 250. Achat de produits naturels dans le rayon interdit. — 251. Envoi de circulaires ; manœuvres déloyales. — 252. Calcul de la distance entre les deux maisons. — 253. Interdiction temporaire. — 254. Industries différentes. — 255. Violation de l'interdiction de se rétablir ou de s'intéresser dans une maison concurrente. — 256. Comment prend fin l'interdiction de se rétablir. — 257. Déplacement du fonds vendu. — 258. Vente du fonds. — 259. Défaut de paiement du prix. — 260. La clause d'interdiction profite aux sous-acquéreurs. — 261. Décès du vendeur. — 262. Sanction.

241. A quelles conditions l'interdiction de se rétablir est-elle valable ? — La cession d'un fonds de commerce ne comprend pas seulement les marchandises et le matériel ; elle a le plus souvent pour objet principal la clientèle et l'achalandage. Si, après la vente, le cédant se rétablit dans le même commerce et dans la même localité, la clientèle le suivra presque fatalement et l'acheteur se trouvera dépossédé. Pour prévenir de semblables inconvénients, l'acte de cession dispose fréquemment que le vendeur n'aura pas le droit de se rétablir. Cette clause d'interdiction est valable si elle est limitée quant au lieu ou bien au temps ; nulle au contraire si elle est absolue.

Il a été jugé à cet égard que : Si les conventions des particuliers ne peuvent faire cesser entièrement la liberté de choisir et d'exercer un état ou une industrie, elles peuvent du moins y apporter des modifications. Spécialement le propriétaire de deux moulins situés sur les deux rives d'une même rivière a pu, en vendant un de ces moulins, stipuler avec l'acquéreur que chacun d'eux ne pourrait moudre que pour les habitants de l'une des deux rives. Une pareille condition, faisant partie essentielle de l'acte de vente, oblige réciproquement les parties et leurs ayants droit et ne saurait, en tout cas, être annulée isolément. Il faudrait, pour être recevable à l'attaquer, demander la nullité de l'acte entier (Agen, 11 déc. 1861, Rigal, *Annales*, 63, 277).

Mais 1° On doit considérer comme contraire à la liberté du travail, la clause par laquelle le vendeur d'un fonds de commerce s'interdit vis-à-vis de son acquéreur, d'une façon absolue et illimitée, l'exercice du commerce, objet du fonds vendu (Toulouse, 27 août 1883, Labal, *Annales*, 84, 221).

2° La clause par laquelle le vendeur d'un fonds de commerce s'interdit de se rétablir dans le même commerce, sans limite de temps ni de lieu, est nulle comme contraire à la liberté du commerce. Il n'appartient pas au juge d'interpréter une pareille clause en recherchant la volonté des parties et de lui donner valeur en la restreignant à une limite de lieu déterminée (Douai, 3 mai 1887, Fiévet, *Annales*, 91, 11).

242. Comment doit être limitée l'interdiction de s'établir. — Pour que l'interdiction de s'établir soit licite, il suffit qu'elle soit limitée quant au lieu ou bien quant à la durée. Ainsi le vendeur peut prendre l'engagement de ne jamais s'établir dans une localité déterminée ; il peut aussi s'interdire de s'établir en quelque lieu que ce soit, mais pendant un certain temps. Si toutefois ce temps était trop long, l'interdiction pourrait être considérée comme absolue et elle devrait alors être annulée comme contraire à la liberté du travail (1).

______

(1) Cass., 19 déc. 1860, Thibault, *Annales*, 65, 280.

De même, s'il s'agissait d'une industrie spéciale à une certaine localité et ne s'exploitant pas ailleurs, l'interdiction de s'établir à jamais dans cette localité serait véritablement absolue et par suite contraire à la loi. Il y a là, on le comprend, une question de fait laissée à l'appréciation des tribunaux.

243. Les tribunaux peuvent-ils limiter l'interdiction? — Quand les tribunaux se trouvent en présence d'une interdiction absolue de s'établir, doivent-ils nécessairement en prononcer la nullité, ou bien ont-ils le droit de la maintenir en y apportant eux-mêmes une restriction ? Nous croyons que la nullité s'impose et que les juges ne peuvent pas, se substituant aux parties, modifier les conventions qu'elles ont arrêtées. Mais les tribunaux peuvent, comme en toute matière, interpréter la volonté des parties et décider que, dans leur pensée réciproque, l'interdiction, quoique exprimée en termes absolus, devait néanmoins recevoir une restriction.

Il a été jugé à cet égard que : (1) Lorsqu'un tribunal a reconnu que l'interdiction d'exercer une industrie était générale et absolue, il excède ses pouvoirs, si, au lieu d'en prononcer la nullité, il se borne à l'annuler partiellement, et la maintient en la limitant à une ville qu'il détermine (Cass., 25 mai 1869, Grenoble, 7 fév. 1870, Drevet, *Annales*, 72, 133).

Jugé toutefois que : 1º Bien qu'une interdiction de s'établir paraisse illimitée dans ses termes, les tribunaux peuvent cependant en fixer la durée (Bordeaux, 2 août 1849, Bermond, Dalloz, 52, 2, 55).

2º Échappe à la censure de la Cour de cassation l'arrêt qui valide un engagement général de ne jamais s'immiscer ni directement, ni indirectement dans un certain genre d'industrie,

(1) V. aussi Douai, 3 mai 1887. Fiévet, *Annales*, 91, 11.

alors que, par interprétation de la volonté des parties, il décide
que cette interdiction ne doit s'étendre qu'au département de la
Seine (Cass., 24 fév. 1862, Drouarts et Cie, *Annales*, 62, 301).

**244. La vente entraîne-t-elle par elle-même inter-
diction de s'établir ?** — Lorsque le contrat de cession
ne contient aucune interdiction, le vendeur conserve-t-il
le droit de se rétablir à son gré ? L'interdiction est-elle au
contraire contenue implicitement dans tout contrat de
vente de fonds de commerce ? Cette question délicate a
donné naissance à trois systèmes :

245. Premier système. — Suivant une première opinion, la liberté du commerce ne peut être restreinte que
par la loi ou par les conventions. Si l'acte de vente ne renferme aucune clause d'interdiction, le vendeur peut se rétablir comme il lui convient. L'acheteur se plaindrait en
vain de la situation qui lui est faite ; car rien ne lui était
plus facile que d'en prévenir les inconvénients et les dangers en faisant insérer dans l'acte de vente une clause d'interdiction de se rétablir.

Il a été jugé en ce sens que : 1° En l'absence de toute clause
restrictive du droit du vendeur, l'acquéreur d'une usine est
non recevable à se plaindre de ce que son vendeur a établi une
nouvelle usine de même nature que celle vendue, dans le voisinage de celle-ci, et sur les terrains par lui réservés (Cass.,
17 juil. 1844, Cléry, Le Hir, 46, 2, 65).

2° La liberté du commerce est de droit public; et il ne peut
y être apporté d'autre restriction que celle résultant de la loi
et des conventions. En conséquence, le vendeur d'un fonds de
commerce peut, à moins de stipulations contraires, fonder un
nouvel établissement de même nature, si d'ailleurs il exerce

son commerce loyalement (Angers, 7 mai 1869, Bouttier, *Annales*, 70, 296).

246. Deuxième système. — Le principe général de la liberté du commerce doit fléchir devant les règles spéciales du contrat de vente. Or, aux termes de l'article 1625 du Code civil, le vendeur est tenu de garantir à l'acquéreur la possession paisible de la chose vendue. Le vendeur d'un fonds de commerce manquerait assurément à cette obligation si, après avoir cédé le fonds avec la clientèle et l'achalandage, il se rétablissait ensuite dans la même industrie. L'acheteur verrait se dresser, en face de lui, la plus dangereuse des concurrences et il serait par suite gravement troublé dans la possession du fonds vendu. Mais pour qu'il soit admis à se plaindre, il faut bien entendu que la vente comprenne l'achalandage et la clientèle ; si elle était restreinte au matériel et aux marchandises, le vendeur aurait naturellement le droit de se rétablir (1).

Il a été jugé en ce sens que : 1° Alors même que l'acte de vente d'un fonds de commerce ne comprend pas une interdiction expresse pour le vendeur de se rétablir, il y a concurrence déloyale de sa part à le faire si, d'ailleurs, il résulte de l'ensemble de l'acte, et spécialement du prix payé, que la clientèle et l'achalandage étaient compris dans la vente (Grenoble, 10 mars 1836, Coche, Sirey, 38, 2, 35).

2° La vente sans réserve d'un fonds de commerce emporte interdiction pour le demandeur d'ouvrir un nouvel établissement et surtout de se mettre en rapport avec son ancienne clientèle ; il importe peu que l'interdiction n'ait pas été formellement stipulée. La convention n'aurait pas de sens, s'il était facultatif au vendeur de reprendre ce dont il a reçu le prix (Paris, 17 fév. 1856, Dutheil, Teulet, 5, 246).

(1) Bert, p. 116.

3° En matière de vente, la garantie est de droit à moins qu'elle n'ait été formellement exclue, et il n'en est pas autrement en matière de vente de fonds de commerce ; il s'ensuit que le vendeur d'un fonds de commerce, alors même que le contrat ne renferme aucune interdiction, ne peut former un nouvel établissement en concurrence, s'il ne s'en est réservé la faculté, ni rien faire qui puisse nuire à l'exploitation du fonds vendu et en détourner la clientèle (Agen, 20 juin 1860, Farges, Teulet, 10, 181).

4° Le vendeur qui, en cédant son fonds, déclare, sans réserves et dans les termes les plus absolus, céder à son acquéreur tous ses droits à la clientèle, à l'achalandage et même au nom de l'établissement, s'interdit par cela même de lui faire désormais aucune concurrence (Lyon, 18 déc. 1867, Béranger, Le Hir, 69, 2, 215).

5° Le fait par un vendeur d'un fonds de commerce, propriétaire d'un immeuble dans lequel il s'exploite, qui a d'abord loué ledit immeuble à son acheteur et lui a donné ensuite congé, d'y installer sans bail, et dans un but de concurrence déloyale, un individu exerçant la même profession, constitue une violation de l'obligation de garantie contractée par le vendeur (Amiens, 19 déc. 1884, Cabaret, *Journ. Amiens*, 85, 37).

6° Aux termes du droit commun, et sans qu'il soit besoin de convention expresse, le vendeur doit garantie à l'acheteur ; il doit donc s'abstenir de tout acte qui aurait pour conséquence de priver cet acheteur de tout ou partie de la chose vendue ; en conséquence il ne peut, soit sous son nom, soit sous celui de son fils, fonder dans la même ville une maison faisant le même commerce et chercher ainsi à reprendre la clientèle cédée (Douai, 3 mai 1887, Fiévet, *Annales*, 91, 11).

7° Il résulte expressément des dispositions géminées des articles 1625, 1626 et 1628 du Code civil sur la garantie, que le vendeur d'un fonds ne peut se livrer à une entreprise de nature à troubler son acheteur dans sa paisible possession ou à détourner à son profit tout ou partie de la clientèle. En conséquence, le vendeur d'une agence commerciale située à Paris

ne peut se rétablir dans l'enceinte de la capitale (Paris, 3 déc.
1890, John Arthur, *Gaz. Trib.* 12 déc. 1890).

247. Troisième système. — Entre les deux premiers
systèmes qui sont l'un et l'autre absolus, se place une
opinion intermédiaire à laquelle se rallient la plupart des
auteurs et que la jurisprudence paraît consacrer d'une
façon définitive. Permettre au vendeur d'un fonds de commerce de se rétablir à son gré, c'est méconnaître le principe de la garantie en matière de vente. D'autre part, lui
imposer une interdiction absolue, c'est violer le principe
de la liberté de l'industrie. Or il existe un moyen de concilier ces deux principes en apparence incompatibles : c'est
d'autoriser le vendeur à se rétablir, mais dans des conditions telles que l'acquéreur ne souffre pas de la concurrence. Il appartiendra aux tribunaux d'apprécier si des
précautions suffisantes ont été prises pour sauvegarder les
intérêts de l'acheteur, et d'ordonner au besoin les mesures
qu'ils jugeront nécessaires à cet effet (1).

Il a été jugé en ce sens que : 1° S'il est vrai que l'interdiction
de se rétablir découle, pour le vendeur d'un fonds de commerce,
de la nature même du contrat, en dehors de toute clause spéciale, et qu'elle soit comprise dans les obligations générales
que la bonne foi lui impose, cette interdiction ne saurait cependant être étendue au-delà des limites que prescrivent le temps
et l'intérêt sagement apprécié des contractants. Lors donc qu'il
s'est écoulé depuis la vente un intervalle de temps (dans l'espèce, quatorze ans) plus que suffisant pour fixer la clientèle et
prévenir tout détournement dommageable de l'achalandage, le
vendeur est en droit de se rétablir, alors surtout que le rétablis-

____

(1) Pouillet, *Marques de fabrique*, n° 581 ; — Lyon-Caen et Renault, *Précis
de Droit commercial*, n° 686.

sement a lieu dans un quartier différent et éloigné (Nimes, 16 déc. 1847, Philippon, Dalloz, 49, 2, 144).

2° En principe, il faut reconnaître que le négociant qui a cédé sa maison, qu'il se le soit ou non interdit, ne peut être admis à créer immédiatement une maison rivale ; mais il n'en est plus ainsi lorsqu'un long temps s'est écoulé depuis la vente et que l'acquéreur a pu, dans l'intervalle, s'approprier la clientèle et la faire sienne ; en ce cas le vendeur a acquis le droit de se rétablir, et l'interdiction morale qui existait au moment de la vente ne peut se perpétuer en dehors d'une stipulation formelle (Alger, 5 janv. 1864, Pean, Sirey, 65, 2, 142).

3° Pour que la vente du fonds de commerce ne soit pas illusoire, il doit être établi, autour de la maison où il est exploité, un périmètre dans lequel il est interdit aux vendeurs de s'établir pour y exercer la même industrie (Paris, 9 oct. 1859, Lemasson, *Annales*, 62, 413).

4° La vente d'un fonds de commerce emporte, pour le vendeur, l'interdiction de fonder un établissement rival et en tout cas d'exercer la même industrie dans un rayon trop rapproché. Il en est surtout ainsi lorsque c'est un des associés qui s'est rendu acquéreur du fonds de commerce et que les deux concurrents portent le même nom (Aix, 16 juillet 1878, Féraudi, *Annales*, 79, 95).

5° La cession d'un établissement industriel, avec la clientèle et l'achalandage, a pour conséquence, sauf convention contraire, d'interdire au vendeur l'exercice d'une industrie similaire dans le voisinage ou dans le rayon de fonctionnement de l'établissement ; en ce cas, l'interdiction résulte de la nature même du contrat, par application de l'article 1625 du Code civil (Bordeaux, 9 fév. 1885 et Cass., 16 mars 1886, *Annales*, 86, 275).

6° L'acheteur d'un fonds de commerce avec clientèle et achalandage, subit une éviction partielle de la chose vendue, quand le vendeur s'installe dans le voisinage pour exploiter un établissement du même genre et il a droit en conséquence à une réduction du prix de vente conformément aux articles 1626, 1628, 1630 et 1637 du Code civil, même s'il a été stipulé que la vente était faite sans garantie (Paris, 7 janv. 1890, Veyrat, *Annales,* 90, 317).

248. Vente après faillite. — Quand un fonds de commerce est vendu après faillite, le failli ne peut se rétablir de manière à faire concurrence au nouveau propriétaire du fonds et à lui enlever sa clientèle. Les créanciers dont le syndic est le représentant légal n'auraient pas non plus le droit de créer un établissement rival dans le voisinage du fonds vendu (1).

Jugé en ce sens que : 1° Un commerçant failli ne peut, après la vente de son fonds de commerce, s'établir dans le voisinage comme gérant d'une autre maison, en faisant paraître son nom sur des prospectus distribués à la clientèle. Il en est ainsi alors même que, dans la vente après faillite et aux enchères, il n'a été imposé à l'ancien titulaire aucune interdiction de s'établir à nouveau (Paris, 19 fév. 1859, Danguis, *Annales*, 59, 125).

2° La vente d'un fonds de commerce comporte virtuellement l'interdiction de tout acte tendant à diminuer l'achalandage et à détourner la clientèle. Spécialement, en cas de faillite, se rend coupable de concurrence déloyale le créancier qui, après la vente du fonds, en établit un autre du même genre à une trop grande proximité de celui de l'adjudicataire. En conséquence les juges ont le droit de fixer la distance en deça de laquelle on ne pourra pas établir le nouveau fonds (Amiens, 30 avril 1875, Flan, *Annales*, 76, 355).

3° Le failli qui a signé et approuvé l'écriture de l'acte de vente, par lequel le syndic de sa faillite a cédé son fonds de commerce, s'approprie le contenu de cet acte ; et si celui-ci contient une interdiction de former ou de faire valoir directement ou indirectement un établissement semblable dans une ville déterminée et dans un certain rayon, il ne peut devenir

(1) *Conf.* Pouillet, n° 601 ; — Bert, p. 121.

le représentant d'une maison de commerce dans le rayon prohibé (Rouen, 29 juin 1876, *Rec. Rouen*, 77, 196).

Jugé en sens contraire que : Lorsqu'après un concordat par abandon d'actif, le syndic a vendu en bloc le fonds de commerce antérieurement exploité par le failli, l'acheteur ne peut faire grief à celui-ci d'élever un établissement similaire à celui qui a été vendu par le syndic, et dans le voisinage. Le failli qui n'a pas traité avec l'acheteur, ne lui doit ni indemnité, ni garantie (Trib. com. Nantes, 7 sept. 1878, Leroy, *Jur. com. Nantes*, 78, 1, 241).

249. Interdiction limitée à un périmètre. — Dans le cas où le vendeur s'est interdit de s'établir dans un certain rayon, il ne pourrait pas faire des actes de commerce dans le périmètre prohibé, tout en ayant sa maison en dehors. L'interdiction en effet a été stipulée pour empêcher, dans la mesure du possible, que la clientèle ne suive le vendeur dans son nouvel établissement. On conçoit que le but serait manqué si le vendeur avait le droit de venir chercher la clientèle dans le voisinage de son ancienne maison.

Il a été jugé en ce sens que : 1° Lorsque le vendeur d'un établissement commercial s'est interdit de s'établir dans le même genre de commerce dans un arrondissement déterminé, il y a de sa part tout à la fois infraction à l'engagement contracté et concurrence illicite à venir faire des ventes et autres actes de commerce dans l'arrondissement interdit, encore bien qu'il n'y aurait pas d'établissement fixe (Cass., 11 nov. 1873, Rue, *Annales*, 74, 375).

2° La clause par laquelle, en cédant son fonds, un grainetier s'est interdit de vendre aucuns grains dans un certain rayon, si ce n'est « par échantillon au gros commerce, ou par voie d'adjudication », peut être entendue par les juges du fait, en ce sens que ledit commerçant, pour le rayon indiqué, a contracté l'obligation de ne vendre qu'aux marchands en gros, en s'abstenant

de tenir un magasin approvisionné (Cass. req., 9 mai 1888, De-
nance, Dalloz, 89, 1, 76).

3° Commet une infraction à l'interdiction de se rétablir dans
un certain périmètre, le vendeur qui, s'étant rétabli en dehors
du rayon prohibé, fait livrer par ses préposés les marchandises
de son commerce au domicile de clients à l'intérieur de ce rayon
(Paris, 20 mai 1890, Lemaire, *Annales*, 91, 24).

Jugé toutefois (mais dans des circonstances de fait qui expliquent la décision), que : 1° Le boulanger qui, en vendant son fonds,
ne s'interdit le droit de s'établir dans Paris qu'à une certaine
distance du fonds vendu, conserve le droit de faire des livraisons
à domicile dans le périmètre prohibé. Il en est du moins ainsi,
lorsqu'il résulte des circonstances que l'interdiction de faire des
livraisons dans ce périmètre, énoncée dans un premier projet,
a été repoussée par le vendeur et n'a pas été reproduite dans
l'acte définitif (Paris, 17 janv. 1861, Machin, *Annales*, 61, 87).

2° Quand les vendeurs d'un fonds de commerce « s'interdi-
» sent formellement le droit de fonder, acquérir ou exploiter di-
» rectement ou indirectement aucun établissement du genre de
» celui primitivement vendu, dans un rayon de 1000 mètres du-
» dit établissement, et de porter ou faire porter du lait dans toute
» la clientèle qui en dépend actuellement, à peine de voir fer-
» mer leur nouvel établissement et d'être passibles envers l'ac-
» quéreur de tous pertes, dépens et dommages-intérêts », il
leur est permis, pourvu qu'ils se réinstallent en dehors du rayon,
de faire porter du lait à d'autres que d'anciens clients du fonds
de commerce (Paris, 13 nov. 1889, Merchadier, *Annales*, 91, 29).

**250. Achat de produits naturels dans le rayon in-
terdit.** — *Jugé que* : Lorsque le vendeur d'un établissement
commercial s'est interdit de faire directement ou indirectement
le même genre de commerce dans le département où est situé
l'établissement vendu, cette interdiction ne saurait mettre obstacle à ce que le vendeur, qui a repris son ancien domicile
à Paris, achète ou fasse acheter, dans le département qu'il s'est
interdit, des produits naturels destinés à alimenter sa maison

de commerce (Paris, 12 août 1860, Marga, *Annales*, 70, 357).

251. Envoi de circulaires ; manœuvres déloyales. — Le vendeur qui s'est interdit de se rétablir dans un certain rayon, commettrait un acte de concurrence déloyale en faisant des annonces et en envoyant des circulaires dans le périmètre prohibé (1). Il doit, bien que rétabli à une distance permise, s'abstenir de tout agissement de nature à créer une confusion avec son ancienne maison et à détourner la clientèle de son prédécesseur (2).

252. Calcul de la distance entre les deux maisons. — Lorsque l'acte de vente dispose que le vendeur n'aura pas le droit de se rétablir dans un certain périmètre, comment doit se calculer la distance ? Faut-il la mesurer à vol d'oiseau ou bien en suivant les circuits de la voie publique ? La réponse à cette question dépend de l'intention des parties et surtout des termes employés dans l'acte de vente. Si le contrat parle de *rayon*, le périmètre interdit est compris dans la circonférence engendrée par le rayon dont la longueur est déterminée. Comme le rayon est nécessairement une ligne droite, il en résulte que la distance doit, dans cette hypothèse, se calculer à vol d'oiseau. Elle se mesure au contraire en suivant les sinuosités des rues qui séparent les deux établissements, lorsque le mot *distance* a été employé dans le contrat (3).

Il a été jugé que : 1° En cas d'interdiction, pour un vendeur

<hr>

(1) Trib. com. Seine, 16 janv. 1863, *Jurisp. comm. Marseille*, 63, p. 30 ; — Paris, 13 fév. 1861, Morel, Teulet, 10, 323.

(2) Paris, 31 mai 1862, Bruneau, Le Hir, 64, 2, 153 ; — Trib. comm. Seine, 14 juin 1876, Lavandier, *Annales*, 77, 40.

(3) Pouillet, *Marques de fabrique*, n° 589.

de fonds de commerce, de se rétablir dans un rayon déterminé, la distance se calcule non par la ligne droite, mais par celle que le public est obligé de parcourir pour se rendre d'un établissement à l'autre (Paris, 29 décembre 1862, Chanolet, *Annales*, 63, 45) (1).

2° La distance entre un fonds cédé et un autre fonds réouvert par le vendeur doit se calculer par le circuit des rues et non à vol d'oiseau (Trib. com. Seine, 21 oct. 1865, Massenet, *Annales*, 66, 398).

3° Lorsqu'il est stipulé, dans l'acte de vente d'un fonds de commerce, que le cédant s'interdit le droit d'acquérir, gérer, tenir directement ou indirectement un fonds de commerce du même genre dans un *rayon* de mille mètres, il faut, pour savoir si le cédant, qui a acquis un nouveau fonds, s'est conformé au contrat, examiner si ce fonds se trouve, soit en dedans, soit en dehors du périmètre d'un cercle ayant pour centre le lieu de l'établissement cédé et pour rayon une longueur de mille mètres, et non pas si le chemin à parcourir entre les deux fonds dépasse cette longueur, ce parcours pouvant varier suivant les créations ou les modifications qui seraient faites dans le réseau des voies publiques (Paris, 20 avril 1880, Martineau, *Annales*, 81, 123).

4° Lorsque le vendeur d'un fonds de commerce s'est interdit d'exploiter un fonds de commerce analogue ou semblable à celui qu'il a vendu et situé à moins d'une *distance* déterminée, cette distance doit être mesurée en suivant la ligne la plus courte par les rues et non en tirant une ligne droite fictive entre les deux fonds ; en effet, l'expression isolée *distance* ne peut être considérée comme l'équivalent, soit du mot *rayon*, soit des mots *distance à vol d'oiseau* (Paris, 30 juill. 1881, Dufour, *Annales*, 83, 68) (2).

5° Pour apprécier la distance à laquelle un commerçant peut se rétablir à son compte, en concurrence avec ses anciens as-

---

(1) Cette interprétation du mot « *rayon* » est contraire à la jurisprudence plus récente (V. *infra* 3°).

(2) *V. aussi* Trib. com. Seine, 22 mars 1889, *Annales du Droit commercial*, 89, 1, 172.

sociés, on doit considérer le milieu de la population où les fonds sont exploités, les moyens de communication, la manière dont sont desservies les clientèles des établissements rivaux (Paris, 7 fév. 1884, Dme Joséphine Condamy, *Annales*, 84, 250).

6° Le vendeur d'un fonds de commerce qui s'est interdit de fonder un établissement similaire dans le même quartier de la ville, sans indication de distance, est passible de dommages-intérêts envers l'acheteur s'il se rétablit assez près pour que ce dernier puisse souffrir de ce voisinage (Toulouse, 28 mars 1884, Sourgues, *Annales*, 85, 108).

253. Interdiction temporaire. — Lorsque le vendeur s'est interdit de se rétablir pendant un certain temps, il recouvre sa liberté après l'expiration du délai convenu et il peut fonder un établissement dans le voisinage de son ancienne maison. L'acquéreur ne saurait se plaindre de ce fait auquel il a dû s'attendre, ayant estimé, au moment du contrat, que le délai d'interdiction était suffisant pour le garantir contre un détournement de clientèle.

Il a été jugé en ce sens que : Lorsque la vente d'un fonds de commerce a lieu avec interdiction, pour le vendeur, d'avoir un établissement de même nature pendant un an, cette clause a pour effet de rendre au vendeur, l'année expirée, sa liberté tout entière et par conséquent le droit d'ouvrir un nouveau magasin, même à proximité du premier (Aix, 6 janv. 1880, Agu, *Annales*, 82, 319).

254. Industries différentes. — L'interdiction de s'établir, contractée par le vendeur, doit être restreinte à l'industrie ou au commerce exploité dans l'établissement vendu. La règle est la même pour l'interdiction de s'intéresser directement ou indirectement dans un commerce de même nature. Le vendeur conserve le droit de se rétablir dans une industrie différente, sauf aux tribunaux à décider si la différence est suffisante pour sauvegarder les intérêts de l'acquéreur.

Jugé en ce sens que (1) : 1º Les exceptions au principe de la liberté de l'industrie doivent être restreintes plutôt qu'étendues. En conséquence l'interdiction acceptée par le défendeur d'un fonds de commerce de ne pas s'établir dans un certain rayon, ne s'applique qu'à un commerce du même genre et préjudiciable à l'acquéreur (Paris, 8 janv. 1863, Bonvoisin, *Annales*, 63, 222).

2º La clause par laquelle le vendeur d'un fonds de commerce en gros et demi-gros s'interdit de se rétablir dans une certaine région, doit être renfermée dans ses termes et ne peut être étendue par voie d'analogie aux faits qui n'ont pas été formellement prévus par le contrat. En conséquence le vendeur qui a pris un engagement de cette nature peut, sans commettre un acte de concurrence illicite, exercer la profession de représentant de commerce pour les produits faisant l'objet du fonds qu'il a cédé (Nancy, 4 déc. 1882, Jouval, *Annales*, 84, 191).

3º L'engagement pris par un commerçant, en vendant son fonds de commerce, de ne pas fonder, exploiter, ni même prendre un intérêt du même genre, à quelque titre que ce soit, s'étend même à des industries qui, bien que différentes, ont un rapport entre elles et telles que l'exercice de l'une peut avoir une certaine influence sur l'autre. Spécialement, commet un acte de concurrence déloyale le commerçant qui, après avoir vendu son fonds de commerce de gants en gros, sous l'obligation précitée, s'établit dans une parfumerie qui fait le commerce de gants en détail (Paris, 15 mars 1875, Marcault, *Annales*, 76, 249).

4º L'interdiction de s'établir doit s'entendre, à moins de stipulation contraire, de tout commerce qui serait de nature à faire concurrence au fonds vendu, sans distinction entre ledit

______

(1) *V. aussi* Trib. com. Nantes, 6 sept. 1879, Mercereau, *Jur. com. Nantes*, 79, 1, 349.— Trib. com. Nantes, 29 août 1888, Emschwiller, *Jur. com. Nantes*, 88, 1, 139.

commerce exercé en magasin et le même commerce exercé en chambre (Lyon, 25 avril 1882, *Annales*, 86, 186).

5° Le vendeur d'un magasin de chaussures qui s'interdit vis-à-vis de son acheteur le droit d'exercer un commerce similaire ne peut, sans contrevenir à son obligation, monter un magasin de mercerie, ce genre de commerce comprenant au moins accessoirement celui des chaussures légères (Rennes, 25 oct. 1886, Brelet, *Jur. com. Nantes*, 87, 1, 337).

6° Le vendeur d'un fonds de commerce et de fabrique d'horlogerie qui s'est interdit de faire à l'acquéreur toute concurrence quelle qu'elle soit, en se réservant seulement le commerce des diamants, s'interdit par cela même de se livrer à aucune des autres branches de commerce transmises à son successeur, notamment à celle de la bijouterie qu'il exerçait au moment de la vente (Paris, 29 déc. 1887, Schwob, *Le Droit*, 5 janv. 1888).

255. Violation de l'interdiction de se rétablir ou de s'intéresser dans une maison concurrente. — Quand il s'agit d'une interdiction de se rétablir, la violation de l'engagement est facile à réprimer, puisqu'elle résulte d'un fait matériel et apparent. Si le vendeur essayait de se cacher derrière un prête-nom, les tribunaux sauraient démasquer la fraude et la punir. Pour l'interdiction de s'intéresser directement ou indirectement dans un commerce de même nature, l'appréciation et le contrôle peuvent offrir plus de difficulté. Quand le vendeur devra-t-il être considéré comme ayant un intérêt illicite dans une maison rivale ? Il est impossible de poser une règle absolue et nous ne saurions mieux faire, pour fixer les esprits, que de citer un certain nombre d'espèces dans lesquelles la question a été soumise aux tribunaux et tranchée dans des sens divers, suivant les circonstances.

Il a été jugé que (1) : 1° Le commerçant qui, en vendant son fonds, s'est interdit de reprendre le même commerce, soit en son nom, soit pour le compte d'autrui, commet une infraction au contrat en s'immisçant dans un commerce dirigé par son propre fils ; l'intérêt que peut lui inspirer la prospérité de ses enfants ne saurait justifier une infraction à la loi qu'il s'est faite (Grenoble, 17 juin 1844, Tanpier, *Gaz. Trib.*, 14 oct. 1844).

2° Le boucher qui a vendu son fonds, en s'interdisant le droit de faire le même commerce dans la même ville, peut être condamné à des dommages-intérêts envers l'acheteur, si, sans se livrer lui-même au commerce qu'il s'est interdit, il soutient et patronne ostensiblement un autre boucher établi dans la même ville (Rouen, 26 juil. 1867, Delabarre, *Rec. Rouen*, 67, 225).

3° Le boulanger qui a vendu son fonds en s'interdisant la faculté de former ou de faire valoir directement ou indirectement un pareil établissement, peut être considéré comme s'immisçant dans le commerce qu'il s'est interdit, s'il loue ses services de garçon boulanger à une société coopérative établie dans le lieu où il a exercé précédemment l'industrie dont il a cédé l'exercice (Rouen, 26 juillet 1867, Huet, *Rec. Rouen*, 67, 228).

4° Le vendeur d'un fonds de commerce qui s'est interdit de s'intéresser dans aucun établissement faisant concurrence, contrevient à cette clause lorsqu'il fournit un cautionnement pour un établissement de même nature (Paris, 29 juin 1868, Badois, Teulet, 18, 186).

5° Le vendeur d'un fonds de commerce, qui s'est interdit de faire le même commerce directement ou indirectement, ne peut, sans violer cet engagement, annoncer à l'étranger que, par suite d'arrangements avec une maison faisant le même commerce et dont il est le représentant, il est en mesure de fournir à ses anciens clients des marchandises de ce commerce. Par le seul fait de cette infraction, indépendamment de toute preuve actuelle d'un préjudice effectif, la demande en dommages-intérêts du

____

(1) *Id.* Paris, 21 fév. 1861, Soulier, Teulet, 10, 323 ; — Bordeaux, 17 mai 1870, Bossay, *Annales*, 70, 358 ; — Trib. com. Sens, 24 juin 1890, Palancher, *Gaz. Trib.*, 4 oct. 1890.

cessionnaire se trouve justifiée en principe, et il n'y a plus pour le juge qu'à déterminer l'importance du préjudice qui a dû être éprouvé (Bordeaux, 17 mai 1870, Bossay, *Annales,* 70, 358).

6° Le négociant qui, en vendant un fonds de commerce, a promis de s'abstenir de toute concurrence et de ne prendre aucun intérêt dans un fonds de même nature, enfreint la convention et devient passible de dommages-intérêts, lorsqu'il aide son neveu et sa nièce, qui étaient ses anciens employés, à organiser un fonds voisin et rival de celui qu'il a vendu, en présidant aux agencements du commerce, en surveillant la fabrication et en cautionnant les obligations de son neveu et de sa nièce (Paris, 20 nov. 1873, Girard, *Annales,* 74, 44).

7° Le vendeur d'un fonds de commerce, qui s'est engagé à ne pas exercer une industrie similaire dans un périmètre déterminé, est en faute lorsqu'il fournit des fonds à son frère pour lui permettre d'installer un établissement de ce genre dans ledit périmètre (Nîmes, 24 mai 1887, Gibelin, *Annales,* 91, 50).

8° Le vendeur d'un fonds de commerce qui s'est interdit d'exploiter un commerce analogue directement ou indirectement contrevient à cette obligation en étant ou en restant représentant de maisons concurrentes (Trib. com. Seine, 18 avril 1888, Benjamins, *Annales de Droit commercial,* 88, 1, 145).

9° Doit être condamné à des dommages-intérêts le vendeur d'un fonds de commerce qui, s'étant engagé à ne pas s'intéresser directement ou indirectement dans une industrie similaire, prête son concours actif à des concurrents (Paris, 12 déc. 1888, Omer-Decugis, *Annales,* 91, 51).

10° Le commerçant qui, dans l'acte de vente, s'est interdit d'une façon absolue d'exploiter aucun fonds analogue à celui par lui vendu et de s'intéresser directement ou indirectement dans toute exploitation semblable, s'interdit par cela même, la faculté d'acheter ou de s'approvisionner, l'achat ne pouvant avoir en vue que la revente et faisant par cela même partie intégrante de la faculté de commercer que le vendeur s'était interdite (Paris, 4 déc. 1889, Hervillard, *Annales,* 91, 24).

11° Celui qui, ayant fait apport d'un fonds de commerce

dans une société, s'est, aux termes des statuts, interdit d'exploiter directement ou indirectement un établissement de même nature, contrevient à cet engagement et est passible de dommages-intérêts, lorsqu'il gère des établissements similaires exploités sous une raison sociale dans laquelle figure le nom de son fils (Paris, 26 déc. 1889, Jouot, *Annales*, 91, 53).

Jugé toutefois que (1): 1° L'acquéreur d'un fonds de commerce ne peut se plaindre d'une concurrence déloyale, par ce seul motif que le fils de son vendeur aurait établi un fonds de commerce de même nature dans le périmètre qui était interdit au vendeur par son contrat, alors qu'il est constant que le fils agit réellement pour son compte et en son propre nom (Paris, 7 janv. 1852, Courtecuisse, Teulet, 1, 22).

2° La veuve qui a vendu le fonds de commerce exploité par son mari et qui s'est interdit par le contrat de se rétablir ou de s'intéresser dans un commerce du même genre, a pu, sans violer la convention, contracter un second mariage avec un individu exerçant le même commerce, lorsqu'il n'est pas établi qu'elle participe elle-même au commerce de son nouveau mari (Trib. com. Seine, 3 avril 1857, *Annales*, 57, 175).

3° Celui qui, en vendant son fonds de commerce s'est interdit de se rétablir, ne viole pas la convention par cela seul qu'il accepte un emploi dans un établissement de même nature, alors que cet établissement, ne faisant que le commerce de gros, n'est pas en concurrence directe avec le fonds vendu (Paris, 30 juin 1857, Faure, Teulet, 6, 191),

4° La clause par laquelle le vendeur d'un établissement commercial s'est interdit de s'intéresser directement ou indirectement à une maison de commerce du même genre que celle qu'il a cédée, n'est pas violée par cela seul que le vendeur aurait fourni son cautionnement ou même avancé des fonds à d'anciens amis, mais à titre de secours, dans des circonstances dif-

---

(1) V. aussi Poitiers, 23 janv. 1854, Quentin-Aubineau, Dalloz, 55, 5, 418 ; — Bordeaux, 4 mai 1859, Lacarrière, Dalloz, 60, 2, 19; — Trib. com. Nantes, 8 août 1866, Hertzberg, *Jur. com. Nantes*, 66, 1, 346 ; — Trib. com. Nantes, 30 mars 1888, Alliard, *Jur. com. Nantes*, 88, 1, 131.

ficiles, sans qu'il en soit résulté aucun préjudice pour le cessionnaire (Bordeaux, 18 déc. 1866, Gigouroux, *Rec. Bordeaux*, 66, 485).

5° Lorsque le vendeur du fonds de commerce s'est interdit de se rétablir, on ne saurait considérer comme un acte de concurrence déloyale, de sa part, le fait d'avoir accepté des fonctions d'employé dans une maison concurrente appartenant en nom et en capital à un tiers (Toulouse, 27 août 1883, Fauré, *Annales*, 84, 221).

6° Le vendeur d'un fonds de commerce, qui s'est interdit d'exercer directement ou indirectement son industrie dans un rayon déterminé, ne contrevient pas à son obligation en louant des magasins dans lesquels il exerçait autrefois sa profession et dont il est propriétaire, à une personne faisant le même commerce que lui et son successeur, quand il n'a aucun intérêt dans l'exploitation de cette industrie (Rennes, 24 août 1875, Laroche-Billon, *Jur. com. Nantes*, 76, 1, 113).

7° L'associé d'un établissement de teinture à façon, qui s'est retiré de la société en s'engageant à n'exploiter ni directement ni indirectement une industrie semblable, ne contrevient pas à son engagement, quand il entre comme contre-maître dans l'atelier de teinture d'une usine de soies retorses (Paris, 1er fév. 1890, Mathieu, *Annales*, 91, 32).

256. Comment prend fin l'interdiction de s'établir ? — L'interdiction de s'établir ou de s'intéresser dans une maison rivale prend naturellement fin à l'expiration du délai fixé par l'acte de vente. Si le contrat ne renferme aucune clause d'interdiction, le vendeur, comme nous l'avons vu, est tenu de ne pas se rétablir dans des conditions qui seraient préjudiciables à son cessionnaire. On doit donc admettre qu'il recouvre sa liberté lorsque, un assez long temps s'étant écoulé depuis la vente, l'acquéreur s'est définitivement approprié la clientèle et mis à l'abri d'un détournement (1).

L'interdiction de se rétablir prendrait encore fin par la disparition du fonds vendu. Mais il faudrait bien entendu que cette suppression fût définitive, et on ne saurait considérer comme présentant ce caractère l'expropriation pour cause d'utilité publique qui laisse à l'exproprié le droit de fonder une maison nouvelle dans le voisinage de l'ancienne.

Jugé à cet égard que : 1° L'expropriation d'un fonds de commerce pour cause d'utilité publique ne détruit pas ce fonds. En conséquence le vendeur de ce fonds, qui s'est interdit d'établir, dans un rayon déterminé, un nouveau fonds, ne peut invoquer le fait de cette expropriation pour se soustraire à l'exécution de son obligation (Paris, 18 août 1869, Baudelet, *Annales*, 69, 342).

2° L'obligation prise par un commerçant de ne pas exercer son industrie dans un certain rayon et pendant un certain délai est valable. L'engagement de cette nature, pris envers une société, subsiste à l'égard d'une société nouvelle substituée à la première (Cass. req., 26 nov. 1883, Vidal, Le Hir, 84, 2, 127).

257. Déplacement du fonds vendu. — Ce que nous venons de dire de l'expropriation pour cause d'utilité publique, s'appliquerait au déplacement du fonds de commerce opéré par l'acquéreur. Le fonds vendu n'est pas détruit dans ce cas : il est simplement transporté d'un lieu dans un autre, et comme c'est à son profit qu'a été stipulée l'interdiction de se rétablir, cette dernière subsiste toujours. Sans doute, si le fonds est transporté à une grande distance, sa clientèle peut changer : mais l'acquéreur a tou-

_____

(1) Nimes, 16 déc. 1847, Philippon, Dalloz, 49, 2, 144 ; — Alger, 5 janv. 1864, Péan, Sirey, 65, 2, 142. — V. *suprà* n° 247.

jours intérêt à se garantir contre la concurrence qui lui
serait faite par son vendeur.

Si l'interdiction était limitée à un certain rayon autour
du fonds vendu, le périmètre prohibé se trouverait déplacé
avec le fonds lui-même. Mais il est bien évident que l'acquéreur, s'il s'établissait à proximité du vendeur, ne pourrait pas se plaindre de ce voisinage (1).

Il a été jugé en ce sens que : L'interdiction imposée au vendeur
de se rétablir ne cesse pas parce que l'acquéreur aurait transporté le fonds dans une autre maison que celle où l'exploitation avait lieu au moment de la vente ; les droits inhérents à la
propriété du fonds ne sauraient dépendre du local où ce fonds
s'exerce (Paris, 9 juil. 1857, Meslier, Teulet, 6, 184).

258. Vente du fonds. — L'interdiction de se rétablir
étant stipulée en faveur du fonds lui-même, il en résulte
qu'elle profite aux différents acquéreurs de la maison qui
peuvent se succéder. Chacun d'eux, en effet, a dû compter
en achetant le fonds, que le vendeur originaire ne lui ferait
pas concurrence, et le prix a été fixé en considération de
cette garantie.

Jugé en ce sens que : 1° L'interdiction imposée au vendeur d'un
fonds de commerce de se rétablir dans un fonds de même nature subsiste après que le premier acquéreur a revendu ledit
fonds (Paris, 24 juin 1857, Laguionie, Teulet, 6, 184).

2° La stipulation par laquelle un individu s'oblige vis-à-vis
d'un commerçant à ne pas s'établir dans un même commerce,
profite également à l'acquéreur du fonds (Paris, 17 mai 1862, Ma-
gnier, Teulet, 11, 326).

259. Défaut de paiement du prix. — *Jugé que* : Le défaut

____

(1) Pouillet, *Marques de fabrique*, n° 598.

de paiement du prix de vente d'un fonds de commerce n'autorise pas le vendeur à tenir pour non avenue la clause du contrat par laquelle il s'est interdit de se rétablir dans la même ville pour exercer le même commerce (Paris, 10 juin 1887, Vve Olivier, *Annales,* 91, 30).

260. La clause d'interdiction profite aux sous-acquéreurs. — Lorsque, dans l'acte de vente d'un fonds de commerce, le vendeur s'est interdit la faculté de se rétablir dans un rayon déterminé, cette clause d'interdiction peut être invoquée non-seulement par l'acquéreur direct du fonds vendu, mais encore par le sous-acquéreur auquel ce dernier a revendu le fonds sans aucune réserve, et qui se trouve par là même subrogé dans tous ses droits contre le vendeur primitif (Paris, 20 mai 1890, Lemaire, *Annales,* 91, 24) (1).

261. Décès du vendeur. — Lorsque le vendeur du fonds de commerce décède, l'interdiction de se rétablir qu'il a contractée prend-elle fin avec lui ou bien oblige-t-elle ses héritiers ? L'acquéreur a stipulé cette interdiction pour empêcher que son vendeur, profitant de ses relations avec sa clientèle, ne lui fasse une concurrence dangereuse. C'est contre le vendeur personnellement que la précaution a été prise ; et par suite, il faut considérer comme lui étant personnelle l'obligation de ne pas faire à laquelle il s'est soumis. On ne saurait donc imposer à ses héritiers une interdiction de s'établir qui, à leur égard, n'aurait pas de cause et qui constituerait une violation de la liberté du commerce.

Toutefois si l'héritier du vendeur portait son nom, si c'était par exemple son fils, le danger de détournement de

____

(1) V. aussi Trib. com. Seine, 9 mai 1860, Machin, *Annales,* 60, 228 ; — Trib. com. Nantes, 2 fév. 1881, Hertzberg, *Jur. com. Nantes,* 82, 1, 5.

clientèle serait à craindre, et pour le prévenir, les tribunaux pourraient étendre à son héritier l'interdiction contractée par le vendeur (1).

Il a été jugé à cet égard que: 1º Le vendeur d'un fonds de commerce qui s'engage, par l'acte de vente, à ne pas élever dans le même lieu, ni même dans un certain rayon, un établissement semblable, contracte une obligation qui passe à ses héritiers, en ce sens que ceux-ci, garants du fait de leur auteur, ne peuvent, à peine de dommages-intérêts, former un établissement de même nature dans la même localité (Paris, 19 mai 1849, Malingre, Dalloz, 50, 2, 51).

2º Le fils, héritier de son père, est tenu des mêmes obligations; si donc le père, vendeur d'un fonds de commerce, s'est interdit de se rétablir dans la même localité, le fils, après lui, est tenu de la même interdiction : s'il en était autrement, l'héritier qui, en cette qualité, profite du prix du fonds de commerce, nuirait autant qu'il est en lui à l'exécution du traité dont il bénéficie, en prenant pour raison de commerce un nom dont l'acheteur a dû ne pas vouloir accepter la concurrence. Mais l'interdiction imposée au vendeur ne pèserait pas sur ceux de ses héritiers qui ne portent pas son nom, par exemple sur ses filles mariées (Paris, 24 mars 1852, Henri, Teulet, 1, 104).

262. Sanction. — Si le vendeur enfreint l'interdiction de s'établir à laquelle il s'est soumis, les tribunaux peuvent le condamner à des dommages-intérêts pour le préjudice causé à l'acquéreur. Ils peuvent aussi ordonner la fermeture de son établissement; mais ils ne sont pas tenus de prononcer cette mesure radicale qui, dans certaines circonstances, serait difficile à justifier. Supposons, par exemple, que le vendeur prête son assistance au propriétaire d'un fonds de commerce semblable au fonds vendu et

____

(1) Pouillet, *Marques de fabrique*, nº 603 ; — Bert, p. 120.

établi dans le périmètre prohibé. Si le fonds appartient réellement à ce tiers on ne comprendrait pas une décision qui en prononcerait la fermeture (1). De même si le vendeur, au lieu de créer une maison nouvelle dans le rayon interdit, avait acheté un établissement en exploitation, il suffirait, sans ordonner la fermeture, d'interdire au vendeur de tenir ou de gérer ce fonds de commerce (2).

Jugé que : 1º Lorsqu'une décision judiciaire, ayant acquis l'autorité de la chose jugée, ordonne la fermeture d'un établissement commercial créé dans le but de faire une concurrence déloyale à une autre maison, un cessionnaire postérieur à la décision qui a ordonné la fermeture ne peut pas s'opposer à l'exécution de cette sentence (Paris, 8 avril 1859, Marius Vidal, *Annales*, 59, 146).

2º Lorsque le vendeur d'un fonds de commerce, qui a pris vis-à-vis de son acheteur l'engagement de ne pas se rétablir, se rétablit avec le concours d'un tiers que lui prête son nom, il y a lieu d'ordonner la fermeture du nouvel établissement au regard de l'un et de l'autre des exploitants (Paris, 23 nov. 1886, Satclet, *Annales*, 87, 115).

3º Le demandeur qui a basé son action sur une clause d'interdiction de se rétablir ne peut, en appel, pour la première fois, et au cas où cette clause serait annulée comme constituant une interdiction absolue, demander que le vendeur soit tenu, en vertu de son obligation générale de garantie, de ne point exercer pendant un délai déterminé, directement ou indirectement, un commerce concurrent ; c'est là une demande nouvelle qui ne peut être pour la première fois soumise à la Cour (Paris, 14 janv. 1889, Bellan, *Annales*, 91, 19).

(1) Paris, 10 mars 1866, Ancelin, Teulet, 15, 244.
(2) Paris, 20 avril 1880, Martineau, *Annales*, 81, 123.

Section III. — Engagement pris par l'ouvrier ou l'employé.

263. A quelles conditions l'interdiction de s'établir est-elle valable ?
— 264. Retraite volontaire ou renvoi de l'employé. — 265. Cas
où le contrat de louage de services est résilié avec dommages-intérêts contre le commis. — 266. Interdiction de s'intéresser dans
une maison concurrente. — 267. Industries différentes. — 268.
Sanction de l'interdiction de s'établir. — 269. Clause pénale. —
270. Cas où l'employé a reçu une somme en échange de l'interdiction de s'établir. — 271. L'interdiction profite au successeur.
— 272. Elle n'oblige pas les héritiers.

**263. A quelles conditions l'interdiction de s'établir
est-elle valable ?** — Quand un ouvrier ou un employé
quitte son patron, il a le droit de s'établir à son compte
dans le même commerce ou dans la même industrie et
dans le lieu qui lui convient. Du moment où il est sorti
de la maison à laquelle il a été attaché plus ou moins
longtemps, il n'existe plus aucun lien entre son maître et
lui et il recouvre une entière liberté d'action (1). Mais la
concurrence qu'il va faire à son patron peut être, on le
conçoit, extrêmement préjudiciable à ce dernier. La clientèle sera souvent entraînée vers celui qu'elle a vu à l'œuvre, dont elle a pu apprécier les connaissances et les aptitudes et qu'elle connaît parfois mieux que le patron
lui-même. Aussi, pour obvier à de pareils inconvénients,
voit-on fréquemment le patron stipuler que son ouvrier
ou son employé, après avoir quitté son service, ne se ré-
tablira pas à son compte dans le même commerce ou dans
la même industrie. Si l'interdiction est générale et absolue, elle est nulle comme portant atteinte à la liberté du
travail. Elle est valable au contraire lorsqu'elle est limitée

____

(1) V. Trib. civ. Amiens, 31 janv. 1875, Fauquet, *Journ. Amiens*, 85, 219.

à un certain temps ou bien à un périmètre déterminé. La règle que nous avons posée pour l'interdiction contractée par le vendeur d'un fonds de commerce doit recevoir ici son application (1).

Il a été jugé à cet égard que : 1° Est licite la clause pénale sous laquelle l'employé d'une maison de commerce s'interdit la faculté de s'établir, pendant un certain temps, dans le même genre d'industrie que son patron (Trib. com. Seine, 10 sept. 1857, John Arthur, *Annales*, 58, 190).

2° Est licite la convention par laquelle un commis, en échange de certains avantages qui lui sont assurés, s'engage, en cas de retraite volontaire, ou de renvoi, à ne pas se placer dans une industrie similaire de la même ville (Douai, 31 août 1864, Mascaux, *Annales*, 65, 282).

3° La convention par laquelle un ouvrier s'engage envers son patron à ne jamais exercer sa profession, doit être déclarée valable si l'interdiction est limitée à la circonscription d'un département. Une pareille interdiction consentie librement doit être considérée comme compensée par les avantages assurés par la convention à l'ouvrier qui s'y soumet et, par suite, elle le lie non-seulement vis-à-vis du patron qui l'a stipulée dans l'intérêt de son établissement, mais encore vis-à-vis de ses successeurs (Cass., 5 juil. 1865, Meurice, *Annales*, 66, 32).

4° Est licite et obligatoire la clause par laquelle un employé qui loue ses services à une maison de commerce s'interdit à jamais la faculté d'exercer la même industrie, mais seulement dans un rayon déterminé (Cass., 24 janv. 1866, Martinet, *Annales*, 66, 206).

5° Est valable la clause par laquelle un ouvrier qui loue ses services à un fabricant s'interdit, sous une clause pénale, d'entrer pendant huit années après sa sortie dans une fabrique de produits similaires (Grenoble, 23 déc. 1867, Fortoul, *Annales*, 68, 540).

____

(1) V. *Suprà*, nᵒˢ 241 et suiv.

6° L'engagement pris par un employé, envers son patron, de ne pas entrer dans une maison de commerce similaire est licite et obligatoire, quand il ne constitue pas une interdiction absolue de se rétablir, notamment quand l'employé peut s'en affranchir en payant une somme fixée d'avance à forfait (Trib. com. Seine, 17 janv. 1888, Le Gorrec, *Annales*, 91, 59).

7° Est licite la convention par laquelle un individu qui cède ses brevets à une société et entre dans cette société, en qualité d'ingénieur, s'engage à ne jamais faire partie dorénavant comme associé, actionnaire, gérant, ingénieur, employé à un titre quelconque, soit en France, soit en Europe, d'une affaire commerciale ou industrielle relative à la publication ou à la vente du produit qu'exploite la société et auquel se rapportent les brevets cédés ou de produits analogues. L'article 1780 du Code civil, qui ne vise que le louage des domestiques et ouvriers, ne s'applique pas à de semblables conventions qui portent à la fois sur une cession de brevets et un louage d'industrie. Du reste, dans l'application de cet article, il faut tenir compte des circonstances particulières à l'industrie en cause. Le fait que la société, envers laquelle est pris l'engagement de ne jamais s'intéresser à une affaire concurrente, a accepté la démission de l'employé sans faire de réserves, n'implique pas qu'elle ait entendu renoncer aux garanties que lui assurait le contrat (Cass. req., 20 janv. 1890, Cⁱᵉ française du Celluloïd, *Annales*, 91, 68).

Mais, 1° Est nulle, comme contraire à l'ordre public et à la liberté de l'industrie, la convention par laquelle un ouvrier ou commis, intéressé dans une fabrique, s'engage, en échange de l'intérêt qu'il perçoit sur les produits de la fabrication, à ne *jamais* servir ni s'associer dans un établissement du même genre (Cass., 11 mai 1858, Gilbert, *Annales*, 58, 232).

2° Est nul l'engagement pris par un commis de ne jamais s'établir dans le même genre d'industrie que son patron, encore bien que cet engagement, perpétuel quant à sa durée, serait limité à certaines localités (Metz, 16 juin 1863, Martinet, *Annales*, 63, 278).

264. Retraite volontaire ou renvoi de l'employé. — L'interdiction de s'établir peut être restreinte au cas où l'employé se retirera volontairement ou bien au cas de renvoi ; elle peut de même être stipulée en vue de l'une ou l'autre hypothèse. Les parties sont libres de faire à cet égard telles conventions qu'elles jugent convenables.

Quand le patron stipule que son employé, s'il le congédie, ne pourra pas s'établir pendant un certain temps ou dans une certaine localité, ne doit-on pas voir là une condition potestative qui enlève toute valeur à la clause d'interdiction ? Assurément non ; en effet, on ne peut considérer comme potestative, dans le sens de l'article 1171 du Code civil, l'obligation qui dépend, non de la seule volonté du débiteur, mais d'un fait qu'il est en son pouvoir d'accomplir ou d'omettre. Or, pour que l'interdiction de s'établir prenne naissance, il ne suffit pas que le patron en exprime la volonté, il faut qu'il accomplisse un acte, c'est-à-dire qu'il renvoie son employé. D'ailleurs, à un autre point de vue, il n'y a pas condition potestative lorsque la condition dépend, non de la volonté de celui qui s'oblige, mais de la volonté de celui envers lequel est contractée l'obligation conditionnelle. Or, dans l'espèce, celui qui s'oblige, c'est l'employé et non le maître à l'égard duquel par conséquent la condition ne saurait être tenue pour potestative dans le sens légal.

Il a été jugé à cet égard que : 1º L'engagement pris par un commis-voyageur, pour le cas où il cesserait d'être attaché à la maison qui l'emploie, de ne pas exploiter ou faire exploiter pour son compte la tournée dont il est chargé, doit recevoir son exécution, encore que des motifs légitimes, provenant du fait même du patron, auraient déterminé le commis-voyageur à demander lui-même la rupture de son traité (Bordeaux, 2 août 1849, Bermond, Dalloz, 52, 2, 55).

2° Est valable la clause par laquelle un commis, en acceptant un emploi dans une maison de commerce, s'interdit, sous une clause pénale, pour le cas où il viendrait à quitter cette maison, de s'établir à Paris dans le même genre d'industrie ou d'entrer dans une maison rivale. Il en est ainsi, même dans le cas où le patron conserve le droit de renvoyer ce commis sans être obligé de formuler les motifs du renvoi. On ne saurait prétendre qu'il y a là une condition potestative qui vicie la clause d'interdiction (Paris, 26 janv. 1867, John Arthur, *Annales*, 67, 81).

3° On ne peut considérer comme étant potestative la clause par laquelle le patron stipule que son voyageur ne pourra pas s'établir directement ou indirectement dans le même commerce, pendant un certain délai, dans le cas où ce voyageur commettrait une faute ne permettant pas de le conserver (Bordeaux, 22 août 1883, Bonnaud, *Annales*, 87, 173).

4° La liberté du travail étant de droit, les stipulations qui la limitent doivent, en cas de doute, être interprétées dans le sens qui porte à cette liberté l'atteinte la moins grave. Spécialement, lorsqu'un employé s'est interdit, pour le cas où il viendrait à quitter son patron, d'exercer, pendant un certain temps, une industrie déterminée, cette interdiction, dans le silence du contrat, ne doit s'appliquer qu'au cas où il quitte cette maison par sa faute ou par son fait, mais ne peut pas être étendue au cas où il est congédié sans avoir commis aucune faute, par exemple en cas de suppression de son emploi (Rennes, 29 mai 1888, Misset, *Annales*, 88, 317).

265. Cas où le contrat de louage de services est résilié avec dommages-intérêts contre le commis. — *Jugé que*: L'interdiction, contractée par un commis-voyageur, de voyager pour une autre maison pendant un temps déterminé, constitue une obligation distincte qui s'unit au louage de services, mais qui, comme toute obligation de faire ou de ne pas faire, se résoud en dommages-intérêts en cas d'infraction. Le commis-voyageur ne se trouverait pas dégagé par le fait que le contrat aurait été résilié contre lui et qu'il aurait été condamné de ce chef à des dommages-intérêts (Caen, 20 juin 1864, Mesnager-Aumont, *Annales*, 66, 253).

266. Interdiction de s'intéresser dans une maison concurrente. — L'interdiction de s'établir est souvent accompagnée d'une interdiction de s'immiscer ou de s'intéresser directement ou indirectement dans un commerce de même nature. Si l'employé s'est simplement engagé à ne pas s'établir, on ne peut lui refuser le droit de prendre un intérêt dans une maison concurrente. Le patron, s'il entendait lui imposer une interdiction à cet égard, devait s'en expliquer formellement. Toute clause restrictive de la liberté de l'industrie doit être enfermée dans d'étroites limites plutôt qu'étendue, et elle doit, en tout cas, s'interpréter contre celui au profit de qui elle est stipulée.

Mais si l'employé était réellement le propriétaire de la maison dans laquelle il paraît seulement intéressé, les tribunaux, à peine est-il besoin de le dire, devraient réprimer la fraude qui leur serait démontrée.

Il a été jugé à cet égard que : L'engagement pris par un employé envers son patron de ne s'intéresser, dans le cas où il le quitterait, dans aucune maison similaire, pendant un temps déterminé, ne fait pas obstacle à ce que l'employé crée lui-même une maison semblable. A supposer qu'une pareille convention emportât quelque obscurité, elle devrait, dans le doute, s'interpréter en faveur du débiteur, c'est-à-dire de l'employé qui s'oblige (Aix, 6 juil. 1881, Sert, *Annales*, 82, 317).

Jugé toutefois que : Lorsque l'acte de vente d'un fonds de commerce contient une clause interdisant au vendeur de monter un fonds du même genre dans un arrondissement déterminé, cette interdiction s'applique non seulement à tous les actes directs, mais encore à tous les faits indirects de concurrence. En conséquence le vendeur manque à tous ses engagements lorsqu'il s'intéresse à la création d'un établissement semblable dans le périmètre convenu et en favorise le développement au détriment de la clientèle du fonds vendu (Lyon, 30 avril 1874, Dussaugey, *Annales*, 74, 376).

267. Industries différentes. — Quand l'ouvrier ou l'employé s'est interdit de s'établir après avoir quitté son patron, cette interdiction se trouve naturellement limitée à l'industrie ou au commerce exploité dans la maison à laquelle il était attaché. Il reste libre de fonder un établissement d'une nature différente. C'est aux tribunaux qu'il appartient de décider si les deux industries sont assez distinctes pour qu'elles ne puissent se faire concurrence.

Jugé que : L'interdiction d'exercer l'industrie de *confections* laisse à l'ancien associé qui s'y est soumis le droit de se livrer à la *confection pour dames*, lorsque la société avait pour objet exclusif la *confection de vêtements pour hommes et enfants* (Amiens, 14 avril 1883, Perrot, *Annales*, 84, 275).

268. Sanction de l'interdiction de s'établir. — Si l'employé se rétablit au mépris de l'interdiction à laquelle il s'est soumis, les tribunaux peuvent prononcer la fermeture de la maison et condamner en même temps l'employé à des dommages-intérêts pour le préjudice causé au patron par la concurrence illicite dont il a été victime.

Jugé que : 1° Quand une interdiction de s'établir dans un certain périmètre a été stipulée sous peine de dommages-intérêts, les tribunaux peuvent, tout en prononçant des dommages-intérêts pour le préjudice causé, ordonner la fermeture de l'établissement créé en contravention et se réserver de prononcer de nouveaux dommages-intérêts en cas d'inexécution (Cass., 24 fév. 1862, Drouarts et Cie, *Annales*, 62, 301).

2° L'employé qui, lié par un contrat vis-à-vis de ses patrons, ne pouvait ouvrir un établissement rival de celui tenu par ceux-ci, et qui, sur la demande de ces derniers, a été condamné à fermer l'établissement qu'il avait créé, peut céder son bail, vendre ses marchandises et son matériel à un tiers. Ce dernier ne peut être tenu de fermer son établissement sous le prétexte qu'il serait la continuation de l'ancien, lors du moins qu'il n'a acheté ni le fonds, ni la marque de fabrique, et ne se présente nulle part comme successeur de celui à qui défense a été faite de créer un établissement (Rouen, 7 juil. 1886, Corbeau et Cie, *Rec. Rouen*, 86, 213).

269. Clause pénale. — Souvent le patron stipule une clause pénale pour le cas où l'employé violerait l'engagement qu'il a pris de ne pas se rétablir. Si cette éventualité se présente, le maître peut-il demander tout à la fois la fermeture de l'établissement et le paiement de la clause pénale ? L'article 1229 du Code civil s'oppose à cette prétention en décidant que le créancier ne peut demander en même temps le principal et la peine, à moins qu'elle n'ait été stipulée pour le simple retard.

Il a été jugé en ce sens que : 1° Est valable l'engagement contracté par un commis marchand de vin portant que, dans le cas où il quitterait son patron, il s'interdit pendant un certain temps, sous une clause pénale, soit de s'établir marchand de vin, soit d'entrer comme employé chez d'autres marchands de vin dans la même commune. Au cas d'infraction, l'ancien patron ne peut, en obtenant le paiement de la somme stipulée, exiger de plus la fermeture de l'établissement créé contrairement à la convention (Trib. com. Seine, 6 mai 1852, Lallement, Le Hir, 52, 2, 566).

2° Est licite la convention par laquelle le gérant ou l'employé d'un établissement industriel s'engage, sous une clause pénale, à ne prendre aucun intérêt dans un établissement du même genre avant l'expiration d'un certain délai ; mais, en pareil cas, si toute infraction de sa part rend exigible la somme stipulée à titre de clause pénale, par contre le paiement de cette somme lui rend sa liberté entière, et l'on ne saurait, sans violer l'article 1229 du Code civil, le condamner à payer le montant de la clause pénale et maintenir l'interdiction (Paris, 20 fév. 1857, Cordier, *Annales*, 61, 242).

270. Cas où l'employé a reçu une somme en échange de l'interdiction de s'établir. — En général, l'ouvrier ou l'employé qui s'interdit de s'établir, prend cet engagement à l'époque où il entre au service de son patron. Dans ce cas, l'obligation qu'il contracte a, comme contre-partie et comme cause, les avantages que lui procure le contrat de louage de services passé avec le maître. Mais il peut arriver que l'employé reçoive, d'une façon plus directe et plus positive, le prix de l'engagement qu'il contracte, par exemple, sous la forme d'une participation dans les bénéfices ; il peut se faire aussi que l'interdiction de s'établir soit stipulée au moment où l'employé quitte son patron, celui-ci versant, en échange, une certaine somme au premier. Si, dans ces différentes hypothèses, l'employé s'établit au mépris de son engagement, il doit restituer les sommes qu'il a perçues et qui se trouvent désormais sans cause.

Il a été jugé à cet égard que : 1º Est nul l'engagement que prend un employé de ne jamais, en aucun temps et en aucun lieu, servir ou s'associer, directement ou indirectement, dans un autre établissement ayant le même objet. Toutefois si, pendant la durée de ses services, cet employé avait reçu, en raison même de l'engagement dont il s'agit, des profits exceptionnels, il est tenu de restituer la partie de ces profits qui excède le juste salaire de son travail et qui représente ainsi la promesse qu'il ne peut plus observer (Metz, 26 juil. 1856, Gilbert, Dalloz, 58, 2, 87).

2° Est nulle comme contraire à l'ordre public et à la liberté de l'industrie, la convention par laquelle un ouvrier ou un commis, intéressé dans une fabrique, s'engage, en échange de l'intérêt qu'il perçoit sur les produits de la fabrication, à ne jamais servir ni s'associer dans un établissement du même genre. En pareil cas, l'annulation de la convention entraîne la restitution des sommes reçues ; néanmoins il appartient aux tribunaux d'apprécier si la restitution doit être intégrale ou si, au contraire, il n'y a pas lieu d'autoriser l'ouvrier ou le commis à conserver une partie des sommes perçues comme lui étant acquises à un autre titre (Cass., 11 mai 1858, Gilbert, *Annales*, 58, 233).

3° Lorsqu'un employé a reçu la liquidation de son compte dans une caisse de prévoyance organisée par la compagnie qui l'occupait, et qu'en recevant le solde de ce compte, il a pris l'engagement d'honneur de ne pas porter ses services à une compagnie rivale, cet engagement doit être respecté et le fait d'y manquer l'oblige à restituer la somme reçue qui se trouve désormais sans cause (Paris, 6 août 1881 et Cass., 2 mai 1882, Spierenaël, *Annales*, 82, 321).

271. L'interdiction profite au successeur. — L'interdiction de s'établir n'est pas stipulée seulement dans l'intérêt personnel du patron, elle l'est encore et surtout dans l'intérêt général de la maison qu'elle a pour but de protéger contre les effets d'une concurrence dangereuse. Il faut en conclure qu'elle profite aux successeurs et que l'employé est tenu de la respecter alors même que l'établissement aurait changé plusieurs fois de propriétaire.

Il a été jugé en ce sens que: Est valable la convention par laquelle l'employé d'une maison de commerce s'interdit, au cas où il quitterait son emploi, de s'établir dans la même ville, soit comme chef de maison, soit comme commis dans le même genre d'industrie et ce pendant un certain délai. — Une pareille clause ne saurait être considérée comme prise uniquement en considération du propriétaire actuel de la maison ; elle est prise au contraire au regard de l'établissement lui-même, pour lui profiter en quelques mains qu'il puisse tomber (Paris, 3 juin 1856, Arthur, *Annales*, 56, 61, 191).

272. L'interdiction n'oblige pas les héritiers. — L'interdiction de s'établir à laquelle se soumet un employé présente un caractère essentiellement personnel. Il faut en conclure qu'elle ne lie en aucune façon ses héritiers (1). Ceux-ci d'ailleurs n'ayant jamais eu de relations avec l'ancien patron de leur auteur et avec sa clientèle, ne peuvent lui causer aucun préjudice.

Section IV. — Engagement pris par un associé.

273. A quelles conditions l'interdiction de s'établir est-elle valable ? — 274. Cas où l'acte de société ne renferme aucune interdiction. — 275. Premier système. — 276. Deuxième système. — 277. Intention des parties ; appréciation souveraine. — 278. Interdiction stipulée au cours de la société. — 279. Vente sur licitation ; cahier des charges.

273. A quelles conditions l'interdiction de s'établir est-elle valable ? — Quand un fonds de commerce appartient à une société, les membres de l'association ont intérêt à se garantir réciproquement contre la concurrence que l'un d'eux pourrait faire aux autres en se retirant de la société, Aussi le pacte social renferme-t-il souvent une clause aux termes de laquelle les associés s'interdisent de s'établir dans le même commerce soit qu'ils se retirent pendant l'exis-

______
(1) V. *suprà*, 261.

tence de la société, soit que, la société étant dissoute, ils
y deviennent étrangers. Une pareille clause est valable
pourvu qu'elle soit restreinte à un certain temps ou bien à
une certaine localité (1).

Il a été jugé que : 1° Est contraire au principe de la liberté du
travail et doit être annulée comme telle la clause d'un acte de
société par laquelle les associés s'engagent à ne pas exploiter,
s'ils quittent la société, une industrie similaire, en quelque lieu
que ce soit. Les tribunaux, en l'annulant, peuvent fixer un délai pendant lequel l'associé n'exercera point son industrie, pour
qu'il ne puisse faire à ses associés une concurrence contre laquelle ils avaient le droit de prendre des précautions (Paris,
24 août 1859, Dupuis, *Annales*, 59, 357).

2° Est contraire à la liberté du travail et par suite doit être
annulée une clause d'un acte de société par laquelle les associés
s'interdisent le même genre d'industrie pendant un temps telle-
ment long que cela équivaut à une interdiction absolue (Cass.,
19 déc. 1860, Thibault, *Annales*, 65, 280).

3° Est licite et obligatoire la convention par laquelle des associés stipulent que ceux d'entre eux qui, après la dissolution
et la licitation du fonds social, cesseront d'y avoir un intérêt, ne
pourront plus se livrer au même genre d'industrie, alors d'ailleurs que, par interprétation des conventions, les juges ont restreint cette interdiction à certaines localités (Cass., 3 mars
1868, Cossé-Duval, *Annales*, 68, 199).

4° L'industriel qui, en fondant une société, s'engage, dans les
statuts, à ne faire valoir directement ou indirectement aucun
établissement industriel ayant le même objet que cette société,
et ce, pendant toute la durée de la société qui est de quinze
années, reste engagé, même après son départ de la société et
vis-à-vis des successeurs de cette société, jusqu'à l'expiration du
délai de 15 ans. Il n'a pu être dégagé par le simple consentement du gérant de la société (Trib. com. Seine, 11 juin 1887,
Orive et Cⁱᵉ, *Annales*, 90, 357).

(1) V. *suprà*, n° 239.

274. Cas où l'acte de société ne renferme aucune interdiction. — Quand le pacte social ne renferme aucune clause d'interdiction, les associés peuvent-ils, après être sortis de la société, s'établir à leur compte dans la même industrie ? La question se présente dans deux hypothèses. On peut supposer qu'un associé se retire, au cours de la société, en reprenant son apport. Dans ce cas, il a le droit de fonder une maison rivale à la condition bien entendu de s'abstenir de tout agissement de concurrence déloyale. Si son nom figurait dans la raison sociale, les tribunaux peuvent ordonner toutes mesures qu'ils jugent utiles pour empêcher la confusion entre les deux établissements.

Supposons maintenant que la société soit dissoute et liquidée : le fonds de commerce, par suite de cette liquidation amiable ou judiciaire, est attribué à l'un des associés ou à un tiers. Les associés autres que l'adjudicataire du fonds peuvent-ils s'établir dans la même industrie ?

La question est controversée, comme celle que nous avons examinée au sujet de la vente du fonds de commerce (1).

275. Premier système. — Suivant une première opinion, l'associé dont les droits ont été transmis soit à un co-associé, soit à un tiers, est un véritable vendeur et l'obligation de garantie qui lui incombe à l'égard de son cessionnaire, l'empêche de faire concurrence à ce dernier en se rétablissant.

Il a été jugé en ce sens que : 1° Lorsque l'un des associés est devenu, par suite de convention, acquéreur du fonds de commerce précédemment exploité par la société, l'autre associé, tenu des obligations générales des vendeurs, ne peut former dans le voi-

____

(1) V. *suprà*, nᵒˢ 244 et suiv.

sinage un établissement de même nature (Paris, 6 août 1855, Carrier, Le Hir, 56, 2, 400).

2° L'associé qui a cédé à son co-associé sa part dans le fonds de commerce, c'est-à-dire l'achalandage et la clientèle, est sans droit ni qualité à vouloir ensuite prétendre continuer sur la même place les opérations auxquelles il se livrait autrefois (Trib. com. Seine, 28 fév. 1856, Cohen, *Gaz. Trib.*, 9 août 1856).

3° Lorsque deux associés liquident amiablement leur société et que celui qui a donné son nom à la raison sociale, après avoir pris sa part en argent, cède, en termes généraux, ses droits à son co-associé en le reconnaissant seul et unique propriétaire de tout ce qui appartient à la société, cette cession doit s'entendre non-seulement du matériel de l'établissement, mais encore de la clientèle, du fonds de commerce et de la raison sociale. — En conséquence, l'associé qui s'est retiré ne peut, sans faire acte de concurrence déloyale, se servir à nouveau de son nom pour fonder une maison rivale dans le voisinage de celle à laquelle il avait été intéressé (Paris, 17 mai 1859, Patural, *Annales*, 59, 188).

4° L'associé qui reçoit, outre le montant intégral de son apport, une certaine somme comme prix de sa retraite, et vend en échange, avec toutes les charges qui peuvent y être attachées, sa part dans les droits sociaux, fait une véritable cession qui l'assimile au vendeur d'un fonds de commerce et lui impose l'obligation de ne pas se rétablir, sous peine de ne pas donner l'équivalent de ce qu'il a reçu (Bordeaux, 13 juil. 1859, Labat, Teulet, 9, 203).

276. Deuxième système. — Suivant une seconde opinion, l'ancien associé a le droit de s'établir, mais à la condition de ne rien faire qui puisse nuire à l'ancienne maison. S'il essayait d'en détourner sa clientèle, les tribunaux pourraient réprimer ces agissements de concurrence déloyale et ordonner les mesures nécessaires pour empêcher toute confusion entre les établissements rivaux.

Il a été jugé en ce sens que (1) : 1° A moins de clause contraire, l'associé, sous le nom duquel le fonds de commerce est connu, a le droit, après la dissolution de la société, de fonder un nouvel établissement, à la condition toutefois de ne faire aucun acte de concurrence déloyale dans le but de détourner la clientèle acquise au premier établissement ou d'établir une confusion préjudiciable vis-à-vis des acheteurs (Paris, 30 juin 1854 et Rej., 5 fév. 1855, Pettmann, Le Hir, 55, 2, 88 et 56, 2, 126).

2° La cession d'un fonds de commerce par un associé à son co-associé n'emporte pas, par elle-même et en l'absence de toute stipulation, l'interdiction absolue pour le cédant d'exercer une industrie semblable. La garantie dont ce dernier est tenu envers le cessionnaire l'oblige seulement à s'abstenir de tout acte de concurrence déloyale et notamment, à ne pas créer une maison dont la désignation et la proximité auraient pour but ou pour résultat de nuire, par une rivalité abusive, à l'établissement cédé. — En conséquence doit être cassé l'arrêt qui, en dehors de toute constatation soit d'une stipulation expresse, soit de la commune intention des parties, prononce une pareille interdiction comme conséquence nécessaire de l'acte de cession (Cass., 2 mai 1860, Péry, *Annales*, 60, 225).

3° La cession d'un fonds de commerce par un associé à son co-associé n'emporte pas, par elle-même, l'interdiction absolue pour le cédant d'exercer une industrie semblable. En conséquence, lorsque, à la suite de la liquidation amiable d'une société, l'un des associés a cédé l'actif social à son co-associé, moyennant un prix fixé à forfait, mais sans s'interdire l'exercice de la même industrie, il peut valablement fonder un nouvel établissement du même genre, en s'abstenant seulement de tout acte de concurrence déloyale. Il en est spécialement ainsi lorsque la clientèle n'est pas comprise dans l'acte de cession (Orléans, 11 août 1860, ap. Cass., Patural, *Annales*, 61, 244).

4° L'associé dont le nom figurait dans la raison sociale d'une

(1) V. encore Paris, 11 juil. 1853, Leriverend, Le Hir, 62, 2, 449 ; — Paris, 19 fév. 1859, Danguis, *Annales*, 59, 125.

société dissoute et auquel il n'a pas été interdit de s'établir reste le maître de former une nouvelle société pour l'exploitation de la même industrie et d'y apporter son nom, pour la constitution sociale (Paris, 5 juin 1867, Carjat, *Annales*, 67, 301).

5° Quand l'apport de la clientèle n'a pas figuré dans les actes constitutifs d'une société formée pour l'exploitation d'un établissement industriel, les associés apporteurs de cet établissement restent, à la liquidation de la société, libres de fonder, chacun de leur côté, un établissement nouveau, et le droit de se dire successeur de ladite société n'appartient à personne (Trib. com. Seine, 16 janv. 1888, Waral, *Annales*, 91, 57).

277. Intention des parties ; appréciation souveraine. — L'interdiction de s'établir, bien que n'étant pas expressément stipulée dans le pacte social, peut s'induire de circonstances qui montrent l'intention des parties. Les tribunaux ont à cet égard un pouvoir d'appréciation souveraine et leur décision échappe au contrôle de la Cour de cassation (1).

Jugé en ce sens que : Bien que le cahier des charges dressé en vue de l'adjudication d'un fonds de commerce ne contienne pas expressément une clause restrictive de la liberté de l'industrie des colicitants, un arrêt a pu décider, par appréciation des actes de société et de divers documents, que le colicitant qui ne s'est pas rendu adjudicataire, ne pourra créer, dans le même lieu ni le même département, une maison de commerce ayant le même objet que celle ayant fait l'objet de la licitation (Cass. rej., 15 mars 1886, Paul Dupont, *Gaz. Trib.*, 17 mars 1886).

278. Interdiction stipulée au cours de la société. — *Jugé que* : Lorsqu'un associé en cédant ses droits à ses associés s'est interdit de s'immiscer directement ou indirectement dans une maison faisant le même commerce, cette interdiction, à

____

(1) Rej. 21 juil. 1873, Videau, *Gaz. Trib.*, 24 juil. 1873.

moins d'une limitation expresse, survit à l'expiration du terme
de la société. Toutefois les associés envers lesquels cet engagement a été pris n'ont d'action contre leur cédant qu'autant que
ce dernier y a réellement contrevenu. Il ne suffit pas qu'il ait,
même dans un acte extrajudiciaire, élevé la prétention d'en être
affranchi pour l'avenir (Trib. com. Seine, 30 mars 1858, Lasalle,
Annales, 58, 254).

279. Vente sur licitation ; cahier des charges. —
Quand la société étant dissoute, le fonds de commerce est
vendu sur licitation, peut-il être inséré, dans le cahier des
charges dressé pour parvenir à la vente, une clause interdisant aux associés de s'établir dans la même industrie ?
Si les associés sont d'accord, la clause est parfaitement
licite, pourvu qu'elle ne soit pas absolue et qu'elle soit limitée à un temps ou à un périmètre déterminé. Mais supposons que les associés ou quelques-uns d'entre eux s'oppo-
sent à l'insertion d'une pareille clause dans le cahier des
charges ; le liquidateur de la société pourra-t-il l'y insérer
d'office ? Chargé de poursuivre la réalisation de l'actif
social, le liquidateur a le droit et même le devoir de prendre toutes les dispositions nécessaires pour donner le plus
de valeur possible à tous les éléments de l'actif. Or si le
cahier des charges ne renfermait aucune interdiction de
s'établir, les amateurs seraient écartés des enchères par la
crainte d'une concurrence qui pourrait leur être faite par
les associés, et la vente se ferait dans des conditions défavorables. Aussi pensons-nous que le liquidateur peut et
même doit faire insérer la clause d'interdiction dans le
cahier des charges. S'il ne le faisait pas, les associés pourraient l'y contraindre.

Il a été jugé que : 1° Lorsque le cahier des charges dressé en vertu d'un jugement qui ordonne la licitation d'un fonds de commerce ne renferme aucune disposition interdisant aux colicitants de se rétablir dans la même industrie, cette prohibition dont l'absence, contraire à l'essence de l'adjudication ordonnée, serait de nature à éloigner les enchérisseurs, doit être introduite dans le cahier des charges, mais limitée à un certain périmètre (Paris, 9 oct. 1862, Lemasson, *Annales*, 62, 413).

2° Lorsqu'une société est dissoute et que le fonds de commerce lui ayant appartenu est mis en vente par licitation, il peut être inséré au cahier des charges une clause interdisant aux associés vendeurs de se rétablir à proximité du fonds vendu dans un rayon déterminé ; il en est ainsi du moins, quand cette clause est de nature à permettre que la réalisation de la propriété indivise atteigne le prix le plus élevé possible et qu'elle rentre, par conséquent, dans l'intérêt commun des colicitants (Paris, 17 janv. 1883, Plancke, *Annales*, 83, 292).

3° On ne saurait voir une violation du principe de la liberté de l'industrie, mais bien une application du principe de la liberté des partages, dans une clause du cahier des charges dressé pour parvenir à la vente d'un fonds de commerce ayant appartenu à une société, clause portant défense, pour les colicitants, de se rétablir dans le même commerce, dans un certain rayon et pendant la durée du bail des lieux où était exploité le fonds de commerce mis en vente (Cass., 9 janv. 1884, Vve Vinay, *Annales*, 85, 60).

4° En cas de licitation d'un fonds de commerce, après séparation de corps, un tribunal peut valablement ordonner l'insertion au cahier des charges d'une clause portant que les colicitants ne pourront créer un établissement similaire à celui qu'ils aliènent, dans un rayon inférieur à 10 kilomètres (Amiens, 17 juil. 1884, Labitte, *Journ. Amiens*, 84, 167).

5° Les colicitants d'un fonds de commerce, quand l'un d'eux porte le nom sous lequel ce fonds est connu, sont en droit de demander l'insertion, dans le cahier des charges, d'une clause interdisant à chacun d'eux de se rétablir, pendant un certain temps, dans un rayon déterminé (Paris, 7 mars 1891, Gesta, *Le Droit*, 16-17 mars).

Jugé toutefois que (1) : 1° A défaut d'accord entre les copropriétaires d'un fonds de commerce dont la vente par licitation est ordonnée, les juges ne sauraient, sans excéder leurs pouvoirs, ordonner, à titre de garantie d'une loyale exécution du contrat, des mesures qui porteraient atteinte au droit qu'a tout citoyen à la propriété et à l'usage de son nom, à la liberté de faire tel négoce et de se livrer à telle industrie qui lui convient, et spécialement d'interdire au vendeur de continuer sous son nom, en quelque lieu que ce soit et pendant un nombre d'années déterminé, l'industrie exercée dans le fonds à liciter. Les juges pourraient seulement interdire à celui des communistes vendeurs, dont le nom est attaché au fonds de commerce, de continuer la fabrication et la vente de produits de même nature, dans des conditions qui constitueraient une rivalité abusive et une violation certaine des principes de la garantie (Cass., 28 avril 1884, Reine, Dalloz, 84, 1, 329).

2° Quand il y a lieu à licitation d'un fonds de commerce de couturière en robe exploité par les trois sœurs, le tribunal peut ordonner que le cahier des charges ne donnera à l'acquéreur que le droit de se dire successeur de la maison connue sous le nom des trois sœurs et que chacune d'elles conservera le droit de se rétablir sous son nom de famille, mais joint accessoirement au nom de son mari, sans adjonction du prénom sous lequel elle était connue dans la société, et seulement au-delà d'un périmètre déterminé (Paris, 27 janv. 1885, Lebrun, Vidal, *Annales*, 91, 39).

---

(1) V. *aussi* Trib. civ. Seine, 4 janv. 1883, Nicolas, *Annales*, 88, 141 ; — Trib. civ. Sens, 28 oct. 1887, Brette, *Annales*, 91, 37 ; — Trib. civ. Seine, 28 janv. 1891, Luzon, *Le Droit*, 14 fév.

CHAPITRE II

**280. Garantie du bailleur à l'égard de son locataire
commerçant.** — Le commerçant ou l'industriel qui est
locataire d'un magasin, d'une boutique ou d'un atelier, a
le plus grand intérêt à ce qu'un autre locataire, exerçant
la même profession, ne vienne pas s'établir porte à porte,
dans le même immeuble. Si cette concurrence se produit,
peut-il agir soit contre son bailleur, soit contre le nouveau
locataire pour la faire cesser ? Cette question présente une
certaine analogie avec celle que nous avons examinée pour
la vente des fonds de commerce. De même que le vendeur
doit garantir à l'acheteur la paisible possession de la chose
vendue, de même le bailleur doit garantir à son locataire
la jouissance des lieux loués. Cette obligation a-t-elle pour

conséquence d'interdire au propriétaire de louer une partie de sa maison à une personne exerçant une industrie déterminée, lorsqu'il a, dans le même immeuble, un autre locataire exploitant déjà le même commerce ? Si cette interdiction existe, dans quelles limites doit-elle être renfermée ? Nous allons examiner ces questions que les tribunaux ont souvent à résoudre.

281. Cas où le bail ne renferme aucune disposition spéciale. — Il arrive fréquemment que le locataire, pour prévenir toute difficulté, stipule dans son bail, que le propriétaire ne pourra pas louer une autre partie de sa maison à une personne exerçant la même industrie. Cette clause doit naturellement recevoir son application et des difficultés ne peuvent s'élever qu'au sujet de la similitude des industries exercées par les différents locataires. Mais supposons que le bail soit absolument muet et ne renferme aucune prohibition ; le propriétaire est-il libre de louer successivement les différentes parties de sa maison à des personnes exerçant la même industrie ou le même commerce ? La question est controversée en doctrine et en jurisprudence.

282. Premier système. — Dans une première opinion, on invoque l'article 1719 du Code civil aux termes duquel le bailleur est tenu de faire jouir le preneur de la chose louée pendant la durée du bail. Lorsque le bailleur établit une concurrence à côté du locataire, il diminue les avantages que ce dernier tirait de son bail, il le trouble dans l'exercice de son industrie et par conséquent dans la jouissance de la chose louée (1).

(1) Agnel, n° 203 ; — Aubry et Rau, t. 3, p. 343 ; — Massé et Vergé, t. 4, p. 363, note 8 ; — Rendu, *Marques de fabrique*, n° 517.

Il a été jugé en ce sens que (1) : 1° Pour un commerçant, la jouissance paisible ne se borne pas à la possession du local, mais comprend les avantages et facilités de situation et de clientèle toujours pris en considération dans la fixation du prix de location ; en conséquence, lorsque le bailleur loue une autre boutique de son immeuble à un second locataire exerçant la même industrie que le premier, il cause à celui-ci un trouble qu'il doit réparer pour le passé et faire cesser pour l'avenir (Trib. civ. Seine et Paris, 4 mars 1858, Barbot, Dalloz, 60, 2, 189).

2° Encore bien qu'un bail ne contienne aucune interdiction de la part du propriétaire de louer à une industrie rivale, le propriétaire n'en est pas moins responsable envers le premier locataire des atteintes portées à l'industrie de ce dernier par un locataire nouveau qui lui fait concurrence. En ce cas, le premier locataire n'a pas seulement une action pour demander que le propriétaire soit tenu, à peine de dommages-intérêts, d'expulser le second locataire, mais encore un droit personnel et réel qui lui permet de demander lui-même l'expulsion, à défaut par le propriétaire d'agir à cet effet (Paris, 29 mars 1860, Ker, *Annales*, 60, 186) (2).

283. Deuxième système. — Suivant une seconde opinion, l'article 1719 du Code civil ne vise que l'atteinte portée à la jouissance matérielle des lieux loués, et ses dispositions ne sauraient s'étendre aux circonstances qui sont de nature à gêner plus ou moins le locataire dans l'exercice

______

(1) *Id.* Nîmes, 31 déc. 1855, Daudet, Dalloz, 57, 2, 125 ; — Paris, 5 nov. 1859, Michaud, Dalloz, 60, 2, 188 ; — Paris, 29 mars 1860, Lamazon, Dalloz, 60, 2, 185 ; — Bordeaux, 21 déc. 1860, *Rec. Bordeaux*, 60, 506 ; — Paris, 26 janv. 1864, Brista, Dalloz, 64, 2, 40 ; Sirey, 64, 2, 258.

(2) Pour qu'il en soit ainsi, il faut que le bailleur ait connu la profession du premier locataire. Mais il n'est pas nécessaire que cette profession ait été indiquée d'une façon expresse dans le bail ; il suffit que le locataire l'ait fait connaître, par exemple par une enseigne, aussitôt après son installation. (Paris, 4 mars 1858, Barbot, Dalloz, 60, 2, 189 ; — Trib. civ. Seine, 4 déc. 1860, De Brisges, *Annales*, 61, 121 ; — Paris, 8 juil. 1861, Piche, Dalloz, 61, 2, 199 ; — Toulouse, 14 mars 1864, Lescure, Dalloz, 65, 2, 56).

de sa profession. Pourvu qu'il assure au preneur l'occupation paisible des lieux, le propriétaire est libre de louer comme il l'entend les autres parties de son immeuble. Lui refuser cette faculté, en l'absence d'une clause prohibitive du bail, c'est porter atteinte à son droit de propriété ; c'est aussi, au regard du second locataire, violer le principe de la liberté du commerce et de l'industrie (1).

Il a été jugé en ce sens que (2) : 1° Le propriétaire qui a loué une boutique ou des magasins à un commerçant conserve, à moins de conventions contraires, le droit de louer à d'autres commerçants exerçant la même industrie. Si la commune intention des parties, à cet égard, peut quelquefois ressortir des circonstances spéciales qui ont accompagné la première location, on ne saurait, sans porter atteinte aux droits du propriétaire et à la liberté de l'industrie, faire résulter une pareille restriction des termes de l'article 1719 du Code civil qui n'a pour but que d'assurer au preneur la paisible jouissance de la chose louée et non la garantir contre toute concurrence (Paris, 8 mai 1862, Klée, *Annales*, 62, 234).

2° Le propriétaire qui a loué une partie de son immeuble pour l'exploitation d'une industrie déterminée ne perd pas, par l'effet de cette location, le droit de louer une autre partie du même immeuble pour une exploitation similaire, si aucune interdiction n'a été stipulée à cet égard. — Aucune disposition de la loi ne restreint dans ce sens le droit absolu du propriétaire. On ne sau-

(1) Pataille, *Annales*, 60, 186, notes 2 et 3 ; — conf. Pouillet, *Marques de fabrique*, n° 755.

(2) V. aussi Trib. civ. Seine, 9 avril 1859, Fourré, Dalloz, 61, 2, 32 ; — Paris, 8 mai 1862, Raymot, Dalloz, 62, 2, 109 ; — Bordeaux, 17 avril 1863, Robillard, Dalloz, 63, 2, 191 ; *Rec. Bordeaux*, 63, 177 ; — Rennes, 8 mai 1863, Gaillard, Dalloz, 64, 2, 156 ; — Paris, 11 juin 1864, Martin, Dalloz, 64, 2, 203 ; — Paris, 19 janv. 1865, Carrière, Dalloz, 65, 2, 172 ; — Paris, 12 juil. 1873, Fontanez, Dalloz, 77, 5, 282 ; — Paris, 16 janv. 1874, Aubry, *Le Droit*, 21 mars 1874 ; — Paris, 13 fév. 1884, Deraigne ; *Annales*, 85, 279 ; — Trib. civ. Marseille, 12 août 1888, Devouassoux, *Rec. Aix*, 88, 2, 298 ; — *Id.* 23 fév. 1888, Mihière, *Rec. Aix*, 88, 2, 250 ; — *Id.* 14 janv. 1887, Combes, *Rec. Aix*, 87, 2, 229.

rait trouver le principe de cette restriction dans l'article 1719 du Code civil, dont les dispositions ont en vue la jouissance matérielle des lieux et leur libre disposition, mais qui ne saurait s'étendre aux circonstances extérieures de nature à entraîner ou à gêner l'exercice et le développement de la profession du locataire (Paris, 29 août 1867, Randon, *Annales*, 67, 398).

284. Troisième système. — Suivant une troisième opinion, le bailleur a ou n'a pas le droit de louer à une personne exerçant la même industrie qu'un premier locataire, selon que l'intention des parties s'est manifestée dans un sens ou dans l'autre. Si le bail ne peut fournir à cet égard aucun renseignement, il faut rechercher l'intention des parties dans les circonstances qui ont précédé ou accompagné la conclusion du contrat.

Il a été jugé en ce sens que : 1° Est souverain et à l'abri de la Cour de cassation l'arrêt qui, se fondant sur ce qu'une entreprise (de voitures publiques) a fait des frais considérables d'appropriation en prenant location de partie d'un immeuble, déclare que la commune intention des parties était que le preneur ne fût pas troublé dans son exploitation par une industrie rivale établie dans le même immeuble, et qui condamne le bailleur à faire disparaître cette concurrence (Cass., 8 juil. 1850, Lavenue, Le Hir, 1851, 2, 161).

2° Le droit du propriétaire, à défaut d'une restriction posée par une disposition législative, ne peut être restreint que par la volonté commune des parties, volonté dont la preuve peut ressortir, soit des termes explicites du contrat, soit des faits contemporains dudit contrat et manifestant cette commune intention (Paris, 15 juin 1864, Francfort, Dalloz, 64, 2, 203).

3° Le propriétaire qui possède plusieurs boutiques est maître de les louer successivement pour le même commerce ou la même industrie, à moins qu'il ne se soit retiré ce droit ; cette interdiction ne peut être admise que lorsqu'elle est établie soit

par une clause formelle, soit par des présomptions tirées de la
nature du commerce ou de l'industrie, des circonstances du
voisinage ou des habitudes du quartier (Paris, 19 janv. 1865,
Carrière, Simonet, Dalloz, 65, 2, 172).

4° En l'absence de toute clause restrictive de son droit, le
propriétaire qui a loué une partie de sa maison pour l'exploitation d'une industrie déterminée, peut en louer une autre
partie à un autre locataire exerçant la même industrie lorsque
d'ailleurs il n'est allégué aucune fraude ni rapporté aucun fait
d'où l'on puisse induire qu'il avait été dans la commune intention des parties de restreindre le droit du propriétaire (Cass.,
6 nov. 1867, Haquin, *Annales*, 67, 401).

285. Interprétation du bail. — Bien qu'elle ne soit pas
expressément stipulée dans le bail, l'interdiction de louer
à une autre personne exerçant la même industrie que le
premier locataire, peut résulter, soit de l'économie du contrat, soit de certaines clauses dans lesquelles se manifeste
l'intention des parties.

Il a été jugé à cet égard que : 1° Lorsque le propriétaire d'une
maison la loue par parties pour l'exercice, dans chacune d'elles,
de deux professions distinctes, et notamment d'un café-restaurant et d'un café-chantant avec défense faite à chacun des locataires de transformer son établissement en un établissement
semblable à celui de l'autre locataire, cette défense a pu être
considérée, par interprétation de la volonté commune du bailleur et de chaque locataire, comme créant, au profit de chacun,
le droit à l'exploitation exclusive de son industrie dans les lieux
loués (Cass., 18 mai 1868, Dalloz, 69, 1, 374).

2° Si le fait par le bailleur, d'avoir connu, lors du contrat, la
profession du preneur, n'est pas suffisant pour l'empêcher
d'exercer lui-même une industrie semblable, dans le voisinage,
il en est autrement lorsque le bailleur a imposé à son locataire
l'obligation d'exploiter dans les lieux loués un certain com-

merce qu'il ne lui est pas permis de troubler par une concurrence (Lyon, 6 mars 1884, Barge, *Annales*, 84, 329).

3° L'interdiction du locataire de changer l'industrie qu'il doit exercer dans les lieux loués, implique l'obligation corrélative pour le bailleur de ne pas installer dans le même immeuble une industrie similaire (Trib. civ. Marseille, 26 mai 1885, Incorpora, *Rec. Aix*, 85, 2, 85).

Jugé toutefois que : 1° La prohibition a pu, par une interprétation souveraine de convention, être déclarée ne pas résulter, au profit du preneur, de la disposition de son bail qui lui interdit de faire dans les lieux loués un commerce autre que celui désigné par ce bail, le droit de disposition du bailleur ne recevant aucune atteinte d'une restriction simplement apportée au droit du preneur (Cass., 29 janv. 1868, Dalloz, 68, 1, 213).

2° La prohibition ne résulte pas non plus de ce que, par le bail, il a été défendu au preneur, d'ajouter ou de substituer à son commerce un commerce semblable à ceux établis dans la maison ; cette interdiction stipulée par le bailleur dans son intérêt, et pour prévenir toute concurrence avec les autres locataires, n'implique pas en faveur du locataire qui s'y est soumis sans convention de réciprocité, le droit de s'opposer aux locations qui seraient de nature à lui faire à lui-même la concurrence qu'il a pris l'engagement de ne pas faire à ses locataires (Paris, 29 avril 1867, Randon, Dalloz, 68, 2, 37, *Annales*, 67, 398).

3° La clause d'un bail déterminant la nature de l'industrie que le preneur devra exercer dans les lieux loués n'emporte pas pour le propriétaire obligation réciproque de ne louer à aucune industrie similaire ; le preneur ne peut donc se prévaloir des conditions imposées au locataire exerçant l'industrie similaire, et les tribunaux, sous prétexte d'interprétation d'un contrat de cette nature, ne pourraient modifier les conventions intervenues entre les parties (Trib. civ. Seine, 20 juin 1883, *Gaz. Pal.*, 83, 2, 45, 4e partie).

4° La prohibition faite au locataire d'une boutique de la sous-louer à une personne exerçant une profession semblable à celle

des autres locataires de la maison n'est pas réciproque, en ce
sens que le propriétaire, à moins de stipulation expresse, conserve de son côté, le droit de louer une autre boutique à une
personne exerçant la même profession (Paris, 25 juillet 1856,
Annales, 57, 25).

286. Fraude. — Même en l'absence d'une clause prohibitive du bail, ou de toute circonstance démontrant que le
locataire a entendu se mettre à l'abri d'une concurrence
établie dans la même maison, le bailleur serait tenu de le
garantir contre le trouble apporté à sa jouissance, s'il était
établi qu'il n'a introduit le second preneur dans l'immeuble que pour favoriser une concurrence déloyale. En vain
dans ce cas, invoquerait-il son droit de propriété, en vain
également, le second locataire essaierait-il de se retrancher
derrière le principe de la liberté de commerce ; la fraude
fait exception à toutes les règles et les tribunaux doivent
la réprimer toutes les fois que l'existence leur en est démontrée (1).

287. Concurrence existant avant le bail. — Le locataire ne pourrait pas se plaindre d'une concurrence élevée
contre son industrie par le bailleur si cette concurrence
existait avant le bail. S'il entendait faire cesser l'industrie
rivale établie dans la même maison, c'était à lui de le stipuler dans le contrat (2). De même, toute réclamation de
sa part serait non recevable, si le bail du locataire établi

(1) Paris, 8 mai 1862, Raymot, *Annales*, 62, 234; Dalloz, 62, 2, 109 ; —
Paris, 12 mars 1864, Oberhausen, Dalloz, 64, 2, 156 ; — Paris, 15 juin 1864,
Francfort, Dalloz, 64, 2, 203.

(2) Paris, 5 nov. 1859, Michaud, *Annales*, 60, 192 ; — Paris, 14 nov. 1860,
Harel, *Annales*, 60, 471 ; — Trib. civ. Seine, 12 nov. 1885; *Gaz. Pal.*, 86, 1,
Supp. 45.

avant son entrée dans les lieux, lui avait été communiqué
et s'il avait pu se rendre compte qu'il ne renfermait aucune interdiction de vendre les marchandises constituant
l'objet de son commerce (1).

288. Droit du propriétaire de maisons contiguës. —
Nous avons jusqu'ici supposé que le propriétaire d'une
seule maison louait différentes parties de son immeuble à
des personnes exerçant la même industrie. Les questions
que nous venons d'étudier s'élèvent également dans le cas
où la même personne est propriétaire de deux ou plusieurs
maisons contiguës. Ayant loué un magasin ou une boutique dépendant de l'un de ses immeubles à une personne
qui exerce une industrie déterminée, le propriétaire peut-il
introduire dans son immeuble voisin un autre locataire
exploitant le même commerce ? La question est identique
à celle que nous avons étudiée au sujet des industries similaires établies dans la même maison ; des raisons semblables peuvent être invoquées dans un sens ou dans l'autre
et les mêmes divergences se sont produites dans la doctrine
et la jurisprudence.

Dans un premier système, on prétend que le propriétaire
qui a loué sa maison pour l'exercice d'une profession déterminée ne peut, même en l'absence d'une clause prohibitive
du bail, louer une maison voisine à un autre commerçant
exerçant la même industrie (2).

Suivant une seconde opinion, le propriétaire, dans le
silence du bail, reste libre de louer successivement ses

(1) Trib. civ. Seine, 6 août 1857, *Annales*, 57, 382.
(2) Paris, 5 nov. 1859, Michaud, *Annales*, 60, 192 ; — Bordeaux, 2 août
1860, Martel, Dalloz, 61, 5, 294 ; — Paris, 8 juil. 1861, Piche, *Annales*,
61, 331.

maisons contiguës à des personnes exerçant le même commerce ou la même industrie (1).

Nous croyons que, sans poser une règle absolue, il faut avant tout tenir compte de l'intention commune des parties et décider que le propriétaire ne peut élever une concurrence dans une maison voisine de celle où est établi son locataire, lorsque cette interdiction résulte soit des circonstances qui ont précédé ou accompagné la location, soit du bail lui-même sainement interprété.

Si les deux maisons étaient situées dans un quartier presque exclusivement réservé au même genre de commerce, le locataire serait naturellement mal venu à se plaindre d'une concurrence qu'il a dû prévoir au moment où il a signé son bail (2).

289. **Limites de l'interdiction.** — Lorsque, soit par suite d'une clause expresse du bail, soit à raison de circonstances qui révèlent l'intention des parties, le propriétaire ne peut louer à des locataires exerçant la même industrie, cette interdiction doit être limitée à une industrie déterminée, celle du premier locataire qui serait troublé par la concurrence contre laquelle il a voulu se garantir. Le propriétaire reste libre de louer à des personnes exploitant tout autre commerce (3).

Si les locataires ont des professions identiques, aucune difficulté ne s'élève sur l'application de la clause d'interdiction. Mais il existe des industries et des commerces qui, sans être absolument semblables, présentent une certaine

(1) Paris, 19 janv. 1865, Carrière, Dalloz, 65, 2, 172 ; — Trib. civ. Seine, 21 janv. 1882, *Gaz. Pal.*, 82, 2, 351.

(2) Paris, 5 juil. 1864, Mayet, Dalloz, 65, 2, 56.

(3) Paris, 17 nov. 1860, Fourré, Dalloz, 61, 2, 32.

analogie, si bien qu'on ne peut tracer une ligne de démarcation bien nette entre leurs domaines respectifs. Il est alors plus difficile de décider si le propriétaire a manqué à son engagement et les tribunaux sont souvent appelés à trancher des questions délicates. Comme il est impossible de tracer à cet égard une règle absolue nous ne saurions mieux faire que de citer, à titre d'exemples, différentes espèces sur lesquelles sont intervenues des décisions judiciaires.

290. Exemples d'industries similaires. — Pour résumer d'une façon aussi saisissante que possible les décisions rendues sur la question qui nous occupe, nous indiquons, d'un côté, l'industrie du premier locataire et, de l'autre côté, en regard de la précédente, l'industrie qui a été considérée comme similaire et constituant par conséquent une concurrence illicite :

Café ou cercle. — *Restaurant* (Cass., 7 nov. 1853, Chalanqui, Dalloz, 54, 1, 396).

Limonadier. — *Crémier* vendant du *café et des liqueurs* (Paris, 8 nov. 1856, *Annales*, 56, 27).

Chemiserie, cols, cravates et nouveautés pour hommes. — Industrie embrassant *toutes les branches de la toilette pour hommes et pour femmes* (Grands magasins du Louvre) (Paris, 22 déc. 1859, Berthet, *Annales*, 60, 195).

Marchand de vin rôtisseur. — *Epicier-crémier* (vendant du *vin à consommer sur place*) (Trib. civ. Seine, 22 fév. 1860, Aumont, *Annales*, 60, 197).

Joaillier-orfèvre. — *Coutellerie fine* (comprenant des *pièces d'orfévrerie*) (Paris, 7 janv. 1862, Bassot, *Annales*, 62, 139).

Marchand épicier. — *Thés, cafés, chocolats et liqueurs à emporter* (Paris, 12 mars 1864, Gaudaire, Dalloz, 64, 2, 157).

Marchand de bouillon. — *Crémier* vendant du *bouillon et des viandes cuites* (Paris, 12 mars 1864, Boulay, Dalloz, 64, 2, 158).

Mercerie, bonneterie, articles de Paris. — Commerce comprenant la vente des *foulards, cravates, écharpes et tricots de laine* (Trib. civ. Tours, 20 janv. 1881, Collas, Le Hir, 82, 2, 74).

Epicerie. — *Société coopérative de consommation* (Trib. civ. Seine, 12 nov. 1889, Gérasse, *Gaz. Trib.*, 29 déc. 1889).

291. Industries différentes. — Suivant l'ordre adopté dans le paragraphe précédent, nous indiquons, d'un côté, l'industrie du premier locataire et, en regard, celle qui a été considérée comme étant différente.

Commerce de papeterie et abat-jour. — *Débit de tabac* comprenant accessoirement la vente de *porte-or, porte-cartes, châtelaines et bourses* (Paris, 18 avril 1857, Desperrières, *Annales*, 57, 379).

Estaminet. — *Marchand de vins traiteur, liquoriste, distillateur, épicier-crémier* (Paris, 17 nov. 1860, Fourré, Dalloz, 61, 2, 32).

Marchand de vins logeur en garni. — *Café-restaurant* (Paris, 11 juin 1864, Martin, Dalloz, 64, 2, 203).

Café-Restaurant. — *Café-Brasserie* (Trib. civ. Seine, 23 nov. 1885, Vve Guillot, *Gaz. Pal.*, 86, 1, 111).

292. Accessoires d'un commerce. — Le bailleur qui s'engage à ne pas louer dans sa maison pour l'exercice d'un commerce semblable à celui du locataire, s'interdit le droit de louer non-seulement à un marchand exerçant la même industrie, mais encore à une personne vendant accessoirement des marchandises comprises dans cette industrie ; s'il en était autrement, la garantie promise au locataire serait illusoire, et le propriétaire aurait trop de facilité pour se soustraire à l'exécution de son engagement.

Il a été jugé à cet égard que : Le propriétaire qui a contracté l'obligation de ne pas louer pour un commerce de *mercerie, bonneterie et articles de Paris*, s'interdit de louer à une personne qui vend des *foulards, cravates, écharpes et tricots de laine*, comme accessoires de son commerce (Trib. civ. Tours, 20 janv. 1881, Collas, 82, 2, 74) (1).

Jugé toutefois que (2) : 1° Le commerçant qui loue une boutique affectée spécialement à la vente des *cafés*, avec défense d'y exercer aucune autre industrie, peut bien y vendre des *liqueurs*, ce qui rentre, d'après les usages, dans l'exercice de sa profession, mais il ne peut y vendre du *vin* (Trib. civ. Seine, 3 août 1882, Leygonie, Le Hir, 82, 2, 500).

2° Le propriétaire qui s'est interdit de louer dans sa maison à une personne exerçant le commerce de *toiles cirées* et de *caoutchouc* ne contrevient pas aux obligations qu'il s'est imposées par le bail en louant à un *herboriste* qui, conformément à l'usage constant à Paris pour ce genre de commerce, vend divers objets dans la fabrication desquels entre le caoutchouc, mais comme accessoire seulement (Trib. civ. Seine, 12 mai 1883, de Türck, *Gaz. Trib.*, 5 oct. 1883).

293. Vente d'un article isolé du commerce prohibé. — Supposons que le locataire exerce un commerce comprenant un grand nombre d'articles divers. Le bailleur manquera-t-il à son engagement de ne pas louer à une autre personne exploitant la même industrie, s'il introduit dans sa maison un locataire vendant un seul des articles de cette industrie? Il est impossible de répondre à cette question d'une manière absolue. Si l'article vendu isolément joue un rôle insignifiant dans le commerce du premier locataire, celui-ci ne pourra pas sérieusement se plaindre ; mais sa réclamation devra au contraire être accueillie si la vente de cet article prend une place impor-

---

tante dans son commerce. Il y a là une question de fait qui doit être laissée à l'appréciation des tribunaux.

Mais le bailleur manquerait sans aucun doute à son obligation s'il louait à différentes personnes vendant chacune spécialement certains articles de l'industrie du premier locataire ; celui-ci se plaindrait à juste titre de ces concurrences multiples dont la réunion pourrait lui être plus préjudiciable que le voisinage d'un seul établissement rival.

Jugé dans ce sens que : Le bailleur, qui, en louant à un premier locataire, s'est interdit d'introduire dans l'immeuble des locataires exerçant la même industrie (*la mercerie en gros et en détail*), ne peut louer séparément à divers commerçants exploitant chacun spécialement le commerce de certains articles (*boutons, aiguilles et fils*) qui rentrent dans le commerce du premier locataire (Paris, 11 fév. 1880, Gossiome, Le Hir, 80, 2, 300).

294. Droit des locataires en cas de sous-location. — *Jugé que* : La clause du bail par laquelle le propriétaire s'est interdit de louer d'autres portions de son immeuble à d'autres personnes exerçant la même profession que le preneur (celle de médecin), n'est pas opposable aux autres locataires qui demeurent libres de sous-louer à ces personnes, à moins qu'ils n'aient formellement accepté l'interdiction imposée au propriétaire (Lyon, 24 juin 1875, Vve Jullien, Dalloz, 77, 2, 49).

295. Action du locataire troublé par une industrie rivale. — Lorsque, au mépris de l'interdiction à laquelle il s'est soumise, le propriétaire introduit dans sa maison une personne exerçant la même industrie que son premier locataire, ce dernier peut s'adresser au bailleur pour le mettre en demeure de faire cesser la concurrence dont il est victime. Peut-il également exercer une action contre le locataire auteur du trouble ? Si le locataire a sur la chose louée un droit réel, son action contre ses co-locataires est recevable ; elle ne l'est pas au contraire s'il n'a qu'un droit de créance personnel contre le bailleur. Or la doctrine et la jurisprudence sont loin d'être d'accord sur le caractère qu'il convient de reconnaître au droit du preneur.

Suivant un premier système, le bailleur qui s'interdit de louer dans sa maison pour un commerce déterminé, grève son immeuble d'une sorte de servitude et confère en conséquence un droit réel au profit du locataire en faveur duquel l'interdiction est contractée (1).

Cette opinion est combattue par la grande majorité des auteurs. On lui oppose principalement l'article 1727 du Code civil aux termes duquel le preneur, actionné par un tiers en délaissement de la chose louée, est tenu d'appeler le bailleur en garantie et doit être mis hors de cause, s'il l'exige. Si, dit-on, le locataire avait un droit réel, il pourrait défendre à l'action dirigée contre lui, sans avoir besoin d'appeler le bailleur en garantie ; d'autre part, il ne pourrait pas demander sa mise hors de cause. Il faut donc conclure de l'article 1727 que le bail confère simplement au preneur un droit personnel contre le bailleur (2).

---

(1) Troplong, *Du louage*, nos 491 à 496 ; — Merlin, *Questions de Droit*, V° *Tiers*, § 2, p. 389 ; — De Fréminville, *Traité de la minorité*, t. I, n° 217 ; — Paris, 24 juin 1858, Villemont, Dalloz, 59, 2, 217, *la note*.

(2) Delvincourt, t. III, p. 198 ; — Duranton, t. IV, 73 et t. XVII, 139 ; — Toullier, t. III, p. 388 et t. VI, p. 435 ; — Duvergier, t. I, nos 28 et 279 ; — Demolombe, t. IX, nos 492 et 493 ; — Rodière et Pont, *Du contrat de mariage*, t. I, p. 337 ; — Flandin, *De la transcription hypothécaire*, t. I, p. 196 ; — Marcadé, art. 526, n° 5 ; — Valette, *Des privilèges et hypothèques*, t. I, p. 195 ; — Laurent, t. XXVII, nos 9 à 22 ; — Aubry et Rau, t. IV, p. 471, § 365, note 7 ; — Grenoble, 4 janv. 1860, Sirey, 61, 2, 126 ; Dalloz, 60, 2, 190 ; — Cass., 6 mars 1861, Sirey, 61, 1, 713 ; Dalloz, 61, 1, 417 ; — Cass., 21 fév. 1865, Sirey, 65, 1, 113 ; Dalloz, 65, 1, 132 ; — Paris, 5 déc. 1876, D' Garnier, *Annales*, 79, 53. — Trib. civ. Seine, 29 janv. 1883, Merland, *Gaz. Trib.*, 19 oct. 1885.

Mentionnons enfin une troisième opinion suivant laquelle le contrat de louage confère au preneur, sinon un droit réel proprement dit, du moins un droit mixte participant du droit réel et du droit personnel, et autorisant le preneur à agir directement, de son chef, contre les auteurs, quels qu'ils soient, du trouble apporté à sa jouissance, contre le bailleur ou ceux auxquels ce dernier a transmis l'immeuble loué, aussi bien que contre d'autres locataires ayant un droit postérieur (1).

296. Interdiction imposée au second locataire. — Supposons que le bailleur ait interdit au second locataire d'exercer la même industrie que le premier. Cette interdiction étant violée, le propriétaire poursuivi par le locataire le plus ancien peut-il prétendre que ce dernier est victime d'une simple voie de fait dont la réparation ne peut être poursuivie que contre son auteur ? Nous ne le croyons pas ; malgré l'interdiction imposée au second preneur, le propriétaire n'en est pas moins lié par l'engagement qu'il a pris vis-à-vis du premier locataire et il est responsable envers ce dernier du trouble apporté à sa jouissance (2).

297. Recours en garantie du propriétaire. — Le bailleur actionné par un locataire qui se plaint d'une concurrence établie dans la même maison, peut-il recourir en garantie contre le locataire auteur du trouble ? Une distinction est nécessaire. Si le bailleur a interdit au second loca-

---

(1) Rouen, 30 juil. 1855, Dalloz, 57, 2, 33 ; — Paris, 29 mars 1860, Dalloz, 60, 2, 185 ; — Paris, 8 avril 1861, Dalloz, 61, 2, 199 ; — Paris, 8 juil. 1861, Piche, *Annales*, 61, 331. — Trib. civ., Seine, 22 nov. 1885, Vve Guillot, *Gaz. Pal.*, 86, 1, 111.

(2) Paris, 22 mars 1864, Millaud, Dalloz, 65, 2, 59 ; — Paris, 20 fév. 1872, Dalloz, 74, 5, 317. — *Contrà*, Paris, 26 janv. 1864, Biesta, Dalloz, 64, 2, 40.

taire d'exercer la même industrie que le premier, il peut agir en garantie contre le preneur qui a violé son engagement. Au contraire tout recours doit lui être refusé s'il n'a pas pris cette précaution. Mais de même que l'interdiction pour le bailleur de louer dans la même maison à des personnes exerçant des industries similaires, peut résulter des circonstances quand elle n'est pas formellement édictée dans le bail ; de même la prohibition pour le second locataire d'exercer une industrie déterminée, peut s'induire de certaines clauses non formelles du bail, et même de circonstances révélant l'intention des parties.

Il a été jugé à cet égard que : 1° Le propriétaire qui s'est engagé vis-à-vis d'un locataire (un limonadier) à ne pas louer à une autre personne exerçant la même profession, est responsable du préjudice que peut causer au premier locataire la concurrence d'un second locataire (un crémier) qui vend, dans des lieux à lui loués, des objets de consommation tels que café et liqueurs. Mais, en pareil cas, le propriétaire n'est pas fondé à agir à son tour contre le second locataire, s'il ne lui a pas fait connaître son engagement antérieur et ne lui a personnellement imposé aucune interdiction (Paris, 8 nov. 1856, *Annales*, 56, 27).

2° Quand un propriétaire s'est interdit de louer à des personnes exerçant un certain commerce, il enfreint cette défense par cela seul qu'il loue à une personne prenant la même qualification que le premier locataire, encore bien qu'en fait le second locataire ne vende pas identiquement les mêmes marchandises que le premier et qu'il soit personnellement resté dans les limites de son bail. En pareil cas le propriétaire seul est responsable et il encourt des dommages-intérêts qui peuvent être convertis en une réduction de bail (Lyon, 19 mai 1857, *Annales*, 57, 205).

3° Le propriétaire dont la maison est déjà occupée par un locataire exerçant une certaine industrie et qui loue une autre partie de sa maison, sans interdire au nouveau locataire l'exercice de la même industrie, n'est pas fondé à appeler ce dernier en garantie sur l'action dirigée contre lui par le premier locataire pour trouble apporté à sa jouissance par la concurrence du second locataire (Paris, 7 mai 1859, Meyer, *Annales*, 60, 189).

4° Le bailleur a une action en garantie contre le locataire qui connaissait la prohibition stipulée au profit d'un précédent preneur, et qui a joint à son commerce la vente d'objets rentrant plus spécialement dans le commerce du premier locataire (Trib. civ. Seine, 15 déc. 1876, Dominé, *Annales*, 77, 109).

5° Le propriétaire qui a promis à son locataire industriel qu'aucune industrie similaire ne serait établie dans la même maison, ne peut recourir contre un autre locataire qui y a installé cette industrie, s'il ne résulte pas de l'acte de bail ou des circonstances qui ont accompagné cet acte que le second locataire a accepté une interdiction à cet égard (Trib. civ. Marseille, 23 avril 1885, Gaudin, *Rec. Aix*, 85, 2, 82).

6° Le bailleur qui a promis à son locataire industriel qu'aucune industrie similaire ne serait établie dans le même immeuble, peut recourir contre un autre locataire qui y a installé cette industrie, alors que son bail, quoique ne contenant pas de clause prohibitive, indique formellement la destination qui doit être donnée aux lieux loués, cette indication devant être considérée, suivant les circonstances, comme une interdiction implicite (Trib. civ. Marseille, 7 mai 1887, Taxil, *Rec. Aix*, 1888, 2, 51) (1).

298. Extension donnée à son commerce par le second locataire. — Il peut arriver que le second locataire, tout en exerçant une industrie différente, donne néanmoins à son commerce une extension qui trouble la jouissance du premier locataire. Ce dernier est fondé à poursuivre la cessation de cette concurrence. Mais le bailleur actionné dans ces conditions peut-il recourir en garantie contre l'au-

(1) V. Paris, 12 mars 1864, Gandaire, Dalloz, 64, 2, 157 ; — Paris, 13 fév. 1872, Collin, *Annales*, 75, 288.

teur du trouble ? Ici encore, une distinction nous paraît
nécessaire. Si l'extension donnée à son commerce par le
second locataire est conforme aux usages, si le bailleur l'a
autorisée ou tout au moins ne l'a pas interdite, aucun recours en garantie ne peut être exercé. Que si au contraire,
l'extension est donnée au commerce en dehors des usages
reçus ; ou bien si le bailleur l'a interdite, le second locataire est tenu de garantir le bailleur contre les condamnations qu'il peut encourir par son fait.

Il a été jugé à cet égard que: 1° Le propriétaire n'est pas
fondé à agir contre le second locataire pour l'obliger à restreindre son commerce, si, en fait, l'extension que ce dernier lui a
donnée n'est pas contraire aux usages, et si d'ailleurs le bailleur ne lui a pas fait connaître son engagement antérieur vis-à-
vis du premier locataire et ne lui a personnellement imposé aucune interdiction (Paris, 8 nov. 1856, Gœsler, *Annales*, 57, 27).

2° Le propriétaire qui a loué une boutique à un *marchand de
vin rôtisseur* est tenu d'empêcher qu'un autre locataire n'exerce
dans la même maison le commerce de marchand de vin. Le
second locataire ayant loué pour exercer le commerce *d'épicier
crémier*, n'a pas le droit de vendre du vin à consommer sur
place, comme le crémier proprement dit, et le propriétaire
peut dès lors exercer un recours en garantie contre lui, bien
qu'il ait toléré l'extension de son commerce, s'il ne l'a jamais
formellement autorisée (Trib. civ. Seine, 22 fév. 1860, Aumont,
Annales, 60, 197).

299. Dommages-intérêts ; résiliation. — Lorsque le
locataire, victime de la concurrence établie dans la même
maison, agit contre son bailleur, il ne peut obliger celui-ci
à faire disparaître l'industrie rivale du second locataire
qui, à moins de violation de son bail, a le droit de rester
dans les lieux et d'y exercer le commerce pour lequel il

les a loués. Le premier locataire ne peut que demander des dommages-intérêts et, suivant les circonstances, la résiliation de son bail. Mais si le bailleur a une action en garantie contre le second locataire qui a enfreint les prohibitions contenues dans son bail, il peut faire condamner ce dernier à quitter les lieux, ou tout au moins à restreindre son commerce dans les limites du contrat.

CINQUIÈME PARTIE

PROCÉDURE

CHAPITRE PREMIER

COMPÉTENCE.

300. Compétence des tribunaux de commerce. — Aux termes de l'article 641 du Code de commerce, les tribunaux consulaires connaissent des contestations relatives aux *engagements* et transactions entre négociants, marchands et banquiers. Faut-il assimiler aux engagements dont parle cet article, les obligations auxquelles donnent naissance, les actes de concurrence déloyale qui constituent des quasi-délits? La doctrine et la jurisprudence sont à peu près unanimes pour décider l'affirmative et pour attribuer aux tribunaux de commerce la connaissance de tous les agissements de concurrence déloyale (1).

---

(1) Bozérian, *Prop. ind.*, n° 440 ; — Pataille, *Annales*, 55, 44 ; — Pouillet, n° 666 ; — Ruben de Couder, v° *Concurrence déloyale*, n° 136 ; — v. *suprà*. n° 117.

Il a été jugé que : 1° La juridiction commerciale est compétente pour connaître d'une action en répression de faits de concurrence déloyale, encore bien que cette concurrence résulte de l'emploi d'un nom ou d'une raison sociale dont le demandeur revendique la propriété exclusive comme en ayant fait usage le premier (Paris, 19 fév. 1859, Groult, *Annales*, 59, 95 ; — *Id.* Paris, 19 fév. 1859, Danguis, *Annales*, 59, 125).

2° C'est à la juridiction commerciale qu'il appartient de connaître des actions entre commerçants relatives à leur commerce, alors même qu'elles sont basées sur des quasi-contrats ou des quasi-délits. En conséquence les tribunaux civils sont incompétents pour connaître d'une action en modification d'enseigne et en dommages-intérêts pour concurrence déloyale (Paris, 28 avril 1866, Bournhonet, *Annales*, 66, 193).

3° C'est à la juridiction commerciale qu'il appartient de connaître des actions entre commerçants relatives à leur commerce, et spécialement d'une action en concurrence déloyale, alors même qu'elle repose sur des délits ou des quasi-délits, tels que des propos diffamatoires (Paris, 9 juil. 1867, Hiraux, *Annales*, 67, 271).

4° Est de la compétence du tribunal de commerce l'action formée par un négociant contre un commis-voyageur à raison de ses agissements dans les opérations dont il a été chargé. (Bordeaux, 22 août 1883, *Journ. Arr. Bordeaux*, 83, 309).

5° Les difficultés relatives à la propriété d'un journal sont de la compétence des tribunaux de commerce (Trib. civ. Seine, 20 août 1884, Le Matin, *Annales*, 86, 80).

6° La question de savoir si une maison de commerce peut ou non se dire fondée à une époque déterminée et continuer à porter une ancienne raison sociale est une question purement commerciale, de la compétence du tribunal de commerce (Paris, 21 mars 1887, Heidsick, *Annales*, 89, 198).

7° Le tribunal de commerce est compétent pour connaître de l'action dirigée par un patron contre son commis à raison d'un quasi-délit dont celui-ci se serait rendu coupable dans l'exercice de ses fonctions, notamment en divulguant à un tiers un procédé par lui découvert à la suite d'études dirigées par son patron (Paris, 23 janv. 1890, Lamouche, *Annales*, 90, 249).

301. Faits étrangers au commerce. — Pour que la juridiction commerciale soit compétente, il faut naturellement que les parties soient commerçantes et qu'il s'agisse de faits relatifs à leur commerce.

Il a été jugé en ce sens que : 1° Il ne suffit pas, dans les contestations qui s'élèvent entre négociants, de la seule qualité de commerçant dont sont revêtues les parties, pour fonder la compétence des tribunaux de commerce, puisque les commerçants sont régis par le droit commun pour les actes purement civil; il faut encore que l'obligation ait ou soit présumée avoir un caractère commercial; mais elle prend nécessairement ce caractère, soit qu'elle naisse d'un contrat, d'un quasi-contrat, ou d'un quasi-délit, lorsqu'elle se rattache directement à l'exercice du négoce ou de l'industrie; il suit de là que tous les engagements auxquels donnent naissance les actes de concurrence déloyale, quelle que soit la forme sous laquelle ils se produisent, sont de la compétence des tribunaux de commerce (Paris, 9 juil. 1867, Hiraux, *Annales*, 67, 271).

2° Les commissaires-priseurs n'étant pas commerçants, et leurs fonctions leur conférant un véritable monopole, la concurrence qui leur serait faite par des tiers constituerait un délit dont la répression ne saurait appartenir aux tribunaux de commerce (Trib. com. Marseille, 14 avril 1885, *Rec. Aix*, 87, 2, 237).

3° On ne saurait faire rentrer dans la catégorie d'établissements commerciaux, justiciables, par leur essence et leur nature, du tribunal de commerce, des écoles créées dans un but exempt de lucre et de spéculation, en vue, par exemple, de former des ouvriers dans l'industrie de l'horlogerie, en leur offrant les moyens de faire un apprentissage et d'acquérir les connaissances nécessaires pour exercer leur métier. — En conséquence, le fait de prendre, même intentionnellement, la dénomination d'un établissement de cette nature, ne peut constituer un acte de concurrence déloyale relevant de la juridiction consulaire (Trib. com. Seine, 3 mai 1887, Rodanet, *Annales*, 90, 41).

302. Imitation de marque. — Aux termes de l'article 16 de la loi du 23 juin 1857 : « Les actions civiles relatives » aux marques sont portées devant les tribunaux civils et » jugées comme affaires sommaires ». Est-ce à dire que le tribunal de commerce doit se déclarer incompétent toutes les fois qu'il est question d'une marque de fabrique ? Assurément non. La compétence exclusive des tribunaux civils s'impose lorsqu'il s'agit d'une action directe en revendication de la marque ; mais lorsque l'emploi de cette marque n'est invoqué que comme élément d'une concurrence déloyale, la juridiction consulaire peut être valablement saisie (1).

Jugé que : 1° Le tribunal de commerce est compétent pour juger une action dont l'objet est non de revendiquer, comme propriété exclusive, une marque déterminée, mais de faire décider que, dans les circonstances du procès, l'usage de cette marque constitue une concurrence déloyale ; une action de cette nature n'est pas de celles attribuées exclusivement aux tribunaux civils par la loi de 1857, mais elle reste, au contraire, soumise aux règles ordinaires de la compétence et, dirigée par un commerçant contre un autre commerçant pour faits de son commerce, elle peut être déférée compétemment au tribunal de commerce (Bordeaux, 5 déc. 1865, Achard, Le Hir, 66, 2, 206) (2).

2° Lorsqu'il s'agit de marques de fabrique qui, n'étant pas déposées, sont seulement protégées par l'article 1382 du Code civil, la règle ordinaire de la compétence est seule applicable,

(1) Pouillet, n° 671; — Ruben de Couder, v° *Concurrence déloyale*, n° 142.
(2) V. aussi Paris, 19 fév. 1859, Groult, Le Hir, 65, 276 ; — Paris, 8 fév. 1861, Laurent, Teulet, 10, 317 ; — Paris, 5 janv. 1865, Dolfus-Mieg, *Annales*, 65, 109.

et les tribunaux consulaires doivent connaître des contestations entre commerçants (Douai, 18 janv. 1888, Vaissier, Le Hir, 88, 2, 226).

303. Concurrence déloyale accessoire d'une action civile. — Une action peut être basée à la fois sur un fait principal qui est de la compétence des tribunaux civils, et sur un fait accessoire dont la connaissance appartient à la juridiction commerciale. Supposons, par exemple, une contrefaçon de brevet accompagnée d'agissements ayant eu pour but de détourner la clientèle de l'inventeur. Celui-ci devra-t-il, scindant son action, porter celle qui est relative à la contrefaçon devant le tribunal civil, et, devant le tribunal de commerce, celle qui est relative à la concurrence déloyale ? La juridiction civile saisie de la demande principale est sans aucun doute compétente pour statuer sur la demande accessoire. Mais la réciproque ne serait pas vraie, et le tribunal de commerce, saisi d'une action en concurrence déloyale, ne pourrait pas statuer accessoirement sur une demande de contrefaçon de brevet pour laquelle son incompétence est absolue.

304. Concurrence entre locataires. — Quand un locataire se plaint de la concurrence qui lui est faite par une personne exerçant la même industrie dans un immeuble appartenant au même propriétaire, son action doit être portée devant le tribunal civil ; elle soulève en effet une question d'interprétation de bail qui échappe à la compétence de la juridiction commerciale.

305. Quel est le tribunal de commerce compétent ? — C'est devant le tribunal du domicile du défendeur que doit être portée la demande en concurrence déloyale. Nous ne croyons pas qu'il soit possible d'en saisir le tribunal dans le ressort duquel les agissements incriminés se sont produits, à moins bien entendu que ce soit en même temps le tribunal du domicile du défendeur (1).

306. Pluralité des défendeurs. — S'il y a plusieurs co-auteurs de la concurrence déloyale, le demandeur est libre de saisir, à son gré, le tribunal du domicile de l'un des défendeurs. Cependant si l'action était dirigée à la fois contre un commerçant et un non commerçant, l'action devrait être portée devant la juridiction civile, c'est-à-dire devant le tribunal civil dans le ressort duquel le défendeur non commerçant est domicilié (2).

(1) *Contrà*, Lyon, 28 juin 1870, *J. Trib. com.*, t. XX, 272.
(2) Ruben de Couder, v° *Concurrence déloyale*, n° 139; — Douai, 11 juin 1868, Lebeau, *Annales*, 70, 63; Dalloz, 69, 2, 169.

CHAPITRE II

PROCÉDURE.

307. Instruction de l'affaire. — L'action en concurrence déloyale n'est assujettie à aucune forme déterminée ; elle s'engage et s'instruit comme toute affaire commerciale.

308. Preuve. — La loi n'organise aucune procédure particulière pour établir la concurrence déloyale. Il appartient au demandeur de faire sa preuve suivant les règles du droit commun, par des témoignages et surtout par la production des produits ou des documents tels que factures, circulaires, prospectus, qui sont incriminés.

Dans certains cas, par exemple lorsqu'il s'agit d'une usurpation ou d'une imitation d'enseigne, il pourra être utile de faire dresser par huissier un procès-verbal de constat, ou bien de faire prendre des photographies qui permettront d'apprécier de la façon la plus sûre la ressemblance des enseignes. Le mieux sera même de combiner les deux modes de preuve et de corroborer le constat par la photographie.

309. Perquisition et saisie. — Le commerçant qui se prétend victime d'une concurrence déloyale n'aurait pas le droit, pour en acquérir la preuve, de procéder par voie de perquisition et de saisie des marchandises de son adversaire. Aucun texte de loi n'autorise une semblable mesure qui devrait être considérée comme illégale et pourrait entraîner contre celui qui l'emploie une condamnation à des dommages-intérêts (1).

310. Droit de poursuite. — Le droit de poursuivre la concurrence déloyale appartient naturellement à celui qui en est victime. Si plusieurs commerçants ou industriels sont lésés par les manœuvres d'un concurrent, ils peuvent se réunir pour exercer une action commune, en demandant pour chacun d'eux une condamnation distincte. Mais nous pensons que l'instance ne serait pas valablement engagée par un syndicat professionnel.

Jugé en ce sens que : Un syndicat professionnel est non recevable à exercer une action contre un commerçant qui se livre à des agissements de concurrence déloyale vis-à-vis des membres du syndicat ; l'action n'appartient qu'aux intéressés et ne peut être exercée que par eux (Aix, 26 janv. 1887, Rosset, *Rec. Aix*, 87, 1, 28).

311. Étrangers. — Les étrangers peuvent-ils exercer une action en concurrence déloyale ? Faut-il pour cela qu'ils soient autorisés à établir leur domicile en France, ou bien qu'il existe avec leur nation des traités accordant le même droit aux Français ? Nous avons examiné cette question au point de vue du nom commercial et du droit d'en poursuivre l'usurpation. Rappelons seulement que la jurisprudence est à peu près unanime pour refuser à l'étranger le droit d'exercer une action en concurrence déloyale basée sur l'usurpation de son nom, lorsqu'il n'a pas

____

(1) Nancy, 7 juil. 1855, Verly, *J. Pal.*, 56, 2, 196.

d'établissement en France ou qu'il n'existe pas de traités diplomatiques assurant le même droit aux Français dans son pays (1).

La même question se pose pour la concurrence déloyale résultant de l'usurpation d'une marque non déposée. Certains auteurs estiment que l'étranger peut, sans aucune condition d'établissement en France ou de réciprocité, exercer une action en concurrence déloyale de cette nature (2). Mais la jurisprudence subordonne son droit à l'existence soit d'un établissement en France, soit d'un traité diplomatique dans les termes des articles 5 et 6 de la loi du 23 juin 1857 (3).

Quant aux autres agissements de concurrence déloyale, nous pensons que l'étranger a, comme le Français lui-même, le droit d'en poursuivre la répression. Il peut par exemple, sans aucune condition de domicile ou de réciprocité, exercer une action contre le concurrent étranger ou français, qui dénigre ses produits en France, ou se livre à d'autres manœuvres pour détourner sa clientèle (4).

Jugé que : Les tribunaux français sont compétents pour statuer sur les questions de concurrence déloyale qui s'agitent entre deux étrangers résidant en France, dont la position commerciale est soumise aux mêmes charges et aux mêmes obligations que celle des négociants français (Paris, 22 mars 1855, Warton, *Annales*, 56, 40).

(1) V. *suprà*, nᵒˢ 52 et suiv.
(2) Pataille, 1857, 362 ; — *Conf.* Pouillet, nᵒ 694.
(3) Paris, 5 juin 1867, Kemp, *Annales*, 67, 298.
(4) Lyon-Caen et Renault. t. II, nᵒ 3343 ; — Bert, p. 140.

CHAPITRE III

312. Cessation de la concurrence. — Le tribunal qui
reconnaît la concurrence déloyale doit avant tout prescrire les mesures nécessaires pour la faire cesser, et empêcher qu'elle ne se reproduise. En étudiant les différentes
formes que peut prendre la concurrence déloyale, nous
avons indiqué les diverses sanctions qui peuvent intervenir
en vue de la réprimer : changement, et, suivant les circonstances, suppression du nom, de la raison sociale, des
étiquettes, de l'enseigne (1), etc., fermeture de l'établissement, etc.

313. Dommages-intérêts. — En même temps qu'il ordonne des mesures pour réprimer la concurrence déloyale,
le tribunal peut allouer au demandeur des dommages-intérêts pour la réparation du préjudice qu'il a souffert. Le
chiffre de ces dommages-intérêts est déterminé immédiatement si l'évaluation du dommage est possible ; sinon la
fixation en est ordonnée par état.

314. Dommages-intérêts pour l'avenir. — Le tribunal

(1) Cass., 22 déc. 1863, Muller, *Annales*, 64, 108.

saisi d'une demande en concurrence déloyale ne peut accorder des dommages-intérêts que pour le passé. Pour l'avenir, son droit se borne à prescrire les mesures qu'il juge propres à empêcher le dommage de se perpétuer. On comprend en effet qu'il ne lui est pas possible d'allouer dès à présent des dommages-intérêts pour un préjudice qui n'est pas encore né et dont par suite on ne saurait apprécier l'importance.

315. Astreinte. — Si les tribunaux n'ont pas le droit d'accorder des dommages-intérêts pour l'avenir, ils peuvent cependant, lorsqu'ils édictent certaines prescriptions, fixer à l'avance une somme à laquelle le défendeur sera condamné par chaque infraction constatée ; c'est ce qu'on appelle une astreinte. Ils peuvent également, pour le cas où le défendeur n'exécuterait pas, dans le délai imparti, les changements ou suppressions prescrits, le condamner à une certaine somme de dommages-intérêts par chaque jour de retard. S'il résulte des termes du jugement que cette condamnation n'a pas un caractère simplement comminatoire, elle est encourue, en cas de retard, sans que la partie condamnée puisse demander la réduction ou la décharge des dommages-intérêts (1). Que si, au contraire, rien, dans les termes de la décision, n'indique que le juge ait entendu statuer d'une façon définitive, les dommages-intérêts peuvent, dans le cas où un retard s'est effectivement produit, être ramenés à un chiffre fixé d'après l'importance du préjudice réellement souffert (2).

Il a été jugé à cet égard que : 1° Un arrêt qui interdit pour

(1) Cass. req., 14 juil. 1874, Dalloz, 75, 1, 460.
(2) Bordeaux, 5 mai 1870, Dalloz, 70, 2, 208.

l'avenir l'usage d'un nom à une personne peut, sans violer aucune loi, condamner cette personne à une somme déterminée de dommages-intérêts par chaque contravention à la prohibition qu'il prononce (Cass., 6 juin 1859, Tournachon, *Annales*, 59, 215).

2° Si les tribunaux peuvent fixer par avance les dommages-intérêts qui seront dus en cas de retard dans l'exécution de leurs prescriptions, ils doivent avoir le même droit en prévision du cas où ces mêmes prescriptions viendraient à être ouvertement violées (Paris, 20 mars 1888, Lebrun-Vidal, *Annales*, 91, 39).

Jugé toutefois que : Les tribunaux, qui interdisent à l'une des parties d'exercer une industrie au préjudice de l'autre, ne peuvent fixer d'avance les dommages-intérêts dus pour chaque contravention qui serait constatée à l'avenir. Cette fixation du dommage résultant des contraventions à venir, faite arbitrairement et sans tenir compte des circonstances qui pourraient en aggraver ou en atténuer l'importance, ne saurait être maintenue, et à cet égard, il convient de réserver tous les droits des parties (Paris, 14 janv. 1862, Crouvezier, *Annales*, 62, 203).

316. Publicité du jugement. — Aux termes de l'article 1036 du Code de procédure civile, les tribunaux peuvent, suivant les circonstances, ordonner l'impression et l'affiche de leurs jugements. Cette disposition doit naturellement s'appliquer aux décisions rendues en matière de concurrence déloyale (1).

Si la publicité du jugement n'a pas été ordonnée, la partie qui gagne son procès a-t-elle le droit d'y faire procéder, notamment par la voie d'insertions dans les journaux ? Nous le croyons, pourvu que cette publicité ne soit pas faite dans un esprit de dénigrement et de vexation à l'égard de la partie qui a perdu son procès (2).

(1) Rennes, 27 déc. 1881, Penauros, *Jur. com. Nantes*, 82, 1, 356.
(2) V. notre *Traité des brevets d'invention*, t. III, n°ˢ 713 et suiv.

Il a été jugé à cet égard que : 1° On ne saurait voir une concurrence déloyale dans le fait de reproduire, même isolée, une plaidoirie qui n'a été, lors de l'instruction à laquelle elle s'appliquait, l'objet d'aucune réclamation ou réserve de la part de l'adversaire, ni d'aucune mesure de la part du tribunal, et dont rien ne prouve l'inexactitude (Paris, 1er mai 1860, Sorlin, *Annales*, 60, 277).

2° Il appartient à la partie qui gagne son procès et obtient l'insertion du jugement aux frais de son adversaire de faire telles autres insertions qu'il lui plaît, mais à ses frais (Toulouse, 25 mars 1885, Provost, *Annales*, 86, 24).

317. Faits nouveaux. — Chaque fait nouveau de concurrence déloyale peut donner naissance à une nouvelle poursuite. Lorsque le défendeur condamné une première fois, persiste dans ses agissements ou bien se livre à des manœuvres analogues, il ne peut prétendre, étant poursuivi à nouveau, qu'il s'agit de difficultés relatives à l'exécution du premier jugement, et dont la connaissance appartient aux tribunaux civils. Les faits nouveaux de concurrence déloyale, dont il se rend coupable, doivent être, comme les anciens, déférés à la juridiction commerciale.

Jugé en ce sens que: Quand un commerçant, condamné par un tribunal consulaire à modifier son enseigne, en prend une autre qui fait l'objet d'une nouvelle contestation, on ne saurait voir dans ce fait une difficulté relative à l'exécution du premier jugement, mais bien un fait nouveau pouvant motiver une demande nouvelle de la compétence du tribunal de commerce (Paris, 22 juin 1840, Percet, Le Hir, 41, 2, 271).

318. Chose jugée. — Le tribunal saisi d'une demande en concurrence déloyale ne statue que sur les faits qui lui sont soumis. Si, postérieurement à sa décision, de nouveaux faits se produisent, analogues ou même identiques aux premiers, le défendeur poursuivi une seconde fois ne peut pas invoquer la chose jugée (1).

Il a été jugé à cet égard que : 1° Lorsqu'un arrêt a fait défense à un industriel, notamment à un pharmacien, d'employer, pour désigner ses produits, une dénomination spéciale adoptée par un autre pharmacien, il ne saurait, sans porter atteinte à la chose jugée et encourir de nouvelles condamnations, conserver cette dénomination, en se bornant à y ajouter des mentions indiquant l'origine des produits (Paris, 20 déc. 1859, Paul Gage, *Annales*, 60, 89).

2° Quand un arrêt définitif a fait défense au propriétaire d'un hôtel meublé de faire usage d'une certaine dénomination, il y a lieu d'ordonner la suppression de la désignation interdite, non seulement dans les annonces, prospectus et factures, mais encore sur les objets mobiliers, tels que le linge et l'argenterie (Paris, 6 août 1862, Muller, *Annales*, 62, 267 et Cass., 22 déc. 1863, *Annales*, 64, 108).

319. Mauvaise foi. — Sans mauvaise foi, il n'y a pas de concurrence déloyale proprement dite ; mais il peut exister une faute, une imprudence occasionnant un préjudice et par conséquent donnant ouverture à une action en dommages-intérêts (2).

Jugé en ce sens que : La concurrence déloyale n'existe qu'autant qu'elle a été pratiquée de mauvaise foi, dans le but d'établir une confusion entre les produits similaires de deux fabricants. Toutefois, lorsque, en dehors de toute intention frauduleuse, les actes de nature à faire naître cette confusion revêtent le caractère d'imprudence ou de faute de la part de leur auteur, il appartient au juge de rechercher s'ils ont causé ou peuvent

---

(1) Paris, 7 août 1861, Schott, *Monit. Trib.*, 61, 698 ; — Paris, 25 janv. 1875, Jouvin, *Annales*, 75, 237; — Paris, 9 nov. 1887, Chevet, *Annales*, 91, 93.
(2) V. *suprà*, n° 8.

causer un dommage et d'en ordonner la réparation (Alger, 22 fév. 1888, Fassina, Dalloz, 89, 2, 254).

320. Complicité. — L'industriel ou le commerçant qui se livre à la concurrence déloyale se fait souvent assister dans ses manœuvres par des complices qui peuvent être poursuivis et condamnés solidairement avec lui. — Tel est, par exemple, le cas : du prête-nom derrière lequel se dissimule l'auteur de la concurrence déloyale (1); du débitant qui, en connaissance de cause, vend des produits dont la dénomination est usurpée (2) ; de l'imprimeur qui, sciemment, imprime des étiquettes destinées à une concurrence déloyale (3) ; du rédacteur d'un journal qui insère un article dans lequel sont dénigrés les produits d'un commerçant (4).

Jugé à cet égard que : 1° L'imprimeur d'une brochure répandue dans un but de concurrence déloyale, ne peut encourir aucune responsabilité, lorsque aucun fait, autre que l'impression, n'est établi à son égard et lorsqu'il n'est pas justifié notamment, qu'il ait concouru à la distribution de la brochure ; mais il en est autrement du directeur d'une agence de distribution qui n'a pu se faire illusion sur le but poursuivi par l'auteur de la brochure et qui, en prêtant, comme distributeur, son concours à la manœuvre employée pour réaliser un fait de concurrence déloyale, a commis une faute, et est responsable du préjudice qui en est résulté (Trib. civ. Seine, 10 juil. 1883, *Société des Grands Panoramas, Annales*, 88, 5).

2° L'intermédiaire qui procure des produits qui sont vendus dans des conditions telles que leur vente constitue une concur-

(1) Paris, 19 déc. 1859, Danguis, *Annales,* 59, 125 ; — Paris, 7 juil. 1866, Trébucien, Teulet, 15, 253.
(2) Trib. com. Seine, 19 juil. 1876, Meyer et Cⁱᵉ, *Annales*, 76, 353.
(3) Paris, 25 janv. 1866, Fouillet, Teulet, 15, 508.
(4) Trib. com. Seine, 18 avril 1859, Lemonnier-Jully, *Annales*, 59, 252.

.rence déloyale ne saurait échapper à une condamnation en dommages-intérêts sous prétexte qu'il se serait borné à les chercher chez celui qui les fabriquait, s'il est constant que cet intermédiaire a agi en connaissance de cause (Paris, 21 mai 1889, Tarin, *Gaz. Trib.*, 30 juin 1889).

TABLE DES MATIÈRES

—

TABLE ALPHABÉTIQUE

Imp. G. Saint-Aubin et Thevenot, Saint-Dizier (Haute-Marne), 30, Passage Verdeau, Paris.

9 782014 036626